NILDA ALVES
Praticantepensante de cotidianos

PERFIS DA EDUCAÇÃO

Organização e introdução
Alexandra Garcia
Inês Barbosa de Oliveira

Textos selecionados de
Nilda Alves

NILDA ALVES
Praticantepensante de cotidianos

autêntica

Copyright © 2015 Alexandra Garcia e Inês Barbosa de Oliveira
Copyright © 2015 Nilda Alves
Copyright © 2015 Autêntica Editora

Todos os direitos reservados pela Autêntica Editora. Nenhuma parte desta publicação poderá ser reproduzida, seja por meios mecânicos, eletrônicos, seja via cópia xerográfica, sem a autorização prévia da Editora.

COORDENADOR DA COLEÇÃO PERFIS DA EDUCAÇÃO
Luciano Mendes de Faria Filho

EDITORA RESPONSÁVEL
Rejane Dias

EDITORA ASSISTENTE
Cecília Martins

CAPA
Alberto Bittencourt
(Acervo pessoal da autora)

REVISÃO
Priscila Justina
Lúcia Assumpção

PROJETO GRÁFICO
Tales Leon de Marco

DIAGRAMAÇÃO
Jairo Alvarenga Fonseca

Dados Internacionais de Catalogação na Publicação (CIP)
(Câmara Brasileira do Livro, SP, Brasil)

Nilda Alves : praticantepensante de cotidianos / organização e introdução Alexandra Garcia, Inês Barbosa de Oliveira ; textos selecionados de Nilda Alves -- 1. ed. -- Belo Horizonte : Autêntica Editora, 2015.

ISBN 978-85-8217-600-9

1. Educação - Brasil 2. Orientação educacional 3. Pesquisa educacional 4. Professores - Formação profissional 5. Professores - Formação profissional - Brasil I. Garcia, Alexandra. II. Oliveira, Inês Barbosa de. III. Alves, Nilda.

15-02473   CDD-370.71

Índices para catálogo sistemático:
1. Professores : Formação profissional : Educação 370.71

Belo Horizonte
Rua Aimorés, 981, 8º andar . Funcionários
30140-071 . Belo Horizonte . MG
Tel.: (55 31) 3214 5700

Televendas: 0800 283 13 22
www.grupoautentica.com.br

São Paulo
Av. Paulista, 2.073, Conjunto Nacional,
Horsa I . 23º andar, Conj. 2301 . Cerqueira
César . 01311-940 . São Paulo . SP
Tel.: (55 11) 3034 4468

Aos nossos filhos e filhas:
Maja, Fernando, Bruno, Ana, Tiago, Pedro Henrique e Ana Luiza.

Sumário

9 **Cronologia**

13 **Introdução**
Fazendopensando práticasteorias *educativas* nos/dos/com os *cotidianos*

37 **Entrevista**
Narrativas de uma praticantepensantemilitante *da educação*

Textos selecionados

Parte 1: Formação docente e cotidianos escolares

65 *Alternativas de formação de professores para a educação básica: novos caminhos*

85 *Compassos e descompassos do fazer pedagógico*

103 *Eu avalio, tu avalias, ele (ela) avalia, nós avaliamos...*

121 *O "uso" de artefatos tecnológicos em redes educativas e nos contextos de formação*

Parte 2: Questões teórico-metodológicas *nas/das/com* as pesquisas em educação

133 *Decifrando o pergaminho: os cotidianos das escolas nas lógicas das redes cotidianas*

153 *Sobre movimentos das pesquisas nos/dos/com os cotidianos*

161 *Currículos e pesquisas com os cotidianos*

Parte 3: Narrativas e imagens

173 *Imagens das escolas: sobre redes de conhecimentos e significações em currículos escolares*

181 *Interrogando uma ideia a partir de diálogos com Coutinho*

193 *O "espaço-tempo" escolar como artefato cultural nas histórias dos fatos e das ideias*

207 *Faz bem trabalhar a memória: criação de currículos nos cotidianos, em imagens e narrativas*

219 **Produção bibliográfica**

Cronologia

Período	Atividade
1942	Nasce Nilda Guimarães Alves no Distrito Federal, Rio de Janeiro (RJ).
1949	Ingressa na primeira escola, Escola Cruzeiro (privada), no Grajaú.
1950	Ingressa na escola primária, na Escola Francisco Manuel, no Grajaú, da rede pública do DF.
1954	Faz o Admissão (5º ano) no Instituto Guanabara, dirigido por D. Zenaide, mãe do Professor Antônio Flávio Barbosa Moreira.
1955-1961	Faz o Ginásio e a Escola Normal no Instituto de Educação do Rio de Janeiro, hoje ISERJ.
1959-1967	Membro do Partido Comunista Brasileiro integrando as diretorias do grêmio escolar, no Instituto de Educação, e do Diretório acadêmico, da Faculdade Nacional de Filosofia.
1962	Ingressa na carreira docente como professora primária no Rio de Janeiro (até 1967) e também na Universidade do Brasil (hoje UFRJ), onde cursa a Licenciatura e o Bacharelado em Geografia.
1965	Forma-se geógrafa.
1966-1993	Período de docência como professora secundária, de Geografia, também no Rio de Janeiro.
1974-1977	Estuda Pedagogia na Universidade Santa Úrsula.

1966-1993	Durante este período da ditadura militar, vive em Paris, onde faz seu doutorado na Université René Descartes, tendo como orientadora Vivianne Isambert-Jamati.
1983-1996	Professora adjunta e titular na Universidade Federal Fluminense, em Niterói.
1984-1986	Coordenadora do Curso de pós-graduação em Educação da UFF.
1985-atual	Pesquisadora CNPq, atualmente na categoria 1A.
1987	Membro da Comissão da área de Educação na CAPES.
1987-1988	Faz estágio de pós-doutorado no Institut National de Recherches Pédagogiques (INRP) na França.
1992-1994	Preside a Associação Nacional pela Formação dos Profissionais da Educação (ANFOPE).
1990-1994	Diretora da Faculdade de Educação da UFF.
1992	Implantação, por meio de convênio UFF/Prefeitura Municipal de Angra dos Reis, organizado durante sua gestão como diretora, do curso de Pedagogia da UFF no município de Angra dos Reis.
1993-1999	Membro do Conselho Superior da FAPERJ.
1995	Torna-se professora titular da UFF.
1996-2012	Professora adjunta e professora titular da Universidade do Estado do Rio de Janeiro, aposentada na compulsória.
1998-2004	Organiza, com Regina Leite Garcia, a coleção O sentido da Escola, que teve trinta volumes publicados, pela DP&A. Organiza a coleção Metodologia e pesquisa do cotidiano que teve cinco volumes publicados pela DP&A.
1999-2003	Preside a Associação Nacional de Pós-graduação e Pesquisa em Educação (ANPEd), por dois mandatos.
2000	Torna-se professora titular na UERJ, situação que perdura até 2012, quando se aposenta.

2002-2008	Coordena a série Cultura, Memória e Currículo, com oito volumes, pela Cortez.
1997	Recebe a Comenda Mérito Educativo, no grau de Comendador, do MEC, em solenidade realizada em Angra dos Reis.
2001-atual	Cria e coordena o Laboratório Educação e Imagem, ProPEd/UERJ.
2006-2011	Coordenadora da área da Educação na FAPERJ.
2007-2008	Coordenadora do curso de pós-graduação em Educação da UERJ.
2008-2009	Preside a Associação de Docentes (ASDUERJ) da UERJ.
2008-atual	Cientista do Nosso Estado/FAPERJ.
2008-atual	Coordena a série Imagens e Pesquisas em Educação, já com quatro e-books publicados pela DP et Alii.
2008-atual	Preside a recém-criada Associação Brasileira de Currículo.
2012-atual	Professora visitante sênior na UERJ.

Introdução ■

Fazendopensando práticasteorias educativas nos/dos/com os cotidianos

Alexandra Garcia
Inês Barbosa de Oliveira

[...] *e o rio-rio-rio, o rio – pondo perpétuo.*
(Guimarães Rosa)

Ler Nilda Alves é como ler Guimarães Rosa, uma experiência certamente. Pensar com sua trajetória, suas lutas e pesquisas na educação é dispor-se a sair da zona de conforto. Encarar a necessidade de ousar, com seu pensamento, um salto político-epistemológico-metodológico que nos desloque do mesmo cais de partida e destino. É apostar na *terceira margem* como um desafio praticável em nosso agir e pensar a educação, a política, as escolas e os cotidianos. Por isso, o trecho em epígrafe, de um dos mais conhecidos contos de Rosa – "A terceira margem do rio" – tem aqui mais de uma função. O rio, elemento fundamental na obra de Rosa, é também a imagem que consideramos mais adequada para introduzir a obra de Nilda Alves seja por seu contínuo movimento e seu fluxo que se renova e renova o *tempoespaço* do pensar a educação, seja pelo próprio rio e seu fluxo representarem a (não) margem, o fluxo-margem que podemos buscar.

Já na cronologia apresentada nas páginas anteriores, destaca-se essa fluidez que permitiu a Nilda Alves movimentar-se nas mais diferentes áreas e produzir uma obra plural e em rede. Sem jamais dissociar docência em sala de aula, responsabilidades institucionais e militância política, Nilda demonstra, na prática, além de uma inesgotável energia realizadora e uma singular capacidade de deslocar-se entre leitos e margens de múltiplos rios hipotéticos, a busca permanente de manter enredadas as diferentes formas de participar da vida política e acadêmica, ou como ela mesma prefere, da vida *práticoteórica*[1] acadêmica, posto que essas dimensões não se dissociam

---

[1] Essa junção de palavras, uma das marcas registradas da obra de Nilda em busca de superação de determinadas dicotomias e fragmentações contra as quais ela luta, será usada em muitos

no seu pensamento, nem nas suas ações, ou nos seus textos e vida cotidiana. Em texto apresentado no ENDIPE de 2010, dizia Nilda em relação a isso:

> Para começar, precisamos dizer que não existe, nas pesquisas com os cotidianos, entre os inúmeros grupos que as desenvolvem, a compreensão de que existam "práticas e políticas", na expressão incluída no subtítulo deste ENDIPE, uma vez que entendemos que as políticas são práticas, ou seja, são ações de determinados grupos políticos sobre determinadas questões com a finalidade explicitada de mudar algo existente em algum campo de expressão humana. Ou seja, vemos as políticas, necessariamente, como práticas coletivas dentro de um campo qualquer no qual há, sempre, lutas entre posições diferentes e, mesmo, contrárias. Desta maneira, não vemos como "políticas" somente as ações dos grupos hegemônicos na sociedade, embora estes produzam ações que são mais visíveis. Os grupos não hegemônicos, em suas ações, produzem políticas que, muitas vezes, não são visíveis aos que analisam "as políticas" porque estes foram formados para enxergar, exclusivamente, o que é hegemônico com o que aprenderam com o modo de pensar hegemônico (ALVES, 2010, p. 1).

A invejável capacidade de trabalho, simultaneamente, nas múltiplas frentes consideradas indissociáveis, brindou e brinda aqueles que trabalharam e conviveram com Nilda, ao longo dessa sua riquíssima carreira docente, com enriquecimento intelectual, desafios permanentes – políticos e acadêmicos – e, por que não, entretenimento, pois Nilda é exímia conhecedora de literatura e teatro, além de grande apreciadora de cinema – não por acaso, tema atual de suas pesquisas.

Assim, falar da trajetória e da obra de Nilda Alves requer "mergulhar" – termo que aprendemos a usar com ela – em múltiplos contextos de *açãoformaçãoreflexão*, *práticoteórica* e acadêmica. Nilda vem, há mais de trinta anos, se notabilizando no cenário educacional brasileiro por uma produção acadêmica tão vasta quanto plural. Reflexões de caráter teórico-epistemológico e teórico-metodológico – numa busca incansável e incessante por mais e melhores maneiras de pesquisar e de apresentar os resultados daquilo que se escolhe pesquisar – se aliam, permanentemente, a *reflexõesações* no campo do político e chegam ao chamado "chão da escola". As escolas e os *fazeressaberes* cotidianos nelas existentes, os conhecimentos que nelas circulam e se criam, e a formação dos profissionais que nela vão atuar, ou já atuam, vêm sendo, em todo esse período, uma de suas preocupações centrais.

---

momentos dessa introdução e aparece em muitos dos textos selecionados, como não poderia deixar de ser. Já o uso do hífen ligando duas palavras será um recurso estético, também utilizado no texto, para marcar a relação entre duas ou mais palavras, contudo, mantendo os sentidos de cada uma delas.

Nesse percurso, Nilda – mais uma vez de modo coerente com o que pensa e escreve – não se furtou a militar em numerosos e diferenciados *espaçostempos* políticos. Sua atuação na direção de algumas entidades, as ações que ajudou a organizar na criação, desenvolvimento e na gestão de muitas delas surge quando examinamos sua trajetória e a produção político-acadêmica que dela se originou. Foi assim com a Associação Nacional pela Formação dos Profissionais da Educação (ANFOPE), na qual militava e com a qual contribuiu, dentre outras formas, com textos relevantes que influenciaram e influenciam, até hoje, a reflexão no campo da formação docente, mesmo antes da oficialização da sua criação. Presidiu-a por dois anos, entre 1992 e 1994.

Foi coordenadora dos dois cursos de pós-graduação nos quais atuou e diretora da Faculdade de Educação da Universidade Federal Fluminense (UFF), período em que atuou no Conselho Universitário dessa universidade. Eleita pelos pares, mais de uma vez, também atuou no Conselho Universitário da Universidade do Estado do Rio de Janeiro (UERJ). Foi presidente da Associação Nacional de Pós-Graduação e Pesquisa em Educação (ANPEd); presidente da Associação dos Docentes da UERJ (ASDUERJ) e, atualmente, é presidente da Associação Brasileira de Currículo (ABdC), desde a sua criação em 2011.

Embora sua atuação nesses espaços prioritariamente políticos pudesse bastar para apresentar a riqueza da sua trajetória, na qual se destacaria sua militância e as causas sobre as quais se debruçou, entendemos que essa inserção emerge do caráter fundamentalmente político que marca sua produção acadêmica, permitindo-nos mesmo buscar compreendê-la com a ajuda de uma de suas noções: a da formação nos múltiplos contextos de inserção e atuação, indissociáveis uns dos outros. Na análise do campo complexo de forças e desafios da educação, Nilda chama a atenção para os desafios: políticos, pedagógicos, técnicos, metodológicos, teóricos e epistemológicos, alertando que cada um desses aspectos necessita ser considerados e problematizados em suas especificidades, mas que estão permanentemente articulados, por sua interdependência, no processo e trajetória que compõe a educação e os processos de formação. Destaca-se assim, a coerência entre sua obra, suas causas e suas lutas na atuação dessa *professorapesquisadoramilitante*.

Na entrevista/conversa[2] que se segue a esta apresentação, estão seus percursos, memórias e lutas no campo da Educação. Nilda fala de sua trajetória,

---

[2] Por norma editorial, esta introdução é seguida de uma "entrevista", assim nomeada. Mas, como diz e propõe a própria Nilda, a partir do cineasta Eduardo Coutinho, entendemos nossa

assinalando momentos e situações curiosas e relevantes, mais acadêmicas ou mais políticas, ou, ou... Nos textos selecionados, a produção de Nilda Alves é apresentada buscando trazer o desenvolvimento de algumas ideias que se tornaram centrais na sua trajetória, os modos como foram sendo revisitadas e repensadas. Seria difícil encontrar em sua produção marcas que pareçam definitivas sobre ideias e noções, mas muitas delas representam hoje importantes e reconhecidas contribuições para as reflexões no campo da Formação de professores, do Cotidiano Escolar, do Currículo, da Avaliação e, sobretudo, das Pesquisas em educação.

Esse dinamismo que caracteriza a produção de Nilda emerge em seus textos, aqui escolhidos, com o próprio movimento presente na sua produção e desenvolvimento. Isso nos permite pensar, como o faz Mia Couto ao se referir aos primeiros escritos de Guimarães Rosa, que "Entre o autor e seu texto existem caminhos, existem tempos" (2011, p. 7). Numa obra como a que aqui se apresenta, temos o privilégio de acompanhar o movimento de produção das ideias, os esboços, traços, marcas de borracha e rasuras. Podemos mesmo notar as (re)invenções do estilo na escrita, que se fazem com os caminhos e escolhas teóricas, políticas, metodológicas. Pontuamos, na conversa com Nilda Alves e na seleção dos textos, essa trajetória de vivências e ideias, ao mesmo tempo em que mostramos, por meio dos textos, como elas são (re)tecidas a partir de temas e questões abordadas em produções mais recentes.

Desde o início dos anos 1980, quando retorna ao Brasil, ainda sob a ditadura militar, Nilda vem atuando, produzindo, batalhando pela causa da Educação, da reflexão educativa e da escola pública, gratuita, laica e de qualidade. Datam dessa época as primeiras marcas de sua relevante atuação no campo da reflexão sobre a formação docente e das possibilidades de melhores currículos voltados para uma formação mais integral. Na trajetória das lutas e pesquisas pela escola pública e pela formação de seus profissionais, tem destaque sua participação no movimento pela formação dos profissionais da educação e na produção do documento que se tornaria a base na luta política pela formação na época. É nesse contexto que ganham força aspectos como a noção de *base comum nacional* e os movimentos de produção de experiências locais nas universidades, rompendo com o sentido hegemônico da formação e enfrentando o risco ideológico de um currículo nacional. É no bojo dessa sua participação no movimento pela formação

---

interlocução como uma conversa: "Como Coutinho (1991, 1997), prefiro o termo conversa ao termo entrevista, pois o que fazemos em nossos encontros é conversar, tanto por decisão metodológica como porque é isto que professoras gostam de fazer quando se encontram" (ALVES, 2003, p. 66).

e na Comissão pela Formação dos Profissionais da Educação – entidade precursora da ANFOPE – que seu trabalho aparece em documentos de diversas licenciaturas, tendo subsidiado, junto a outras contribuições da Comissão, a proposta dos eixos curriculares da base comum nacional.[3] Na comissão, e posteriormente na ANFOPE, procurou chamar atenção para o fato de que uma base comum nacional teria que vir das experiências locais e que tais experiências precisariam ser dinâmicas, bem como a avaliação permanente delas em função da base comum.

A experiência de formação desenvolvida em Angra dos Reis, a partir de 1992 – em convênio entre a prefeitura dessa cidade e a UFF, através da Faculdade de Educação –, teve origem nesse debate e, por outro lado, na inserção no campo do currículo de um grupo de professores dessa faculdade. O papel fundamental que Nilda Alves exerceu nesse processo rendeu-lhe uma importante comenda do MEC, recebida em 1997. Essa experiência, amplamente conhecida no campo dos debates sobre formação docente, influenciou a produção de outras experiências no país, sendo reconhecida por seu mérito e inovação. Ficou conhecida pela inovação da organização curricular em núcleos (Núcleo de Estudos e Atividades Pedagógicas – NEAPs) e tinha como proposta a ampliação do pensamento curricular e do modo de compreender a tessitura do conhecimento na formação de professores. Algumas de suas características, incorporadas e ressignificadas de formas distintas, estão presentes hoje nos cursos de Formação de Professores do Brasil todo.

Nesse sentido, podemos dizer que, sempre enredando atuação política, docência e pesquisa, Nilda Alves produziu e produz reflexões e noções que hoje habitam a produção acadêmica, até mesmo daqueles que não se percebem influenciados pelo seu pensamento. O enredamento currículo – campo no qual se notabilizou posteriormente – formação docente é o mais evidente nessa parte da trajetória. Mas, para além dos relevantes estudos, propostas e ações militantes no campo da formação docente, o trabalho de Nilda se espraia por outras temáticas, tão diversas quanto enredadas.

Seu riquíssimo pensamento indica a necessidade de se buscar saídas que, ao denunciar a fragilidade da lógica hegemônica – no que se refere ao *fazerpensar* a educação, a formação docente e os currículos – e a partir das possibilidades que as interfaces entre essas temáticas trazem, criam

---

[3] Trabalho e pesquisa; qualidade da formação teórica do profissional (direção política que privilegia o compromisso social e democratização da escola); ação curricular a ser exercida de forma coletiva e interdisciplinar; e escola e individualidade (CCFE, Documento do V Encontro Nacional. Disponível em: <http://www.fe.unicamp.br/anfope>). Acesso em: 21 jun. 2014.

possibilidades de produção de alternativas. Servindo-se da noção de redes educativas – central no seu pensamento atual –, ela entende que pensar a formação nos processos de articulação existentes entre os diferentes contextos em que esta ocorre é o caminho possível para todos que procuram soluções para esse problema, que é nacional e internacional. Em consonância com o que pensa Santos (1995), que um tão global problema requer, e encontra, soluções locais, Nilda defende que estas precisam ser estudadas e compreendidas.

É aqui que, de algum modo, as preocupações com estudos dos cotidianos escolares encontra os de formação. Mais ainda, essa preocupação vai requerer, para ela, novos desenhos para as pesquisas em educação, numa outra perspectiva epistemológica, sobretudo com relação à produção e circulação de conhecimentos nos cotidianos das escolas. Com isso, ela nos fará, permanentemente, perceber a necessidade de ir aos cotidianos e de neles mergulhar, para encontrar e refletir sobre as articulações entre esses cotidianos e os campos da formação de professores, do currículo, das práticas pedagógicas. Entende que isso amplia a exigência que se coloca para o campo das pesquisas em educação, trazendo a de perceber que "a história que cotidianamente construímos na escola tem uma importância capital, pois nela a construção de saber que fazemos tem a ver tanto com a criação do novo como com uma história acumulada" (ver ALVES, nesta obra, p. 86).

E nesse movimento permanente, Nilda Alves vem produzindo noções que hoje estão quase naturalizadas nos campos das pesquisas e políticas sobre formação docente e seus currículos, sobre os cotidianos das escolas, sobre as metodologias de pesquisa e sobre o trabalho com imagens e narrativas na pesquisa em educação. E para isso, vem lançando mão de modos de redigir textos e apresentar ideias também ricos e diferenciados. No que se refere à riqueza dos textos e temáticas trabalhados por Nilda, cabe um registro em relação ao "estilo" de sua abordagem e escrita: trata-se de um idioma "particular", que como em Guimarães Rosa, é usado para alçar outros/novos sentidos. Nilda serve-se de recursos estético-gráficos para fazer falar esse idioma e enfatizar os movimentos de deslocamentos, desconstruções e criações necessárias às *práticas* de pesquisa *nos/dos/com* os cotidianos e às compreensões-ações da formação de professores, dos currículos, das pesquisas em educação e das imagens.

Sobre o papel desempenhado pelas metáforas, característica marcante em sua obra, vale um destaque acerca do que o trabalho ganha em reflexão e os textos em relevo intelectual ao serem alinhavados pela metáfora. Sobre isso, George Lakoff e Johnson (2002) argumentam que as metáforas não funcionam para meramente ilustrar o pensamento, elas compõem o próprio pensamento. O que fica evidente no trabalho de Nilda.

Apesar da extrema dificuldade de classificar aquilo que é pensado e criado em rede, exigências didáticas e de compreensibilidade da trajetória sugerem que é necessário fazê-lo, até para deixar clara essa diversidade temática e de atuação que caracteriza a obra da autora. Assim, depois de muito hesitar entre possibilidades de estruturação deste livro, optamos por apresentar os textos a partir de três temáticas centrais: formação docente e cotidianos escolares; questões teórico-metodológicas *nas/das/com* as pesquisas em educação; narrativas e imagens. Este último tema vem habitando a produção mais recente de Nilda Alves e busca trazer ao leitor suas reflexões mais atuais, tanto do ponto de vista epistemológico quanto metodológico. Entendendo, a partir de Manguel (2001), que toda imagem remete a uma narrativa e vice-versa, Nilda Alves vem propondo e realizando discussões em que diferentes temas e questões são apresentados, pesquisados, organizados e discutidos com base em imagens e narrativas docentes ou artísticas. As imagens, mais recentemente, têm sido compreendidas como "personagens conceituais" na esteira da noção formulada por Deleuze e Guattari (1992).

Quanto ao primeiro eixo organizado, este parte da articulação da formação aos cotidianos das escolas e atende a um importante aspecto da obra: a associação entre os diferentes contextos de formação docente – inicialmente chamados de esferas, como se vê no texto que abre a coletânea – e as questões que habitam o *fazerpensar* docente cotidiano, tais como: as relações formativas nas múltiplas redes educativas; a avaliação; a formação no contexto da vida cotidiana nas escolas e nos múltiplos contextos de *práticasteorias* da formação, entendidos como sempre políticos, nos tantos *dentrofora* das escolas.

O segundo agrupamento temático – no qual encontramos uma quantidade menor de textos – pretende assinalar a imensa relevância dessa produção da autora na criação de um método[4] de pesquisa hoje espraiado pelo Brasil e reconhecido no exterior que, antes de julgar e explicar a realidade com a qual se dialoga, busca compreender esses cotidianos de produção e circulação de conhecimentos e significações nas "tantas redes educativas que formamos e nas quais nos formamos", como diz sempre.

O terceiro grupamento de textos organiza artigos em torno das pesquisas com as imagens e narrativas, desde o seu uso para discussões pontuais

---

[4] Na esteira da reflexão de Juremir Machado da Silva (2003) sobre a proposta de Edgar Morin de falar em método e não em metodologia, optamos pelo uso do termo "método". Diz o autor: "as metodologias acabam, não raro, conformando o objeto, substituindo o conteúdo, confirmando o que não foi demonstrado, simulando uma presença completamente ausente. Próteses abstratas podem estabelecer pensamento onde só há especulação; dar substância ao irreal, fomentar a ilusão de verdade, dar segurança em vez da necessária angústia da descoberta" (p. 73).

sobre questões do cotidiano escolar até mais recentemente. Usando, certeaunianamente a seu modo, a noção de "personagem conceitual" de Deleuze e Guattari, Nilda Alves passa e reconhecer nas imagens – e nas narrativas a que dão origem e às quais podem ser associadas – maior relevância epistemológica e metodológica, assumindo-as como personagens que intervêm, que operam, na produção de conceitos (noções) por meio de "movimentos conceituais" que instigam essa produção de novos conceitos. Na apropriação desse conceito, para, como destaca o próprio Deleuze, criar conceitos, outra prática nos é indicada: os usos não se fidelizam à literalidade ou mesmo às compreensões de conceitos tal qual explicitadas por um autor, mas sobretudo, como chama atenção em suas discussões sobre a pesquisa, às necessidades de percebermos os limites de uma teoria impostos pelo "*espaçotempo* das práticas como critério e referencial", como ela nos indica em um dos textos presentes na segunda parte (ver ALVES, nesta obra, p. 139).

O repertório *práticoteórico* que compõe a seleção de sua obra que incluímos neste livro contribui para uma interpretação criativa das vivências e narrativas voltadas a interrogar e ressignificar conceitos e categorias, em maior ou menor intensidade, seus usos possíveis, os modos de apreendê-los e de com eles dialogar. A organização dos textos em torno dos eixos que elegemos foi uma opção entre tantas possíveis para abordar as questões e contribuições que a partir delas se tecem na obra da autora.

Os percursos políticos-epistemológicos-metodológicos pelos quais os textos caminham, e os percursos que esses caminhares desenham, nos permitem compor diálogos diversos que contemplam temáticas também múltiplas em torno dos eixos. O livro, como a obra, é tecido com as redes de saberes nas quais a interlocução com os leitores é mais um dos muitos fios dessas redes e pode favorecer a continuação das conversas. Portanto, quando pensamos essa organização pretendemos, também, provocar outros movimentos de interrogação-reflexão, tecendo e destecendo – como Penélope – a estrutura de organização dos textos com os diversos fios que estes oferecem. De modo a facilitar o acesso do leitor ao percurso de produção do pensamento de Nilda Alves, em cada temática, os textos estão organizados em ordem cronológica de sua publicação.

Parte 1: Formação docente e cotidiano escolar

Nas pesquisas de Nilda Alves, a formação de professores se destaca como *espaçotempo* de estudo, interrogação, diálogos e ação. Em seu longo período na universidade exercendo os mais diferentes cargos no ensino, pesquisa, administração e atuação política, manteve-se lecionando na graduação, como ela própria chama atenção em suas falas. Isso é um indicativo da posição que adota ao pesquisar esse campo em sua trajetória afirmando a prática de *fazerpensarfazer* essa formação e *com* essa formação (GARCIA, 2012). Seu trabalho vem influenciando na formação de incontáveis gerações de professoras-pesquisadoras, pela inspiração na luta pela formação e valorização dos professores e das escolas e por sua busca pela excelência solidária. Suas contribuições também são a materialização daquilo que está presente em suas premissas epistemológicas, políticas e metodológicas: o sentir, o ser, o fazer e o pensar não se separam. É essa relação simbiótica entre tais aspectos que o conjunto de textos desse eixo deixa entrever.

Partindo da tática-prática de dar visibilidade às escolas e às professoras – o que a tornou uma pesquisadora *nos/dos/com* os cotidianos das escolas – seu pensamento enreda os complexos *espaçostempos* dos cotidianos escolares, chamando a atenção para o equívoco de generalizá-los, desconsiderando a pluralidade que os constituem e os diferenciam uns dos outros. "O que se pensava simples, repetitivo, estático e homogêneo se mostrou complexo, variado em movimento e heterogêneo" (ver ALVES, nesta obra, p. 79).

A preocupação quanto aos aspectos específicos e singulares que compõem cada *espaçotempo* escolar torna difícil, após entrarmos em contato com sua obra, trabalharmos com termos que se pautam nas generalizações e apagamentos que guardam. O que seria falar em "o" cotidiano, "a" escola, "o" professor? De certo modo, em sua produção, Nilda Alves denuncia os limites dessas generalizações e as escolhas políticas-epistemológicas que os forjam. Indica, assim, a necessidade de se aprofundar nas reflexões em torno da ruptura com a ideia de que cotidiano e rotina são a mesma coisa e que este é o *espaçotempo* do senso comum e, portanto, da ausência de reflexão política e epistemológica sobre a realidade, seus condicionantes e processos. O que inspira muito do que hoje vem sendo produzido pelos estudos dos cotidianos. Daí emerge outra necessidade, a de avançar na compreensão do que é e do que pode representar os cotidianos, enquanto totalidade complexa na qual estão presentes e enredadas as diferentes dimensões da vida social e os modos como os praticantes da vida cotidiana (CERTEAU, 1994) nela atuam, sempre de modo singular e único, em virtude do próprio dinamismo intrínseco ao viver, que traz permanentemente mudanças nas redes de sujeitos, de saberes e de valores existentes no meio social e, portanto, nas práticas sociais.

Diante dos muitos desafios colocados ao pensar os processos de formação dos professores, Nilda Alves identifica as diferentes ordens desses desafios e seus diferentes *espaçotempos* de constituição. Assumindo que a formação do professor não se dá exclusivamente no âmbito da formação acadêmica (ver ALVES, nesta obra, p. 124), persegue essa questão – ou é perseguida por ela, como diz às vezes –, chamando a atenção para os desafios políticos, pedagógicos, técnicos, teóricos e epistemológicos que ela traz consigo e a já assinalada necessidade de considerá-los e articulá-los para a formação docente.

Como respostas teóricas a esses desafios, podemos localizar nos textos que compõem esse eixo duas noções prioritárias: a de *tessituras dos conhecimentos e das significações em redes* e a de *múltiplos contextos da formação*, em princípio referida como "*esferas de formação*". A tessitura do conhecimento em rede expressa um movimento observado-pensado nessa trajetória que aparece já no primeiro dos textos deste livro, e, segundo ela própria (ALVES, 1998), já era uma ideia presente nas reflexões produzidas em 1985. Essa noção assenta na compreensão dos modos de produção de conhecimento em oposição à noção da "árvore" do conhecimento,

> [...] na qual a ideia de caminho único e obrigatório na construção do conhecimento dá lugar a de múltiplos e diferentes caminhos, senão em todos os lugares sociais, pelo menos naqueles ditos "de ponta" (nos novos campos científicos, na parte mais dinâmica do mundo do trabalho, nas novas formas de organização dos movimentos sociais). Além disso, se começa a perceber o lugar de alternativas que o viver *cotidiano* significa (ALVES, nesta obra, p. 99).

A ideia de conhecimentos e significações em redes, esculpida a partir de muitas *conversas* (ALVES, 2003) e composições com o pensamento de Lefebvre (1983), Certeau (1994), Santos (1995) e Morin (1996), entre outras influências, sustenta uma importante crítica que Nilda Alves faz à forma como os conhecimentos e os currículos são entendidos e apresentados na formação de professores. A crítica se refere à metáfora do conhecimento organizado em "árvore" e à influência dele na construção de propostas curriculares. Argumenta que esse modelo se reflete no modelo de organização dos currículos em que há um "tronco comum", composto por aquilo que se convencionou chamar de fundamentos, e serve de justificativa aos "pré-requisitos" de cada nível nessa árvore.

É também essa noção da produção em redes que nos ajuda a compreender o próprio movimento de tessitura das noções ao longo de seu pensamento, pois explicita como se dão as tessituras dos conhecimentos nos movimentos das redes que "não possuem nenhum caminho obrigatório e recusam a linearidade e a hierarquização (LEFEBVRE, 1983)" (ver ALVES, nesta obra, p. 106). Mais interessante ainda é perceber que essa compreensão sobre o movimento de produção das ideias, compreensões e conhecimentos, e de sua materialização/nomeação, já aparece nos textos redigidos no início dos anos 1990⁵ e será por ela sistematizada em publicação de 2008, presente nesta obra, ao refletir sobre o *Ecce Femina*, um movimento nas pesquisas com os cotidianos sobre o qual ainda não havia "se dado conta", embora já destacasse sua presença em textos anteriores, nos quais reconhece o papel central das pessoas na produção da história. Isso se pode notar na citação que a autora traz de Bronowski (*apud* ALVES, nesta obra, p. 86): *História não são eventos, mas, sim, pessoas*. Ao desenvolver essa ideia, latente em muitos dos textos que fazem parte desta coletânea, Nilda Alves reflete sobre o movimento das redes na produção dos conhecimentos em um processo que envolve essas ideias latentes e seu amadurecimento.

> Ao colocar no papel as ideias que vamos tendo a respeito de movimentos vividos e de processos experienciados, vamos introduzindo no texto possíveis expressões que não conseguem se explicar inteiramente, nem disso conseguimos ter inteira compreensão para expressar em palavras tudo o que pensamos ou queremos expressar. No entanto, [...] algo existe "virtualmente" no que está sendo escrito e depois lido (ALVES, nesta obra, p. 159).

Sobre o cotidiano especificamente, a autora nos leva a perceber como se construiu um olhar hegemônico e demeritório sobre as escolas, os cotidianos e as práticas-identidades docentes. Analisando sua obra, nesse ponto, e retomando-a mais à frente, nas produções mais recentes presentes neste livro, identificamos sua apreciação e crítica aos recursos discursivos, que, sobretudo através da intensificação e controle da produção de sentidos, canonizam ideias associadas à classificação, generalização e hierarquização, operam sentidos e invisibilizam sujeitos, saberes, práticas e produções não hegemônicas nos cotidianos.

Podemos, a partir dessas compreensões, apreender a defesa em sua obra da necessidade de outra abordagem do campo a ser conhecido, voltada para a compreensão dessa complexidade, buscando captar saberes, valores, sentimentos e modos de interação específicos a cada *espaçotempo* social, respeitando-lhe o modo de ser e com ele dialogando. As perguntas a partir das quais desenvolve seu pensamento e tece as noções colocam em movimento a produção teórica ao longo de sua obra e nos permitem perceber os determinantes prévios de nossas possibilidades de compreensão colocados pela moldura das perguntas que fazemos. Com perguntas e conjecturas por vezes inusitadas, seus textos

---

⁵ Entre os textos selecionados para este livro, essa reflexão sobre o movimento das redes e a materialização dos saberes de forma mais sistematizada pode ser encontrada em Alves (nesta obra, p. 185).

dão visibilidade a aspectos e temáticas que ampliam o campo de nossa compreensão e, por conseguinte, as possibilidades de reflexão em nossas pesquisas, fazendo emergir questões ainda não presentes nas reflexões sobre educação, ou produzidas como inexistentes (Santos, 2010) pelo pensamento dominante.

Em um movimento que nos exige mais do que simplesmente extrapolar as fronteiras das formas de pesquisar, perturbando as estruturas da relação corpo-pensamento construídas histórica e culturalmente pelo pensamento ocidental moderno, aponta os limites e armadilhas da preconização da visão como sentido (pre)dominante na percepção do mundo e na produção de conhecimento, sobretudo o científico. A autora destaca que essa primazia do olhar foi aprendida pela humanidade e que precisamos perceber os limites desse sentido quando pesquisamos com as escolas. Assim passará a chamar atenção já nos textos mais antigos desta coletânea, para a pertinência dos deslocamentos necessários à pesquisa em educação, nos convidando, posteriormente, ao "mergulho nos cotidianos".

Os principais referenciais com os quais Nilda Alves dialoga na tessitura das questões, noções e reflexões destacadas nesse eixo são: Varella, Foucault, Santos, Certeau, Bourdieu, Lefebvre, Thomson, entre outros que são incorporados aos diálogos em torno de questões mais particulares, como a avaliação ou as tecnologias. É importante notar que o entrelaçamento das temáticas e outros-novos autores exigidos pelo avanço das reflexões sobre formação de professores e cotidiano escolar levará à incorporação de questões e instrumentos de pesquisa e reflexão nos textos desse eixo, aparentemente mais distantes do tema central.

Outra noção que evolui com a obra e que poderemos conhecer nos textos escolhidos é a de *múltiplos contextos da formação*. Mergulhando no estudo dos processos de formação e nos cotidianos dos cursos de formação docente pesquisados, a autora observa que para compreendermos e intervirmos nos currículos voltados para essa formação, buscando alternativas, precisamos nos dar conta de que a formação não é um processo que se realiza unicamente no espaço acadêmico. Mas, para pensar a formação nesse espaço, faz-se mister

> [...] que saibamos que é nela que se dá a formalização de conhecimentos específicos e a apropriação teórica de práticas – de todas as práticas que se dão nos demais campos – e da própria teoria acumulada, especialmente no campo das pesquisas em educação. Assim sendo, ao discutirmos a formação no espaço da academia, é preciso que pensemos os conhecimentos – teóricos e práticos – capazes de nela articular os conhecimentos criados e acumulados nas outras áreas (Alves, nesta obra, p. 66).

Cunha, então a expressão "esferas de formação",⁶ inicialmente identificadas e nomeadas como: "da formação acadêmica; da ação política do Estado; da prática pedagógica quotidiana; da prática política coletiva; das pesquisas em educação" (ver ALVES, nesta obra, p. 65). Chama a atenção para o fato de que além de se articularem, permanentemente, nos processos formativos precisam ser pensadas considerando-se as relações de poder e mesmo o desejo de hegemonia.

Com a noção mais tarde aprimorada, seu pensamento aponta que o enredamento e produção permanentes percebidos nos processos de formação e intervenientes nos sentidos e práticas docentes influenciam e tecem, simultaneamente, a nosso ver, discursos e *práticasteorias*. Esse movimento ajuda a perceber, nos contextos que envolvem a formação, uma coabitação de *práticasteorias* e valores que nos indica a indissociabilidade entre tais contextos na formação e mesmo a interferência de outros contextos nos quais estamos inseridos nos processos formativos. Alves (1998) desenvolve, assim, a ideia de que a formação de professoras⁷ se dá em múltiplos contextos que extrapolam o contexto da formação acadêmica e remetem a *espaçotempos* que também podem antecedê-la. Esses contextos são, no desenvolvimento da noção, assim definidos: *o da formação acadêmica; o das propostas oficiais; o das práticas pedagógicas cotidianas; o das culturas vividas; o das pesquisas em educação*. Em texto mais recente (ALVES, 2010) a autora atualizou esses contextos, trabalhando com os seguintes: o das *práticasteorias* da formação acadêmica; o das *práticasteorias* pedagógicas cotidianas; o das *práticasteorias* das políticas de governo; o das *práticasteorias* coletivas dos movimentos sociais; o das *práticasteorias* das pesquisas em educação; o das *práticasteorias* de produção e "usos" de mídias; o das *práticasteorias* de vivências nas cidades.

A formação de professores por essa abordagem consiste, pois, em um processo que se dá em rede e de modo não linear, onde a interação entre tais contextos e o modo como nessas interações incorporamos e significamos os conhecimentos e valores nos permite criarmos a nós mesmos como professores e atuarmos em nossas práticas.

---

⁶ Expressão abandonada mais tarde e substituída por "contextos de formação" e, mesmo, "redes educativas".

⁷ A autora utiliza prioritariamente o gênero feminino para se referir a esse campo, entendendo que as mulheres são o grupo predominante nessa profissão e que marcar esse aspecto é politicamente necessário numa história social que invisibiliza e trata desigualmente as práticas e contribuições do feminino na sociedade, especialmente nas relações que se estabelecem com e no mundo do trabalho.

Revisamos, assim, questões que nos pareceram determinantes em sua contribuição para o campo, sabendo que outras, igualmente relevantes, poderão ser lembradas pelos leitores em suas aproximações com os textos e os debates que suscitam.

Parte 2: Pesquisas *nos/dos/com* os cotidianos: questões teórico-metodológicas

Os textos escolhidos para compor essa segunda parte provocam, no campo das pesquisas em educação, um potente movimento de reflexão e debate epistemológico-metodológico. Podemos voltar a um dos primeiros textos deste volume (ALVES, nesta obra, p. 85-101) e com ele buscar compreender como, num processo de permanente enredamento de produção dos conhecimentos, algumas ideias são gestadas, retornando ao centro da cena quando o terreno mostra-se fértil ao seu desenvolvimento. Os movimentos que compõem essa produção de caráter teórico-metodológico começam a configurar-se a partir de preocupações voltadas a dar visibilidade e a valorizar as produções cotidianas das escolas e dos professores. Posteriormente, aspectos abordados nessa produção vão se encarnar em questões e reflexões que Nilda Alves passará a abordar e que dão origem à vertente das chamadas pesquisas *nos/dos/com* os cotidianos.

A complexidade dos cotidianos – os conhecimentos que neles circulam e contribuem para a produção das subjetividades docentes e das práticas escolares – é trabalhada e percebida como não linear, provisória e marcada por contradições. A incontrolabilidade desses processos e circunstâncias, a pluralidade de fatores neles intervenientes – para além daquilo que a ciência moderna e seus modos de pesquisar conseguem captar – bem como as múltiplas redes que se formam nesses processos são consideradas na reflexão e na gestação dessa metodologia que busca a compreensão das escolhas e circunstâncias em que os *praticantespensantes* (OLIVEIRA, 2012) das escolas criam currículos.

Em síntese, essas compreensões nos permitem considerar como um princípio para as pesquisas a impossibilidade de compreendermos os cotidianos e os processos formativos a partir de conceitos que os dicotomizem e reduzam sua complexidade a dados quantificáveis ou controláveis. Necessitamos assim, fazer opções metodológicas que permitam pensar esses cotidianos a partir de complementariedades, simultaneidades e contradições, circunstanciais ou não. Como bem expressa a escolha da metáfora da dança para compreendermos tais questões e com a qual podemos seguir na leitura de seus textos com nossas questões e reflexões: "são dois pra lá, dois pra cá".

Os movimentos de ritornelo, percebidos nessa busca de apresentar a obra de Nilda, são outra marca que em sua trajetória potencializa as reflexões, tecendo e destecendo ideias e conceitos como num trabalho de Penélope à espera de Ulisses. Em um dos trechos de seus textos, podemos também destacar os movimentos de composição que almeja com sua escrita, fazendo acompanharmos a "dança" de seu pensamento. O que inicialmente era uma preocupação com a valorização da escola, das professoras, e das criações ali efetivadas tornou-se outro modo de conceber a pesquisa nesse *espaçotempo*, dando ênfase à riqueza dos cotidianos e às possibilidades de percebê-los. Questionando a cisão entre conhecimentos formais ou científicos e cotidianos, teoria e prática, pensar e fazer formaram-se muitos grupos que hoje se dedicam às pesquisas *nos/dos/com* os cotidianos – nomenclatura que deriva do também necessário questionamento da ideia de pesquisa sobre o cotidiano – impulsionados por essas primeiras reflexões de Nilda Alves.

Assim, ela (não sozinha como ela mesma assinala) dá origem – com o primeiro texto publicado sobre o tema, em 2001 – a uma nova forma de pesquisar os *espaçostempos* escolares. Quatro movimentos, como ela identifica, caracterizam essa nova forma de abordar as escolas para pesquisá-las. Primeiramente, para entrar e perceber essa riqueza e complexidade dos cotidianos escolares é preciso abordá-los neles *mergulhando*. Superando a ideia do observador neutro, distante do universo observado sempre por meio da visão – o sentido privilegiado para "ver" a realidade objetiva – a noção de mergulho no cotidiano, com todos os sentidos, foi nomeada pela autora, numa homenagem ao poeta Carlos Drummond de Andrade, como "o sentimento do mundo, para ir muito além do olhar que vê" (p. 138).

Em segundo lugar, em vez de se fixar em teorias nas quais as realidades deveriam se encaixar, busca "ver" além dos limites dessas teorias, subvertendo[8] a ideia de que a *boa* pesquisa precisa ter uma sólida teoria de apoio como ponto de partida e fundamento da construção de uma verdade "em nível superior". Em sua busca pelo imprevisível, pelo invisível aos olhos das teorias tomadas como verdades apriorísticas, as pesquisas *nos/dos/com* os cotidianos vão entender as teorias como limites, na medida em que apenas aquilo que comportam em seu modo de entender o mundo pode ser percebido e formulado sobre suas bases. As teorias serviriam,

---

[8] O termo "virar de ponta-cabeça" (p. 22) pode sugerir uma mera inversão do pensamento dominante, na defesa de um seu oposto, mas os fundamentos epistemológicos que utilizamos interditam-nos a defesa deste tipo de operação teórica, pois ela nos levaria de volta à dicotomia e à formulação de um par de opostos.

assim, como hipóteses cujos limites devem ser ultrapassados sempre que a vida cotidiana pesquisada nelas não couber, não como verdades nas quais tudo o que existe deve se encaixar. Assumimos, com isso, a necessidade de trabalhar com diferentes e múltiplos referenciais, buscando em cada um sua contribuição possível para o trabalho que se pretende fazer. Este seria, portanto, o segundo movimento que caracteriza as pesquisas *nos/dos/com* os cotidianos, a necessidade de "virar de ponta cabeça", subverter o ideário hegemônico.

No mesmo sentido, agora em relação ao que devemos considerar ao nos aproximarmos nas escolas, em lugar de "selecionar" dados a partir de uma suposta relevância atribuída pelo pesquisador a isto ou aquilo, Nilda Alves propõe considerarmos tudo aquilo que acontece como informação relevante, "bebendo em todas as fontes". Precisamos e devemos ampliar e complexificar aquilo que vamos considerar como fonte de conhecimento das realidades pesquisadas, aprendendo, com Einstein, que "nem tudo que pode ser contado conta e nem tudo que conta pode ser contado" (OLIVEIRA, 2010, p. 3).

No quarto movimento – o último na primeira versão, acrescido do quinto movimento posteriormente – Nilda Alves propõe "literaturizar a ciência". Em vez de descrever e apresentar de modo neutro e objetivo as "conclusões" da pesquisa, busca-se contemplar tudo aquilo que não cabe na linguagem científica tradicional. Faz, assim, percebermos as implicações das escolhas de palavras e formas de escrita e das inscrições históricas, políticas, mas, sobretudo, culturais, que guardam.

Como outras das contribuições de Nilda Alves ao desenvolvimento do campo da Educação no Brasil, essa compreensão da questão escriturística, da valorização das narrativas e suas nuances e meandros, em lugar da precisão e secura da descrição, vem sendo desenvolvida e ampliada por diferentes pesquisadores no sentido de tornar evidentes as possibilidades de diálogos e formulações possíveis quando compreendemos os limites e as impossibilidades da descrição neutra e objetiva de fenômenos sociais.

Em texto posterior ao que deu origem a esses que eram originariamente considerados os quatro movimentos necessários às pesquisas *nos/dos/com* os cotidianos, Nilda Alves (neste volume) traz uma reflexão crítica a respeito daquela formulação, assumindo a sensação de ter estado excessivamente em questão nele, tendo-se esquecido, talvez, do mais importante, que identifica no novo texto.

> Ao me preocupar com os movimentos que como pesquisadora precisava fazer – compreender todos os acontecimentos que meus tantos sentidos permitiam sentir, esqueci o que William Blake poetiza: "Como saber

se cada pássaro que cruza os caminhos do ar não é um imenso mundo de prazer, vedado por nossos cinco sentidos?" (MANGUEL, 2001, p. 22).

A partir dessa ideia de Blake, a autora percebe como lacuna na formulação anterior o fato de não ter questionado a existência definidora, em todos os acontecimentos narrados, dos praticantes desses cotidianos. Ou seja, mais do que os movimentos da pesquisadora e da própria pesquisa, pesquisar os cotidianos requer trabalhar os sentimentos, as vivências, as histórias, as narrativas, dos praticantes. Integra, assim, um quinto movimento, que parece assumir primazia sobre os quatro primeiros, ao assumir a centralidade das pessoas, dos *praticantespensantes* da vida cotidiana em toda e qualquer pesquisa *nos/dos/com* os cotidianos, escolares ou não. Em homenagem a Nietzsche e Foucault, mas sem jamais esquecer que os cotidianos escolares são notadamente femininos, nomeia este quinto movimento de *Ecce Femina*.

Essa formulação tem inspirado pesquisadores tanto como meio e compreensão das condições que julgamos necessárias à sua efetivação quanto como guias para a definição de procedimentos de pesquisa empírica. Com isso, vêm produzindo e amadurecendo algumas das noções aqui apresentadas, modificando-as e enriquecendo-as, evidenciando a riqueza de possibilidades que a proposta permite. Mais do que isso, a diversidade de modos de apropriação e uso desses princípios demonstra a pertinência de algumas de suas ideias fundadoras: a da provisoriedade dos conhecimentos, a de que os *praticantespensantes* da vida cotidiana usam a seu modo aquilo que lhes é oferecido para consumo, a de que há sempre múltiplos significados possíveis para as narrativas que fazemos das situações e aprendizagens que tecemos.

Complementarmente, a convicção de que o desenvolvimento epistemológico da noção de cotidiano é indissociável daquele das metodologias das pesquisas que nele, com ele e sobre ele se desenvolvem tem tornado obrigatória a associação das discussões epistemológica e metodológica levadas a termo por diferentes pesquisadores. Além disso, sabemos que os limites epistemológicos do pensamento moderno têm, também, um caráter político, na medida em que a ideia de que o conhecimento para ser válido tem que 'científico'[9] tem servido para excluir e marginalizar outras formas de conhecimento, as práticas sociais a eles associadas – seus modos de estar no mundo –, seus portadores e representantes. Assim, recuperar a importância e a validade dos conhecimentos e práticas da vida cotidiana, a

---

[9] Chamamos aqui de científico os conhecimentos produzidos de acordo com os critérios de validade da ciência moderna.

importância de pesquisá-las reconhecendo-lhes a especificidade e a riqueza é, também, uma ação política. Ou seja, o reconhecimento da indissociabilidade entre essas diferentes dimensões traz consigo o desafio da coerência teórico-metodológico-política.

Nilda Alves vem atuando e notabilizando-se neste sentido do questionamento político-prático-epistemológico-metodológico do *fazerpensar* a Educação e a Pesquisa em Educação, criando novas e interessantes formas de abordá-las, tal como nos textos que integram a terceira parte desta obra, que apresentamos a seguir.

Parte 3: Imagens e narrativas

Ao mesmo tempo em que o trabalho com narrativas e imagens gera uma potente produção no campo das reflexões teórico-metodológicas para as pesquisas em educação, sobretudo aquelas que se realizam no e com os cotidianos, a complexidade da temática e as interfaces que guarda com campos como o currículo, a formação docente, a produção cotidiana das escolas, além das articulações que estabelece entre discursos, imagens e conhecimentos, conferem a esse conjunto de produções certa autonomia em relação aos outros eixos. Importante destacar, com relação ao tema, a criação, já em 2001, do Laboratório Educação e Imagem, marca inequívoca da relevância que Nilda atribui, desde aquela época, ao trabalho realizado com estas. Mais recentemente, tem trabalhado com o cinema, conforme abordado na entrevista que se segue.

Cabe aqui um registro da trajetória deste trabalho, já de longa data, partindo de um texto não selecionado para esta coletânea (ALVES; OLIVEIRA, 2010). A importância que atribuímos – Nilda e outros pesquisadores *nos/dos/com os cotidianos* –, historicamente, ao trabalho com as imagens em nossas pesquisas, não a colocou jamais como substituta dos textos. Até um determinado momento, representava para nós um meio de enriquecimento dos nossos olhares/escutas/leituras da vida cotidiana das escolas pesquisadas, numa busca de dar visibilidade, através do estímulo imagético, a realidades vivenciadas, mas ainda não narradas da vida cotidiana.

Assim, o trabalho foi sendo feito através do uso simultâneo de textos e de imagens considerando-os linguagens complementares, tanto no desenvolvimento das pesquisas como nos modos de narrá-las na apresentação dos seus resultados. Essa atitude pareceu-nos fundamental na medida em que, com Leite (2004) entendíamos que "as imagens visuais precisam das palavras para se transmitir e, frequentemente, a palavra inclui um valor figurativo a considerar" (p. 44). Por outro lado, no uso de imagens, desde o início, estivemos alertas para não nos deixarmos armadilhar pela tentação de as utilizarmos apenas como meras ilustrações do que escrevemos nos textos, ou pela ilusão de que elas trariam inscritas nelas mesmas uma qualquer verdade absoluta nos moldes do célebre (e injusto para com o Santo em questão) teste São Tomé. Já em 2004, Fishman (2004, p. 115) nos alertava para irmos além da "mera utilização de fotos, desenhos e outras imagens como acessórios decorativos, simples ilustrações com uma função passiva em relação ao texto onipotente". Defendia a ideia de que "o campo da visão tem uma relação indispensável com vetores verbais, de audição, emocionais, físicos, intelectuais, espaciais e históricos (ROGOFF, 1998, p. 15 *apud* FISCHMAN, 2004, p. 121)". E concluía afirmando que "para se entender a visualidade é preciso investigar tanto a percepção e a recepção de imagens, quanto às condições culturais, sociais e econômicas que envolvem os produtores e os usuários da cultura visual".

Também importante para nós foi o alerta de Gombrich (1983), referido por Samain (2004):

> [...] a significação de uma imagem permanece em grande parte tributária da experiência e do saber que a pessoa que a contempla adquiriu anteriormente. Nesse tocante, a imagem visual não é uma simples representação da "realidade", e sim um sistema simbólico (GOMBRICH, 1983, p. 323 *apud* SAMAIN, 2004, p. 56).

Ainda no mesmo texto, Samain refere-se a uma tese de Jean-Marie Schaeffer (1996) na qual o autor demonstra que "a dinâmica receptora não é independente da relação que a imagem mantém com a experiência, desta vez, do receptor" (p. 57). Samain se preocupa com a questão suscitada pelas reflexões dos autores por ele citados, e, com Schaeffer, se pergunta:

> [...] como poderemos assegurar, com a maior objetividade possível, a recepção de uma mensagem imagética, isto é, "dada para ser vista", quando se sabe da sua polissemia intrínseca, das normatizações comunicacionais que as regem e das diversas constelações de saber lateral que determinam sua apreensão e efetiva decodificação? (p. 57).

No nosso trabalho com as imagens, entendendo ser preciso, efetivamente, reconhecer a necessidade de mantermo-nos atentos a esses riscos, trabalhamos, durante bastante tempo, com a ideia de que era possível gozar de uma relativa tranquilidade no uso metodológico de imagens em nossas pesquisas, encarando o problema sem excessos como o faz Leite (2004) ao recuperar uma frase de Octavio Paz, que sugeria que "a ambiguidade da imagem não é diversa da ambiguidade da realidade, pois a imagem não a explica. Convida a recriá-la, revivê-la" (p. 41).

Buscando superar, com essa trajetória, a ideia da imagem como evidência, tecemos um entendimento de que, não só seria possível, mas necessário, usar imagens de todo tipo em nossas pesquisas, na medida em que elas ampliavam nossas possibilidades de pesquisa, ao mostrarem uma realidade complexa e, portanto, não dissociada de outras formas de expressão e de compreensão do real.

Nilda Alves elevou esse trabalho a uma nova condição, ainda mais potente epistemológica e metodologicamente, ao jamais desistir de associar os usos que aprendemos a fazer com os autores já citados de outras reflexões sobre o tema ou associando-o a temas afins, como é sua especialidade. Assim, associou-o às reflexões de Machado (2003) discutindo o *iconoclasmo* – o horror que alguns cientistas têm à imagem, em qualquer dos artefatos culturais em que apareçam, mas especialmente na televisão. Para ele, a discussão se baseia em dicotomias falsas (já que) a escrita não pode se opor às imagens porque nasceu dentro das próprias artes visuais, como um desenvolvimento intelectual da iconografia. E indicava o processo de "rasgamento" das imagens como estando na origem do processo de linearização da escrita (MACHADO, 2001, p. 22). Ainda com Machado, passou a compreender que seria preciso aceitar que, na origem e desenvolvimento de todas as ciências "a imagem é uma forma de construção do pensamento tão sofisticada que sem ela provavelmente não teria sido possível o desenvolvimento de ciências como a biologia, a geografia, a geometria, a astronomia e a medicina", que se servem, com frequência, de imagens sob a forma de gráficos, esquemas e tabelas para narrar suas pesquisas.

Ou seja, em seus múltiplos caminhos e possibilidades, o uso das imagens precisa considerar além de sua polissemia (LEITE, 2004) e da cadeia flutuante de significados, dos quais o leitor seleciona uns e ignora outros, dos condicionamentos sócio-históricos de produtores e receptores, também a relação com os suportes, o que inclui não só os diferentes suportes imagéticos, mas também a diferença entre suporte imagético e verbal, o que reitera a relevância do uso combinado dessas linguagens no trabalho de pesquisa.

Ainda no debate sobre a necessária complementaridade entre "texto visual e texto verbal" encontramos, mais uma vez, Gombrich e Samain – o primeiro citado pelo segundo. Samain (2004) faz referência a um trabalho de Gombrich (*L'image visuelle* – sem data ou editora no original) no qual este último procura saber "o que ela pode ou não pode fazer melhor do que a linguagem oral ou escrita" (*apud* SAMAIN, p. 56). Evitando "reduzir a singularidade da visualidade a uma matriz meramente linguística", Gombrich prefere encará-los sob o prisma de suas funções e afirma que "ambos (verbal e visual) têm funções de 'expressar, de despertar e de descrever'".

Certeau também aborda o tema da imagem. O autor nos ensina, ao tratar das maneiras de fazer dos praticantes da vida cotidiana, que por meio do estudo destas "é que poderemos apreciar a diferença ou a semelhança entre a produção da imagem e a produção secundária que se esconde nos processos de sua utilização" (p. 40). Dessas maneiras de fazer, portanto, é preciso "descobrir os procedimentos, as bases, os efeitos, as possibilidades, nas intrincadas redes de relações e significados que, com suas ações, os praticantes estabelecem, cotidianamente". Nilda Alves e suas pesquisas em que o trabalho com e pelas imagens foi ganhando relevância aderiu a essa ideia, mas como de hábito, ultrapassou-a, ao incorporar também, de Manguel (2001), a ideia que se tornou central por alguns anos para pesquisadores *nos/dos/com* os cotidianos: a de que *imagem* e *narrativa* remetem uma à outra em processos permanentes. Nesse sentido, as pesquisas que desenvolvemos nos anos 2000, sobretudo, em diversos grupos, indicaram tanto as *possibilidades* de uso da narrativa e da imagem como mostraram, necessariamente, os *limites* desse modo de desenvolver o trabalho científico. Atualmente, sempre em movimento, ela vem trabalhando com a ideia de que imagens e narrativas, nas pesquisas com os cotidianos são personagens conceituais (DELEUZE; GUATTARI, 1992, ver p. 13 desta introdução) nos dizendo:

> [...] os *personagens conceitos* são, assim, aquelas figuras, argumentos ou artefatos que entram como o *outro* – aquele com que se dialoga e que permanece presente muito tempo para se acumular ideias. Aí têm que estar, para que o pensamento se desenvolva e para que se criem conhecimentos (ALVES, 2007, p. 9).

Nesse sentido, torna-se necessário acrescentar ao já discutido que acreditamos que para compreender os processos de tessitura de conhecimentos nos cotidianos das escolas entendemos sempre que é preciso *contá-los*. Isto significa que entendemos, sempre, ser necessário *ouvir* o que os *praticantespensantes* têm a dizer sobre as tantas e tão diferentes histórias vividas nas *artes de fazer* os processos pedagógicos diários. Assim, nas narrativas vistas, ditas e ouvidas, conseguimos dialogar com esses processos, com as *ideias* e os *valores* que formam e fazem agir esses sujeitos, com o modo como incorporam, nas narrativas feitas, imagens e sons sobre eles, oferecendo-nos *pistas* valiosas sobre o que aconteceu/acontece no cotidiano das escolas em que trabalha e trabalhou. É por isso que afirmamos, com Manguel (2001), que "uma imagem [um som] dá origem a uma história que, por sua vez, dá origem a uma imagem [lembra um som]".

E com isso, finalizamos esta introdução, esperando termos conseguido mostrar ao leitor a importância, a diversidade e a riqueza do pensamento de Nilda Alves, cuja trajetória está também expressa na entrevista a seguir e, sobretudo, nos textos que selecionamos para compor esta obra.

Referências

ALVES, Nilda. Redes educativas "dentrofora" das escolas, exemplificadas pela formação de professores. In: SANTOS, Lucíola; DALBEN, Ângela; LEAL, Júlio Diniz Leiva (Orgs.). *Convergências e tensões no campo da formação e do trabalho docente: currículo, ensino de Educação Física, ensino de Geografia, ensino de História, escola, família e comunidade.* Belo Horizonte: Autêntica, 2010. p. 49-66.

ALVES, Nilda. Faz bem trabalhar a memória: criação de currículos nos cotidianos, em imagens e narrativas. In: _____ (Org.). *Redes educativas e currículos locais.* Rio de Janeiro, 2007. p. 10-27.

ALVES, Nilda. Cultura e cotidiano escolar. *Revista Brasileira de Educação*, Campinas, n. 23, p. 62-74, maio-ago. 2003.

ALVES, Nilda. *Trajetórias e redes na formação de professores.* Rio de Janeiro: DP&A, 1998.

ALVES, Nilda; OLIVEIRA, Inês B. Pesquisa em currículo através de imagens e narrativas de professoras. In: ENDIPE – ENCONTRO NACIONAL DE DIDÁTICA E PRÁTICA DE ENSINO – CONVERGÊNCIAS E TENSÕES NO CAMPO DA FORMAÇÃO E DO TRABALHO DOCENTE, 15., 2010, Belo Horizonte. *Anais...* Belo Horizonte: UFMG, 2010.

CERTEAU, Michel de. *A invenção do cotidiano.* Petrópolis: Vozes, 1994. v. 1: Artes de fazer.

COUTO, Mia. Um caminho feito para não haver chão. In: ROSA, João Guimarães. *Antes das primeiras estórias.* Rio de Janeiro: Nova Fronteira, 2011. p. 7-10.

DELEUZE, Gilles; GUATTARI, Félix. Os personagens conceituais. In: _____. *O que é filosofia?* Rio de Janeiro: Editora 34, 1992. p. 81-109.

FISCHMAN, Gustavo E. Reflexões sobre imagens, cultura visual e pesquisa educacional. In: CIAVATTA, Maria; ALVES, Nilda (Orgs.). *A leitura de imagens na pesquisa social: história, comunicação e educação.* São Paulo: Cortez, 2004.

GARCIA, A. Sentirfazerpensar: Nilda Alves e a formação de professores. *Revista Teias*, Rio de Janeiro, v. 13, n. 29 (Especial), p. 21-34, 2012.

LAKOFF, George; JOHNSON, Mark. *Metáforas da vida cotidiana.* Coordenação de tradução de Mara Sophia Zanotto. São Paulo: Mercado das Letras, 2002.

LEFEBVRE, Henri. *Lógica formal/lógica dialética.* Rio de janeiro: Civilização Brasileira, 1983.

LEITE, Miriam L. Moreira. Texto visual e texto verbal. In: FELDMAN-BIANCO, Bela; LEITE, Miriam L. Moreira (Orgs.). *Desafios da Imagem: fotografia, iconografia e vídeo nas ciências sociais.* 3. ed. Campinas: Papirus, 2004. p. 37-50.

MACHADO, Arlindo. *A televisão levada a sério*. 3. ed. São Paulo: Senac, 2003.

MACHADO, Arlindo. *O quarto iconoclasmo e outros ensaios hereges*. Rio de Janeiro: Rios Ambiciosos, 2001.

MANGUEL, Alberto. *Lendo imagens*. São Paulo: Companhia das Letras, 2001.

MORIN, Edgar. *Ciência com consciência*. Rio de Janeiro: Bertrand Brasil, 1996.

OLIVEIRA, Inês B. *O currículo como criação cotidiana*. Petrópolis: DP et Alii, 2012.

OLIVEIRA, Inês B. Cenas do cotidiano escolar: descobertas e invenções de pesquisas com narrativas imagéticas. *Revista Teias*, Rio de Janeiro, ano 11, n. 21, p. 1-13, jan.-abr. 2010.

ROSA, João Guimarães. *Primeiras estórias*. Rio de Janeiro: Nova Fronteira, 2005.

SANTOS, Boaventura de Sousa. *Pela mão de Alice: o social e o político na pós-modernidade*. São Paulo: Cortez, 1995.

SANTOS, Boaventura de Sousa; MENESES, Maria Paula (Orgs.). *Epistemologias do Sul*. São Paulo: Cortez, 2010.

SAMAIN, Etienne. O que vem a ser portanto um olhar? (Prefácio) In: ACHUTTI, L. E. R. *Fotoetnografia: um estudo de antropologia visual sobre cotidiano, lixo e trabalho*. Porto Alegre: Palmarinca; Tomo, 1997. p. XVII-XXI.

SILVA, J. M. *As tecnologias do imaginário*. Porto Alegre: Sulina, 2003.

Entrevista

Narrativas de uma *praticantepensantemilitante* da educação[1]

■ **Nilda, a primeira questão que precisa estar no livro é sobre como você se torna professora e como a docência entra na sua vida.**

Nilda: Bom, eu acho que é importante dizer que a docência entrou na minha vida desde que eu fui alfabetizada. Porque eu fui alfabetizada com 7 anos de idade e resolvi alfabetizar minha irmãzinha (Neila Guimarães Alves). Coitada, tinha três anos e meio. E nessa fase aprende-se tudo errado, inclusive as letras espelhadas. E quando ela entra na escola, com 6 anos e meio, para aprender a escrever, a coitada sofre porque fazia todas as letras erradas, espelhadas. Evidentemente, eu não tinha condições de ver aquilo com 7 anos.

Então, eu acho que pra mim, ser professora, ter aquelas professoras na minha frente, aquilo sempre foi um modelo. Eu sempre fui uma pessoa que gostava de ensinar coisas, qualquer coisa. Eu gosto de dar aulas, sempre gostei! É importante lembrar que eu continuei dando aulas para a graduação e na pós-graduação, mesmo estando na direção da Faculdade,[2] mesmo estando na presidência da ANPEd,[3] mesmo na presidência da ASDUERJ.[4] Essa relação que tenho com estar em turma é um pouco o que o pessoal que estuda questões ligadas ao trabalho chamaria de pé no chão, no chão da fábrica. Pra mim, isso sempre fez muito sentido, porque é uma coisa que eu gosto muito. Discutir questões com os estudantes.

Eu fui professora primária, me formei no Instituto de Educação, fui professora secundária, porque fiz o curso de Geografia, licenciatura e bacharelado, na então Universidade do Brasil, que hoje é a UFRJ. A minha

---

[1] Entrevista concedida a Inês Barbosa de Oliveira, em novembro de 2013, em sua residência no Rio de Janeiro.
[2] Entre 1990 e 1994, na UFF.
[3] Entre 1999 e 2003, época em que já era professora da UERJ.
[4] Entre 2008 e 2009, na UERJ.

monografia do bacharelado foi sobre a suburbanização do ramal de Santa Cruz da linha do trem. Como essa região foi sendo urbanizada, no Rio, naquela época. A geografia urbana estava entrando no Brasil.

■ **Que época?**

Nilda: Eu terminei o curso em 1965; comecei em 1962 e terminei em 1965. Estava no curso quando houve o golpe militar e eu precisei desaparecer da Faculdade, no primeiro semestre. No fim desse semestre, houve o encontro de professores e estudantes com o que chamávamos "os mestres franceses" – que se realizava todo ano em julho – mas com a presença de geógrafos brasileiros também, como o Orlando Valverde.[5] Nós "seguíamos" a escola francesa de Geografia. Achei que era o momento de voltar; decidi voltar naquele momento para ver o que acontecia. E foi um acontecimento, pois eu voltei e decidi chegar um pouco atrasada, a conferência já tinha começado e eu podia chegar discretamente ao fundo da sala. No momento em que eu adentro a sala, estava falando a coordenadora do curso naquele momento, a professora Maria do Carmo Corrêa Galvão. Ela para o que estava falando e diz: "Está entrando na sala nossa estudante Nilda Alves e eu peço uma salva de palmas". A turma toda levantou e me aplaudiu de pé, ou seja, a discrição que eu queria para entrar foi absolutamente rompida. E por essa pessoa, a Maria do Carmo, que a gente chamava de "direitista" – além de ter um doutorado na Alemanha, que não deve ser pouca coisa de muito progressista, digamos assim, ela era muito ligada ao catedrático daquela época que era o professor Hilgard O'Reilly Sternberg, que depois foi para os Estados Unidos e ficou por lá.

Dona Maria do Carmo foi a única pessoa que defendeu a manutenção do curso noturno depois do golpe militar na Congregação.[6] Os estudantes tinham conseguido, diretamente com a Presidência da República (então com Jango Goulart), dinheiro para fazer curso noturno e todos os cursos tinham aceitado fazer curso noturno. Mas depois do golpe militar todos recuaram. E a Dona Maria do Carmo foi a única que disse: "Quando eu disse que nós íamos fazer o curso noturno, não era porque eu estava com

---

[5] Orlando Valverde (Rio de Janeiro, 1917-2006) era um geógrafo brasileiro e pesquisador do Conselho Nacional de Geografia. Valverde era engajado politicamente como um dos maiores defensores da reforma agrária no Brasil; além disso, "combateu" o processo de privatizações realizadas, principalmente, durante o governo de Fernando Henrique Cardoso. Disponível em: <http://pt.wikipedia.org/wiki/Orlando_Valverde>. Acesso em: 19 jun. 2014.

[6] Órgão deliberativo máximo da faculdade (ou instituto) na UFRJ.

medo dos estudantes. E nós vamos fazer o curso noturno". O curso de Geografia foi o único que teve turno noturno, contra a tendência geral, que foi jogar fora a ideia. Ela era uma pessoa muito séria no trabalho que fazia, embora tivesse politicamente ideias de direita. Era extremamente coerente no que fazia.

Voltando à história inicial, eu fiquei seis meses sem fazer disciplina nenhuma, mas consegui terminar o curso com a minha turma. Porque tinha todo um sistema de provas que me beneficiou, naquela ocasião, e eu consegui fazer tudo e concluir o curso, no ano seguinte.

A prova que eu fiz em Antropologia – era a disciplina do Darcy Ribeiro, que deu duas aulas e depois foi substituído pelo assistente dele –, já em agosto, sumiu da faculdade, e eu tive que fazer muitos procedimentos, um aborrecimento só, para conseguir a nota dela. Na verdade, depois do golpe, os militares do IPM da Filosofia[7] foram à faculdade e apanharam provas de estudantes e outros documentos de professores para comprovar com letras que tinham em documentos que tinham apreendido do PCB (Partido Comunista Brasileiro). Essa foi a prova que eles levaram para comparar com a minha letra que estava escrita em uns documentos – naquela época, como estava na legalidade, fazíamos ata de cada reunião e eu tinha sido secretária de Finanças e Secretaria de organização que era quem fazia essas atas. Tiraram da Faculdade para comprovar que eu era do Partido. Então eles roubaram a prova da faculdade e a prova sumiu, mas o professor, solidariamente, acabou me dando a nota necessária. Eu consegui terminar o curso com a minha turma, sem nenhum tipo de problema – fazendo algumas provas em segunda época.

■ A pedagogia vem depois?

Nilda: A pedagogia vem depois, eu só fiz Pedagogia depois. Porque aí foi assim: quando eu acabei o curso eu recebi duas propostas profissionais. A primeira delas foi ir para o IBGE trabalhar como geógrafa e a segunda para ir para o Colégio de Aplicação da UFRJ – ainda Universidade do Brasil – trabalhar como professora. Eu optei pela segunda proposta, tanto que quatro colegas de turma – todos homens – me chamaram para almoçar e disseram que eu era "a única mulher inteligente da turma",

---

[7] Inquérito policial militar era o tipo de processo que foi aberto em uma série de instituições para apurar atividades "subversivas" de professores e estudantes. Este foi o da Faculdade Nacional de Filosofia.

num machismo total (risos), e que ter escolhido ser professora era um absurdo, pois eu era muito boa e deveria ser geógrafa. Mas escolhi ficar no Aplicação, do qual tive que sair dois anos depois por causa do tal IPM da Filosofia. A diretora na ocasião me chamou e disse que eu precisava sair, mas foi extremamente solidária: o juiz que presidia o IPM era seu conhecido e ela conseguiu, com ele, me retirar no processo (não sei por que caminhos isso foi possível!). Mas eu era professora primária do Estado da Guanabara,[8] e continuei sendo na ocasião. Em 1967, ano em que me casei (com João Guilherme Vargas Neto), eu fiz concurso para o Estado – nessa época fazíamos prova escrita, prova de aula e havia análise de *curriculum vitae*. Foi o primeiro concurso que o Estado realizou e eu fiz esse concurso. Mas o que eu queria dizer é que, sempre, entre algumas possibilidades que tive, minha opção foi ser professora. Então, é nesse momento que eu vou ser professora de Geografia. Tinha sido professora primária até então, formada pelo Instituto de Educação, em 1961, mas só exerci como professora primária seis anos, pois depois desse concurso passei a ser professora de Geografia no ensino público (Escola Fernando de Azevedo, na praia de Ramos, e Alencastro Guimarães, em Copacabana) e no ensino privado (Colégio Bennet). Assim, quando abriu supervisão, orientação e administração nas faculdades, como cursos complementares, eu fui fazer esse curso, entre o segundo semestre de 1973 e o primeiro de 1975. Eu fiz Pedagogia na Santa Úrsula, porque o processo do IPM da Filosofia estava correndo, ainda, e eu não poderia voltar a uma universidade pública. Por conhecimentos no Bennet fui chamada para trabalhar na UFF, mas não obtive o "nada consta" que era dado pelo DOPS[9] que era necessário para ingressar na universidade pública, naquele então.

■ **Você foi, então, "convidada" para trabalhar na UFF, porque naquela época não tinha concurso público?**

Nilda: Isso, não havia. Eu naquela época trabalhava no Bennett[10] com outro professor de Geografia que era contratado na UFF. Ele, então, me chamou para trabalhar lá. Mas eu tinha que apresentar naquela época uma declaração da polícia dizendo que tinha um caráter ilibado e que não estava em processo político.

---

[8] Antes Distrito Federal (onde ficava a capital do Brasil antes da ida para Brasília) e, atualmente, município do Rio de Janeiro.

[9] Departamento de Ordem Política e Social que ficava na rua da Relação, no Rio de Janeiro.

[10] Instituto Metodista Bennett, situado no bairro do Flamengo, no Rio de Janeiro. Uma escola tradicionalmente frequentada pela classe média da região e que fechou suas portas no fim dos anos 1990.

■ **Ou seja, "não sou comunista".**

Nilda: Isso! Tive o documento negado, mas a pessoa que me atendeu lá me disse que se eu conseguisse uma carta de alguma autoridade religiosa ou militar dizendo que eu não fazia "proselitismo político", eu poderia recorrer. O que resolvi fazer. Aí eu pensei: "Que autoridade poderia ser?". Pedi ao reitor do Bennett para me dar e ele me deu uma declaração. Lembrei que fui professora, neste colégio, de duas filhas do General Albuquerque Lima.[11] Ele me recebeu na casa dele, um grande apartamento em Copacabana. Fiquei tomando chá com uma das filhas e a esposa até que ele me chamou para a biblioteca e me entregou a carta, dizendo: "professora, minha filha me falou como era a senhora, eu fiz a carta como ela me pediu, mas como eu não sei se a senhora acompanha a política brasileira eu quero lhe dizer alguma coisa sobre ela para que a senhora se decida por usar esta carta ou não. Houve uma disputa entre as forças integristas e as forças nacionalistas do exército que eu representava. Eu perdi essa luta e quem ganhou foi o Garrastazu Médici. Então a senhora decide se usa, pois não sei se isso vale ou não vale a seu favor". Isso é coisa de Brasil, pois não sei se em algum outro lugar do mundo algum general de alta patente daria uma carta dizendo isso que ele disse a uma professora comunista, mas que não fazia "proselitismo político" – se entendia isso como não fazer pregação política em sala de aula.

■ **Mas isso foi em que época?**

Nilda: Ele perdeu a disputa interna em 1968/1969. Eu tenho essa carta e a revista *Veja* da época, em que aparece o Garrastazu Médici grande, colorido, e o Albuquerque Lima em uma foto preta e branca, pequena – a reportagem dizia quem tinha ganhado a disputa, mas a capa mostrava isso sem palavras. Isso se deu em inícios de 1969, após o golpe dentro do golpe, em dezembro de 1968, com a publicação do AI-5.[12] Depois de um período de "junta militar" – os ministros do Exército, Marinha e Aeronáutica a formavam – pela doença do General Costa e Silva que era o "presidente", houve a tal disputa que Médici ganhou, assumindo em outubro de 1969.

---

[11] Afonso Augusto de Albuquerque Lima (1909-1981) foi Ministro do Interior no Governo Costa e Silva (1967-1969). Foi derrotado por Médici na disputa pela indicação para a sucessão de Costa e Silva e, posteriormente, compulsoriamente aposentado. Disponível em: <http://pt.wikipedia.org/wiki/Afonso_Augusto_de_Albuquerque_Lima>. Acesso em: 19 jun. 2014.

[12] Ato Institucional n. 5, de 13 de dezembro de 1968. Os atos institucionais foram o recurso usado pelo governo militar para estabelecer normas políticas sem as casas legislativas.

■ Em 1968 tem essa mudança com o AI-5. Morre o Costa e Silva em 1969 e o Médici assume. Eu era criança e estava ouvindo o rádio de pilha embaixo do travesseiro. Ouvi a notícia no rádio e saí correndo da minha cama, fui avisar a minha mãe, que estava com visitas em casa, que o novo presidente do Brasil se chamava "Garrafa Azul", foi o que eu escutei, pois em 1969 eu tinha uns 10 anos e foi isso que eu escutei. Então, enfim, vamos continuar com a sua trajetória de estudo e trabalho.

Nilda: Dedicando-me à educação, de alguma maneira me protegi. Teve um momento em que a questão da ditadura ficou muito pesada, sobretudo para o João: João Guilherme Vargas Neto, com quem eu era casada. Ele era perseguidíssimo pelas forças armadas e teve que ir para o exterior. Eu fui seguida quatro vezes (por quem? Não sei!) com o objetivo de achá-lo. Então, quando pude, fui para o exterior encontrá-lo e descobri que o casamento tinha acabado. Então, ou eu voltava para o Brasil sem nada, sem casamento e sem coisa nenhuma, ou eu fazia um curso no exterior, alguma coisa por mim. Aí tomei a decisão de procurar um doutorado.

■ **Você não fez mestrado então?**

Nilda: Não, eu não fiz mestrado. Eu tentei uma vez entrar na PUC, mas não consegui. Aí comecei a fazer o doutorado lá, porque lá, naquela época, não existia mestrado na França – se exigia cinco anos de ensino superior e eu tinha seis e meio (quatro de Geografia e dois e meio de Pedagogia). Conversei com brasileiros que estavam lá – inventavam as coisas mais inacreditáveis para eu fazer; éramos cerca de cinco mil em Paris. Todo mundo queria opinar na vida de todo mundo. Disseram que deveria fazer no IEDES, pois aí estavam Celso Furtado e Darcy Ribeiro – mas esses eu já conhecia e queria algum francês, para aproveitar e conhecer as coisas de lá. Decidi procurar um dos tais "mestres franceses de Geografia", porque a Faculdade de Geografia era muito próxima de onde eu morava. Consegui localizá-lo e marcar um *rendez-vous* (esse termo que quer dizer "entrevista" ou "encontro" fazia o maior sucesso entre nós, pois aqui, no Brasil, conhecíamos o termo como o lugar onde se fazia a prostituição; cada vez que um de nós dizia que tinha um *rendez-vous*, todo mundo caia na gargalhada). Ele falava português, pois, casado com uma brasileira "figuraça", que tinha um pequeno carro cor-de-rosa, cheio de flores pintadas... Fui conversar com ele e disse que queria fazer o doutorado em Educação, mas queria fazer com alguém bom e aprender algumas coisas aqui da França. Ele me aconselhou a ir para a Paris V – Université Réné Descartes que era o "top" da educação. Fui até lá para ver como deveria proceder. O

João – meu ex-marido – quis ir comigo, chegando lá, falou no meu lugar. A secretária da Faculdade perguntou: "como ela quer fazer um doutorado se nem sequer fala francês?" Tive que me meter e disse que sabia falar e escrever – só não disse a percentagem (uns 35%). Mas na hora, eu tinha que mostrar que sabia e que podia fazer o curso. Ela me deu uma lista dos professores de Paris V, na qual existiam alguns homens, e eu não queria estudar com homem: tinha o Antoine Leon, de História da Educação; tinha o Georges Snyders, que era bem conhecido no Brasil, naquele então pela proposta da "escola com alegria". Esse era "doido de pedra", mas também só podia ser, pois esteve em campo de concentração – foi a primeira pessoa que vi marcada com o número com tatuagem no braço que identificava os prisioneiros de campos de concentração; um número enorme! Continuei olhando e tinha mulheres em Psicologia, do que eu não queria nem chegar perto, e em Sociologia da Educação Madame Isambert-Jamati,[13] que eu não fazia nem ideia de quem se tratava. Fui falar com ela e ela me aceitou. Na ocasião ela já estava orientando onze brasileiros.

■ Isso é quando?

Nilda: Eu cheguei lá em 1977. Eu fiz meu doutorado de setembro de 1977 a janeiro de 1981. Levei menos de quatro anos. Eu não tive bolsa e quando estava terminando, eu tinha que vir embora, pois não tinha mais dinheiro para ficar lá – tinha sido sustentada por minha mãe que me mandava 300 dólares por mês, ajudada pelo João que teve asilo político e podia trabalhar e algum trabalho no "negro" como se dizia na época, digitando dados na tesouraria do Sindicato das Indústrias Químicas, cuja força hegemônica era o PCF[14] (estava começando o movimento de digitalização no mundo). Eu escrevi para a CAPES para me darem uma bolsa, dizendo que só tinha dinheiro para ficar até junho e desejava ficar até setembro para defender a tese. Não tive resposta e voltei para o Brasil sem a defesa feita. Em setembro, um dia eu cheguei em casa, já no Rio, e a Capes tinha me mandado uma carta, perguntando se eu ainda queria os três meses para ficar lá... Mas eu já estava aqui. Eu disse isso na resposta, informando que agora precisava da passagem de ida e volta e de um mês para ficar lá. E me deram. Assim, mandei copiar a tese, que já estava pronta, e mandei os volumes dentro de uma mala, que um colega meu entregou na secretaria da Faculdade e fui defender em janeiro (13 de janeiro de 1981).

---

[13] Ver http://fr.wikipedia.org/wiki/Viviane_Isambert-Jamati.

[14] Partido Comunista Francês.

■ **Explique um pouco melhor o modo como você trabalhou na França.**

Nilda: Eu trabalhei sim, mas não como docente, pois para isso não havia condições. Até porque eu não podia ser registrada como trabalhadora. Você só poderia ser registrada se tivesse algum *status* de foragido político ou semelhante, mas eu não tive. Trabalhei, como disse, como digitadora, naqueles primeiros computadores de tela preta e letras verdes – tinha enxaqueca todos os dias! Mas aí eu podia ficar lá e fazer o curso – naquela época se pagava 150 francos,[15] o que não era muito. Madame Isambert-Jamati foi uma orientadora excepcional, ela era muito boa. Lembro que logo no primeiro dia de aula ela nos deu uma grande lição: a Universidade estava em greve e ela reuniu o grupo e disse por que estava dando aula – ela tinha um número inacreditável de orientandos, uns cinquenta orientandos e onze eram brasileiros, como já disse. Ela disse que tinha ido à assembleia de professores e conseguido uma autorização para dar aulas normalmente pelo grande número de orientandos que tinha. O que ela não disse – e descobri depois – é como ela era respeitada na França. Ela era conhecidíssima na França, como intelectual, e ela na Segunda Guerra Mundial foi membro da resistência, contra a Alemanha. Então ela era uma importante cidadã, reconhecida na França. Muitos anos depois, quando ela se aposentou, todos os importantes sociólogos franceses estiveram na cerimônia realizada na Sorbonne em homenagem a ela, de Alain Tourraine a Bourdieu, discursando.

Quando voltei ao Brasil, em 1980, reassumi meu lugar na Secretaria de Educação – professora de Geografia e supervisora educacional. Nesse momento, eu não estava mais em sala de aula, eu estava na Secretaria de Educação. A Marília Pimentel – que depois veio trabalhar na Secretaria da ANPEd, quando fui presidente – estava na Secretaria de Segundo Grau e queria organizar uma seção de pesquisa na secretaria. Ela me chamou para esse lugar e eu fui. Depois eu recomecei a trabalhar no Bennett, mas agora no nível superior.

■ **Então você começa a atuar no nível superior, na volta da França.**

Nilda: Exatamente. E nessas andanças eu encontro uma pessoa que me chamou para ser professora visitante na UFF. Era o Cosme Damião Ávila, que eu conheci em cursos que me chamaram para dar em Barra Mansa e eu fui. Aí, sim, eu consegui entrar na UFF – já não se pedia mais a tal declaração

---

[15] Em valores atuais, algo em torno de 25 euros.

de que já falamos antes.[16] Então, eu entrei como professor visitante já na pós-graduação, em 1983. Em 1984, fiz um concurso público e assumi um posto efetivo e, entre esse ano e 1986, eu fui coordenadora do curso. Bons tempos aqueles em que você não precisava saber nada da CAPES e do CNPq para ser coordenadora! Outra coisa era o diploma, porque meu diploma era do terceiro ciclo, pois na França havia esse doutorado de terceiro ciclo, que servia para a França toda, e doutorado de Estado, que era o máximo e podia demorar até dez anos para ser feito.[17] Eu fiz o doutorado de terceiro ciclo, pois era onde eles aceitavam os brasileiros em geral.[18]

■ **Então já tinha concurso. Mas você também teve uma passagem na UERJ mais antigamente, não teve?**

Nilda: Mais na frente. Eles precisavam de pessoas com doutorado, para erguer a UERJ e me chamaram, como também chamaram a Vera Candau.

■ **E quando foi isso?**

Nilda: Aí eu não me lembro bem, mas deve ter sido por volta de 1984-85. Nem sei se tem isso registrado no meu Lattes, mas enfim. Na UFF, quando eu passei a ser a coordenadora efetiva do Programa de Pós-Graduação aconteceu a história de o curso ir para conceito A[19] – foi na minha gestão que o A aconteceu. Mas, na verdade, foi na minha gestão, mas eu não muita coisa a ver com isso, pois foi o coordenador anterior, o Alfredo Faria Júnior,[20] que fez muitos bons relatórios pelos quais, quando da avaliação, o Programa passou a "A". Depois conseguimos manter o A.

Mas alguma coisa mais se deu na gestão da Coordenação: quando eu entrei tínhamos três bolsas de estudantes e eu consegui passar para 53. Ninguém era pesquisador do CNPq, a não ser o Luiz Antônio Cunha, que já era professor-pesquisador naquela época. Mas quando saí da coordenação nós já

---

[16] Nessa época, início dos anos 1980, a ditadura já estava enfraquecida. A "Abertura" política em curso já havia viabilizado a aprovação da Lei da Anistia, a legalização de partidos políticos e as eleições diretas para governador dos estados aconteceriam em 1982.

[17] Havia também um "doutorado de universidade" que só tinha valor na universidade na qual era feito, mas que já estava em extinção.

[18] O único brasileiro que fez o doutorado de Estado, que eu conheça, foi o Silvério Bahia Horta – eu assisti a defesa dele e ele assistiu a minha.

[19] Na ocasião, a avaliação dos Programas de Pós-Graduação atribuía conceitos de A – o melhor – a E aos diferentes programas avaliados pela CAPES.

[20] Alfredo Faria Júnior foi, mais tarde, candidato a diretor da UFF na eleição que Nilda venceu, em 1989, e colega no Programa de Pós-Graduação da UERJ, já nos anos 1990.

éramos doze os pesquisadores do CNPq – eu fazia as pessoas concorrerem. Além disso, entraram outras pessoas importantes no Curso: o Gaudêncio (Frigotto), Menga (Ludke), ambos como professores visitantes; Vanilda Paiva também foi professora visitante, um pouco mais tarde. E, em 1985, todos passam a professores efetivos quando Tancredo morre e o Sarney assume e por canetada ele bota todos na Universidade como professores efetivos. Foi uma leva enorme de professores efetivados em todo o Brasil.

■ **Pesquisando um pouco seu Lattes, me chamou atenção as bancas de que você participou nesse período dos anos 1980, porque são pessoas que a gente acha que "sempre foram" doutoras e você não só se torna doutora antes delas como esteve na banca dessas pessoas. Notadamente, eu me lembro de ter visto a banca do Celestino (da Silva Júnior) que trabalhou com supervisão educacional – você certamente se lembra dele; eu não conheci – e da Regina (Leite Garcia). Você tem outras lembranças disso? Uma época de emergência de pós-graduação.**

Nilda: Dessa época, me deixa contar a da Regina, pois na banca dela houve dois acontecimentos notáveis. A UFRJ, muito tradicional no Rio de Janeiro, zelosa com seu regimento e tal. E segundo o regimento dela, quem dirige a banca pode e deve ser a diretora da Faculdade de Educação. E o orientador foi o Newton (Sucupira).[21] No dia da defesa – a tese da Regina foi a primeira a ser defendida no doutorado – a diretora da Faculdade, que era uma pessoa da área de currículo – Sérvula Paixão – chega e diz: "Assumirei a presidência". E o Newton fez uma cara inacreditável, e a gente fingindo que não estava ouvindo. Ela entra no meio e abre a banca com o Newton à sua direita. E quem mais estava na banca de Regina: Victor Valla e o Durmeval Trigueiro – ambos, segundo se conta, tinham saído do IESAE,[22] por causa

---

[21] Newton Sucupira (1920-2007) foi um personagem importante na consolidação da pós-graduação no Brasil, tendo sido secretário de Educação Superior do MEC e membro do Conselho Federal de Educação. Foi Professor da UFRJ – da qual se tornou professor emérito e dirigiu o IESAE no início dos anos 1980. É indicado, por alguns, como o pai da pós-graduação no país, pois escreveu o marco legal que possibilitou o crescimento da pós-graduação no Brasil, conhecido como Parecer Sucupira, uma alusão ao seu relator, no Conselho Federal da Educação.

[22] O Instituto de Altos Estudos em Educação, da Fundação Getúlio Vargas (IESAE) era tido como o melhor Programa de Mestrado do Brasil na época. Um conflito político entre o grupo ligado a Newton Sucupira – seu então diretor – e a oposição a ele – que se configurava como um movimento de esquerda, que se opunha à ditadura militar e àqueles que eram identificados com ela –, terminou com a saída de alguns professores que estavam no centro dos debates, dentre eles Durmeval Trigueiro Mendes e Victor Valla.

do Newton. Todos falam e o último a falar é o Durmeval, que levou escrita a sua fala. E tinha sido determinado pelo Newton que cada um de nós poderia falar 20 minutos, o Durmeval tinha um texto e foi lendo e quando chegou aos seus 20 minutos, Newton disse: "Professor, era bom o senhor encerrar o seu texto, pois já se passaram 20 minutos". Nesse momento, Sérvula pega o microfone, vira-se para o Newton e fala: "Não se cala a voz de Durmeval Trigueiro". Newton se cala e Durmeval Trigueiro fala até o fim. Essa cena foi maravilhosa e inesquecível.

■ **Nessa época também você presidiu a ANFOPE.**[23]

Nilda: Isso. O movimento de criação da ANFOPE começou em 1983, dentro de um seminário chamado pelo próprio Ministério da Educação, em 1982. A proposta era a de reunir as universidades, regionalmente, depois que cada uma delas fizesse a sua reunião discutindo a formação de professores. Depois as universidades dos diferentes estados se encontrariam e, então, os representantes dessas universidades por região se reuniriam, antes de um último encontro, nacional. Tudo isso foi feito, não sei com que precisão. E essa reunião, em novembro de 1983, foi feita em Belo Horizonte. Dela saiu um documento nacional que em vez de dizer: "Vamos fazer tal coisa para ensinar os professores", dizia que as universidades teriam autonomia para propor a formação e que se reuniriam periodicamente para discutir as diferentes propostas e formar o que, na época, foi chamado de Base Comum Nacional. Criar-se-ia uma Base Comum Nacional a partir das experiências locais. Esse documento é muito bom e reflete muito aquele momento de abertura democrática. Mas ele nunca foi assumido pelo ministério.[24]

■ **Sim, mas vocês criam a ANFOPE a partir dali.**

Nilda: Não. Não é ANFOPE ainda. Criamos uma "Comissão Nacional pela Formação dos Profissionais da Educação" que foi presidida inicialmente pela Márcia Ângela.[25] Ela dirige durante uns três ou quatro anos e depois disso eu assumo a presidência. Em um determinado momento, quando eu vou sair da presidência para um pós-doutorado – eu assumi por apenas

---

[23] Associação Nacional pela Formação dos Profissionais da Educação.

[24] Nilda tem diversos textos abordando esse período e essas questões. Deles incorporamos o texto 1 desta coletânea: "Alternativas de formação de professores para a educação básica: novos caminhos".

[25] Márcia Angela Aguiar, Professora da UFPE e ex-presidente da ANPEd (2006-2009).

um ano – quem assumiu foi o Luiz Carlos de Freitas[26] que, no ano seguinte (1987) forma a ANFOPE.

▪ **Então você assumiu a presidência da ANFOPE quando ela não era ANFOPE.**

Nilda: Isso, mas depois eu assumi novamente. Já com o pós-doutorado, feito entre 1987 e 1988. Fui, então, presidente da ANFOPE entre 1992 e 1994. Nisso tudo, o mais interessante foi a experiência que eu tive. É como o pensamento da gente; ele vai se afastando da gente em ondas e um dia alguém que a gente nunca esperava que gostasse desse pensamento demonstra que gostou e que se interessa, etc. No encontro em 1987, quando o Luiz Carlos assumiu, foram apresentadas duas pesquisas: uma por Márcia Angela e a Aída (Monteiro) cobrindo o que estava sendo feito pela formação em diversos cursos, no Brasil. A outra que eu tinha desenvolvido, vendo como se pensava a formação em diversas associações científicas brasileiras. Ao final, eu organizava uma proposta em eixos – que, hoje, eu chamaria de núcleos do pensamento. Esse texto, feito para essa apresentação, se transforma, no ano seguinte, em um documento de base que o Luiz Carlos desenvolveu e amadureceu durante a gestão dele e que eu, depois, na minha gestão, continuei a discussão, nos encontros anuais. O interessante é que a repercussão da fala em 1987 foi zero, pois nenhuma pergunta ou comentário me foi feito sobre ela; nada. Foi muito interessante, porque eu fiz um texto, bem redondinho, que permitia, no meu entender, uma enorme discussão, e ou ninguém entendeu nada ou eu não soube me explicar. Sei lá! A outra pesquisa não, provocou uma grande discussão. No entanto, aquele texto vai ser o que vai servir de base para as outras três propostas que elaboramos, e que vai estar de base do curso de Angra do Reis.[27]

▪ **Enfim, acho que vamos ter que falar um pouco de Angra também. Mas ainda quero me manter nessa época, porque eu me lembro, ainda estudante de mestrado nos anos 1980, que já tinha ANPEd, mas o lugar onde a gente era aconselhada a ir eram as Conferências Brasileiras de Educação, que eu perdi em 1986 por causa do nascimento do**

---

[26] Luiz Carlos de Freitas é professor e pesquisador no campo da Formação de Professores e sobre a Avaliação. Atua na UNICAMP onde, atualmente, dirige a Faculdade de Educação (2012-2016).

[27] O curso de Pedagogia da UFF em Angra dos Reis, implantado a partir de 1992 por meio de convênio com a Prefeitura local, propunha uma estruturação curricular experimental e inovadora, por "eixos" e tendo como base a pesquisa relacionada à Prática Pedagógica. A proposta foi reconhecida pelo MEC, que por ela concedeu a Nilda Alves uma comenda, em 1997.

Bruno, mas acabei indo na de 1988, que era a quinta (V), em Brasília. Foi quando a Constituição foi aprovada e era essa a discussão principal. Ali foi o início da discussão sobre o que os educadores queriam que fosse a nova LDB. O tema ganhou grande destaque. Lembro-me bem do Saviani falando, e do auditório lotado. Ou seja, naquela época a CBE era o lugar que todo mundo ia. E como é que foi a mudança? Porque quando eu voltei da França (em 1993), eu já vi isso feito, já se ia a ANPEd e não havia mais CBE. Como foi isso?

Nilda: Bem, elas são dois lugares bastante diferenciados, assim como o ENDIPE[28] também. A ANPEd é a associação que surge – e isso é importante lembrar – em meio a todas as associações daquele momento, por estímulo do Ministério da Educação e do CNPq, a partir de um documento que surgiu de uma reunião da OEA, realizada no Uruguai, quando Jango Goulart era presidente. Acontece que a ditadura militar brasileira – diferente das outras ditaduras do período – tinha um projeto de nação no qual contava muito a existência das universidades – lembremos que ela cria universidades em todos os estados brasileiros – e a pós-graduação. A primeira lei, para a Educação, foi aquela que organizou o ensino superior, mudando substantivamente a estrutura universitária.[29] Além disso, ela cobra *royalties* das empresas estrangeiras com uma parte que ficava como fundos de pesquisas no Brasil. Houve perseguição de professores e estudantes de esquerda, militantes, mas havia a intenção de um modelo de universidade. Por isso, era necessário organizar o campo da pesquisa. O governo chama coordenadores dos cursos de pós-graduação existentes e estimulam a formação de associações de cada área – por isso muitas delas iniciam a organização do mesmo modo (em torno dos cursos de pós-graduação) e na mesma época (meados dos anos 1970): ANPOCS, ABA, ANPEd, ANPUH, etc. As que já existiam (Física, Geografia, etc.) passaram por mudanças estruturais, algumas vezes. A ANPEd foi, assim, uma dessas associações criadas por estímulo governamental. Ela é criada em 1978 como Associação Nacional de Pós-Graduação em Educação, a pesquisa vem depois e é acrescentada ao nome na mesma ocasião.

■ E aí já na sua criação ela começa a fazer as reuniões anuais.

Nilda: Em 1982 eu participo da Segunda Reunião, na Universidade Santa Úrsula, no Rio de Janeiro. Eu não participei da primeira. A partir daí, fui participando das outras. Fui coordenadora de diversos grupos (GTs) da

---

[28] Encontro Nacional de Didática e Prática de Ensino.
[29] Foi a Lei n. 5540, de 1968, que foi chamada de "Reforma Meira Mattos", elaborada a partir de um documento redigido por um consultor norte-americano (Atcon), em 1965.

ANPEd. O primeiro deles foi o de Segundo Grau, até o momento em que se decidiu que esse grupo iria se dissolver para criar o "Trabalho e Educação" que era visto como uma forma muito mais progressista e militante de se ver a questão do Segundo Grau, dentro das ideias de escola única, que é hegemônica nesse grupo, desde então. Em seguida, eu fui militar em um GT criado sobre a América Latina. Nele estávamos Célia Linhares, Maria Ciavatta e eu, além de muitos outros. Depois do meu pós-doutorado, na gestão do Alceu,[30] a Diretoria nos procurou e convenceu a dissolver o GT, pois iriam tratar de América Latina em todos os grupos. Isso não se deu, no entanto. Quando eu fui presidente da ANPEd, com o Pablo (Gentili), retornamos a ideia, desenvolvendo parcerias entre a CLACSO e a ANPEd. Essa parceria permanece até hoje e, aí sim, a América Latina está lá. Mas eu queria falar, um pouco, das gestões anteriores que pude acompanhar: o primeiro presidente foi Jacques Velloso (1978 -1981) que estava em Brasília, na UnB, e participou da reunião para a criação de associações. Em seguida, foi a Julieta Calazans (do IESAE/FGV, de 1981 a 1983) e a terceira foi Glaura Miranda (1983-1985), que era da UFMG. É na gestão de Glaura que se tomam as decisões que nos tornaram a única dessas associações que tem sócios individuais. Os sócios não são assim, só os institucionais, mas também o pesquisador individual. Isso leva à criação dos GTs e traz a Pesquisa para o nome: Associação Nacional de Pós-graduação e Pesquisa em Educação.

■ **Os GTs aparecem com a Glaura então? Não tinha antes.**

Nilda: Não tinha antes, e começa com um número pequeno e vai crescendo.

■ **E por que as CBEs acabaram?**

Nilda: Sim, isso: (a ANPEd) era uma coisa. A outra coisa eram as CBEs.[31] Inicialmente, embora existisse a ANPEd, ela discutia, sobretudo, a pós-graduação, nem a pesquisa era discutida. As diversas forças criadas no momento da chamada "abertura democrática" permite que se crie a possibilidade de organizar reuniões que congregassem forças: professores e estudantes de todos os níveis e instituições de ensino. Assim – junto com o

---

[30] Alceu Ferraro, professor da UFRGS, foi presidente da ANPEd de 1989 a 1993, tendo exercido dois mandatos consecutivos.

[31] Na década de 1980 foram realizadas seis Conferências Brasileiras de Educação (CBE), sendo: I CBE, 1980 – S. Paulo; II CBE, 1982 – Belo Horizonte; III CBE, 1984 – Niterói; IV CBE, 1986 – Goiânia; V CBE, 1988 – Brasília e VI CBE, 1991 – São Paulo.

CEDES,[32] a ANDE[33] e o CEDEC[34] – a ANPEd percebe que era necessário um grande encontro, que reunisse muita gente, que fosse espetacular e que fosse levar a educação para dentro do que estava acontecendo, em um processo que pensava na nova Constituição e em uma nova LDB.

■ **Já há algum tempo a ANPEd tem a função de ser uma grande aglomeração, para grandes discussões, que era um pouco o que a CBE representava nos anos 1980.**

Nilda: Na verdade, as CBEs tinham um papel político acentuado: era para interferir no processo político de término da ditadura e de criação de novas leis para o país. Chamávamos muito deputado para ir e para falar, era muito político mesmo, um lugar para fazer pressão no Congresso. Quando a Constituição foi promulgada, o fôlego para a realização das CBEs foi diminuindo, em especial do lado da ANPEd, que tinha uma reunião anual a realizar, mesmo nos anos em que havia CBE.

■ **Certo. Nós estamos, até agora, em uma conversa político-acadêmica e aí fica a pergunta que a gente ouve e que a gente faz. Como é que dava tempo de fazer pesquisa? O que você foi pesquisando, foi mudando ao longo do tempo todo, a sua trajetória especificamente de pesquisadora desde a UFF? Em 1984 você assume a coordenação do Programa de Pós-Graduação, depois a direção da Faculdade de Educação da UFF (1990-1994), de que podemos falar depois, junto com a presidência da ANPEd, de 2000 a 2003. Em relação aos seus campos de atuação: porque ANFOPE é Formação de Professores, o**

---

[32] O CEDES (Centro de Estudos Educação e Sociedade) surgiu em março de 1979, em Campinas (SP), como resultado da atuação de alguns educadores preocupados com a reflexão e a ação ligadas às relações da educação com a sociedade. A partir de sua criação, o CEDES passou a editar a *Revista Educação & Sociedade* e os *Cadernos CEDES*. A ideia primeira de criação do Centro, assim como o primeiro número da revista, surgiram durante o I Seminário de Educação Brasileira, realizado em 1978, na Unicamp. A partir do II Seminário de Educação Brasileira, o Cedes passou a organizar, conjuntamente com a ANPEd e ANDE, as Conferências Brasileiras de Educação (CBEs). Além desses eventos, o Centro participou de inúmeros movimentos sociais de reorganização do sistema educacional, congressos, encontros, seminários, assim como esteve presente no Fórum Nacional de Educação na Constituinte e do Fórum Nacional em Defesa da Escola Pública. Assim como das discussões sobre o PNE (Plano Nacional de Educação) assinado pela Presidente Dilma Rousseff em 25 de junho de 2014. Disponível em: <http://www.cedes.unicamp.br/sobreocedes.htm>. Acesso em: 19 jun. 2014.

[33] A ANDE (Associação Nacional de Educação) foi criada em 1979 e teve atuação relevante nos debates educacionais dos anos 1980. Sua revista, na época, era uma importante referência na área.

[34] Centro de Estudos de Cultura Contemporânea.

GT que você coordenou e que te homenageou na ANPEd em 2012 foi o de Currículo. Nos textos que selecionamos para o livro, a gente vê todo um interesse nas tecnologias, nos modos de interrogar as pessoas, a preocupação com o cotidiano escolar, com o valor que ele tem – em um dos textos que você selecionou você faz referência a uma pessoa que teria te procurado para dizer que você é a única professora que fala bem do professor. Enfim, uma trajetória rica e plural, falemos sobre ela.

Nilda: Pois é, quando a gente começa... Bem, eu fiz a minha tese com o material com que era possível fazer na França, sendo precariamente formada como pesquisadora, anteriormente. Eu sempre fui uma pessoa que interrogava a realidade e isso eu acho que ajuda. Eu tive um excelente curso de Geografia, com excelentes professores. Eu tive aula com um professor famoso de História: o Manuel Maurício que era homossexual e de esquerda. Eu tive aula com o José Américo Peçanha, também, de Filosofia. A minha turma foi a primeira em que o curso de Geografia foi separado do de História. Então nós tínhamos muitas disciplinas de História. Fui, assim, aluna de vários professores maravilhosos de História: Maria Ieda Linhares, Falcon. Tinha um time que era mais de conteúdo e um time que era mais de magistério. Mas quando eu fui para o doutorado, eu não tinha muito material. Assim, a pergunta era: com o que eu vou trabalhar? O que eu trabalhava era na escola, era o que me interessava, era o que eu queria e lá não tinha como fazer. Eu peguei um livro que foi a tese titular da minha orientadora – Viviane Isambert-Jamati – no qual ela fez uma análise de conteúdo de uns documentos que existiam na escola – ela trabalhou com os liceus. Era o discurso do diretor de cada liceu quando abria ou fechava o ano escolar e que estava, em grande número, conservado na Biblioteca Nacional de lá. Ela usou a análise de conteúdo como metodologia e, naquele momento, tinha sido lançado um livro de Laurence Bardin, *Análise de conteúdo*.[35] Mostrei interesse por ir por aí e ela me enviou para fazer um curso com outro professor, que junto com o marido dela tinha feito uma análise dos documentos que deram origem ao documento que saiu do Concílio Vaticano II. Enfim, eu, nessa direção, resolvi fazer uma análise também de documentos, sobre os editoriais do Estadão,[36] já no período que ele se colocava contra o Governo Federal. Então, eu vim ao Brasil em agosto de 1978 e copiei os editoriais sobre educação no Brasil do período que correspondia aos quatro governos militares anteriores ao Governo Figueiredo.

---

[35] BARDIN, Laurence. *L'analyse de contenu*. Paris: PUF, [s.d.]

[36] Nome dado, comumente, ao jornal *Estado de S. Paulo*.

■ **Aí você volta e se torna pesquisadora da Universidade.**

Nilda: Antes, escrevi e defendi a tese... Quando comecei na universidade o que eu queria era trabalhar a escola. Pelo meu envolvimento com a questão da formação, começo a trabalhar com escola e a formação de professores. Eu não tinha ainda formulado a ideia de cotidiano, porque com isso eu não mexia ainda. Só vou trabalhar com isso depois que eu volto da França, depois do pós-doutorado, em 1988. No período entre 1983 e 1988, eu trabalho, sobretudo, com a formação de professores. Quando eu volto do pós-doutorado é que eu penso que tenho que ir trabalhar com escola e seu cotidiano. Inicio com o Lefèbvre, que foi um dos primeiros a trabalhar com a questão da cidade e com o cotidiano na França. Já trabalhava com o livro dele cujo título é *Lógica formal e lógica dialética* no qual há um pequeno trecho, na introdução (de 1969), em que fala da ideia de redes e semirredes – isso foi uma inspiração. Na volta do pós-doutorado, eu trouxe comigo os livros sobre cotidiano do Certeau que comecei a ler. Nesse momento a Regina (Leite Garcia) entra na UFF e se torna uma cúmplice nessas discussões.

■ **É isso que eu ia dizer. Nessa época você já começou uma parceria com a Regina.**

Nilda: É, e com alunos também – hoje colegas – como Carlos Eduardo Ferraço (UFES), Neila (UFF), Marcos Reigota (UNISO).[37] Porque eles foram meus alunos antes de eu ir para o pós-doutorado. Quando eu fui para o pós-doutorado, o Ferraço estava fazendo mestrado e eu o passei para a Regina. O Marcos tinha vindo fazer comigo uma disciplina, porque precisava sair de São Paulo. Aí começa a se pensar e a formular as questões iniciais das pesquisas com os cotidianos escolares. Partiu dali, sem dúvida. Uma questão que estava muito clara para mim desde o começo, mas que vai ganhando força com esse grupo, é a necessidade de ter outra escrita, uma escrita que desse para todo mundo entender, e isso foi motivo de muito problema para mim no começo, pois eu ouvi coisas como: "você escreve como professora primária", "você escreve mal", "você não tem uma escrita acadêmica". E isso afetou meus orientandos, na época. Eu não ligava, estava me "lixando" um pouco para isso, mas o problema é que isso estava atingindo meus orientandos.

---

[37] Carlos Eduardo Ferraço é professor associado da UFES e é um destacado pesquisador no campo do Currículo e do Cotidiano Escolar. Marcos Reigota é professor titular da UNISO (Universidade de Sorocaba) e tem grande destaque no campo de pesquisa da Educação Ambiental e Cotidiano, no Brasil e internacionalmente. Neila Alves aposentou-se na UFF, em 2012 e, junto com Marcos Reigota, foi uma das fundadoras do GT Educação Ambiental, da ANPEd.

Eu queria que os professores me entendessem. Isso vai ganhar plenitude, na coleção "O Sentido da Escola" que eu e Regina (Leite Garcia) organizamos na DP&A[38] e vai ganhar sua prática, mais expressa, em Angra dos Reis, no curso e em outras ações curriculares e pedagógicas aí desenvolvidas. A gente sentia que era isso que se tinha que fazer para os alunos também.

■ **E qual é a relação que a gente pode estabelecer entre o que fazíamos nos grupos de pesquisa em Angra dos Reis na graduação e a instauração da orientação coletiva que hoje se transformou no funcionamento dos nossos próprios grupos de pesquisa na UERJ e em outros espalhados pelo Brasil e que não era uma prática antes?**

Nilda: Essa prática eu ajudei a fundar, não tenho dúvida nenhuma. Foi quando eu entrei para a UFF, pois lá não existia isso. Cada um orientava um aluno por vez e de vez em quando. Eu não tenho condição de trabalhar assim, nunca tive. Eu sou coletivista desde criancinha, de pai, mãe e avô. Eu entendia que eu tinha que ter um grupo que trabalhasse junto. Tanto que meus primeiros encontros na UFF eram sexta-feira à tarde. Como eu assumi a coordenação em 1984, precisava de um momento calmo com o grupo para estudarmos juntos. Por isso, fazíamos o grupo na sexta à tarde, quando tinha pouca gente na Faculdade – como, aliás, continua acontecendo na maior parte das faculdades. Assim, eu trabalhava naquele momento, em que a tranquilidade me permitia. E sempre com aquela característica, saindo do grupo, fazer algum lanchinho e ficar discutindo por mais de duas horas.

■ **Isso tem uma relação com a maneira como o trabalho com cotidiano escolar se desenvolve. A ideia de cotidiano foi se modificando e se complexificando, ganhando elementos ao longo do tempo. A gente pode estabelecer uma relação disso com esse modo de funcionamento coletivo grupal?**

Nilda: Eu acho que sim, até hoje acho que é assim. Por exemplo, a nossa linha de pesquisa no ProPEd (Cotidianos, Redes Educativas e Processos Culturais) é a linha que mais recebe candidatos todos os anos e na UFF era a mesma coisa. Ou seja, houve sempre muitos professores de escola vindo para os nossos grupos, o meu grupo e o da Regina. Porque lá eles tinham condições

---

[38] A coleção, editada entre 2000 e 2004 pela DP&A, teve trinta livros publicados no período, abordando diferentes temas relevantes em Educação. Seis desses volumes foram revistos e reeditados pela DP et Alii Editora, integrando uma nova coleção chamada "Pedagogias em Ação", editada a partir de 2008 e coordenada por Nilda Alves e Regina Leite Garcia, como a anterior.

de discutir o que eles queriam discutir. E havia uma tendência na Educação, que continua de certa maneira hegemônica, oposta a essa, que jamais discute escola, onde política é política oficial e o que tem que se discutir para mostrar o que é verdadeiramente militante nessa área são essas políticas, e tentar influenciar para que essas políticas se modifiquem. Mas hoje o nosso campo é muito mais amplo também, e eu dei provas, a minha vida toda, de que nunca fui contra essa tendência, pois fui militante de vários lugares e diretora de vários lugares (ver Cronologia e Introdução). Mas eu entendia que a gente tinha que fazer uma discussão de escola e de processos curriculares e pedagógicos de professores. Acho que isso aí foi ligado à orientação coletiva, pois nesses lugares estavam os professores que vinham fazer o mestrado. Eles começaram a ser porta-vozes disso que eu achava que era importante mostrar, que era a criatividade e a criação de conhecimentos e significações, de métodos, dentro das escolas. Porque uma coisa se liga à outra.

■ E as tecnologias?

Nilda: As tecnologias entram mais recentemente, digamos, embora elas sempre estivessem por aí. Porque eu fui entendendo que essas tecnologias estavam entrando de forma muito impositiva nas escolas e muitos pesquisadores estavam discursando sobre a incompetência dos professores em relação à tecnologia, porque eles não sabiam sobre as tecnologias. "Eles não sabiam, não queriam nada, não davam conta." Aí eu pensei: então vou incorporar essas preocupações em torno de artefatos mais contemporâneos nas pesquisas, não perdendo de vista todos os outros que já existiram na história da educação, para que eu possa fazer a discussão com conhecimento de causa. Então, eu passei a trabalhar com os artefatos culturais e com as tecnologias criadas nos cotidianos, pensando exatamente na utilização desses artefatos mais contemporâneos, como por exemplo, a televisão. Pois a televisão era um grande determinador de cultura no Brasil, importantíssimo. Contei com toda a ajuda de gente que estudava isso de forma fantástica, que foi sendo acrescentada em nossas bibliografias. Muitas vezes vinham pessoas estudar com a gente, como Valter Filé,[39] Márcia Leite[40] e outras pessoas que estudavam isso na época.

---

[39] Valter Filé foi um dos idealizadores e realizadores da TV Machambomba e da TV Pinel, nos anos 1980/1990. Hoje, é professor e pesquisador no Instituto Multidisciplinar (IM) da UFRRJ (Universidade Federal Rural do Rio de Janeiro).

[40] Márcia Leite foi uma das fundadoras de uma escola de educação fundamental importantíssima no Rio de Janeiro: a Ogamitá. Hoje é gerente de cultura do Departamento Nacional do SESC.

▪ Além disso, a preocupação vem da escola, mas na hora que a gente desenvolve epistemologicamente algumas noções, a gente vai sentindo falta de coisas que estão fora da escola. Hoje você não pesquisa mais na escola, você pesquisa cinema e, antes disso, pesquisou um acervo fotográfico – tudo bem que era um acervo da universidade, mas de alguma forma sai da escola. Mas a impressão que a gente tem é a de que sai, mas não sai.

Nilda: O acervo do Vitalino[41] foi proposital, pois eu achei que iria se perder, que ele ia se aposentar e ia sumir, sei lá. E, naquele momento, a Universidade não estava fazendo nada para conservar esse acervo. Parece que deu certo, pois o reitor resolveu comprá-lo e agora está no acervo da Universidade. Por outro lado, eu realmente saí, mas eu saí para fazer o quê? Eu estou usando o cinema, digamos assim, como aglutinador, mas a minha preocupação é a criatividade do professor, as condições de criação curricular dos professores. Ou seja, eu continuo em torno do professor. Eu não preciso necessariamente ir à escola, embora muitas vezes eu vá. Sobretudo nos projetos de apoio à escola pública.[42] Na pesquisa atual, vamos caracterizar os "mundos culturais" dos professores. Eu considero a maneira como o professor pensa, como diz que pensa e como executa a sua prática. Como no termo que você (Inês) forjou, como *praticantespensantes*,[43] eles nos permitem compreender processos cotidianos escolares pela sua fala, pelas suas narrativas, pelas imagens que nos trazem. Em sucessivas pesquisas, venho trabalhando com isso. Mas como é preciso apresentar a cada momento um tipo de pesquisa, você acaba usando um artefato diferente. Nessa pesquisa atual é o cinema. Cinema é muito divertido, todo mundo adora cinema, dá para ter conversas incríveis em torno do cinema. A gente se diverte com as sessões de cineclube. No momento desta entrevista, estamos montando um cineclube na UERJ, com os estudantes de Pedagogia, para ver como a imagem do professor é passada no cinema. Isso vai ser feito no componente curricular do curso de Pedagogia que chamamos de PPP (Pesquisa e Prática

---

[41] Vitalino foi fotógrafo da UERJ durante muitos anos e compôs um riquíssimo e imenso acervo fotográfico com inúmeras situações oficiais e não oficiais vividas na Universidade. A pesquisa deu origem a artigos, dissertações e teses de membros do grupo de pesquisa de Nilda.

[42] A referência aqui é aos editais FAPERJ, publicados anualmente desde 2007, de apoio à melhoria das escolas públicas sediadas no Rio de Janeiro por meio do qual pesquisadores associam-se a escolas para o desenvolvimento de projetos que possam contribuir para a melhoria do ensino.

[43] O termo pretende deixar claro que os praticantes das escolas a que nos referimos em nossas pesquisas, a partir de Certeau em sua *Invenção do cotidiano* (1994), precisam ser compreendidos como produtores de conhecimentos e significações e não na perspectiva praticista de compreensão que separa quem faz de quem pensa.

Pedagógica) e comporá a dissertação da Rebeca Rosa Silva, de quem faço a orientação.

Todas essas pesquisas têm permitido discussões sobre redes educativas que os docentes formam e nas quais se formam, sobre os artefatos culturais com que atuam e com os quais criam tecnologias e muita coisa mais.

■ **A gente pode começar a ir finalizando, mas uma coisa que eu acho importante falar é sobre suas parcerias. Você fala bastante de Regina e eu estou aqui não por acaso, mas não só do ponto de vista de outros escritores. Enfim, o que você acha importante trazer para esta obra em termos de outras parcerias não só pessoais, mas também institucionais?**

Nilda: Essa perspectiva de ter grupo de trabalho e grupos de pesquisa e esses grupos existirem e hoje estarem espalhados pelo Brasil é, para mim, o mais importante. Uma das coisas que eu disse que ia contar, antes de começarmos a gravar, foi que eu e Regina fomos ao cinema e aí eu disse para ela que fui a Pelotas e aconteceu aquilo que eu te contei: a fala do Jarbas (Santos Vieira),[44] uma excelente fala, dando enfoque à importância das pesquisas com os cotidianos; o texto que a Maria Manuela (Alves Garcia)[45] escreveu, reafirmando que a política é cotidiana. Regina foi chamada para ir para a banca de uma tese em Campina Grande na área de Matemática, em trigonometria. Seu autor tinha lido textos nossos, porque a trigonometria que eles fazem é contra a visão teórica, mas é a trigonometria cotidiana.

■ **Pois é. Eu uma vez estive em uma banca de enfermagem na UFMG.**

Nilda: Pois é isso. Hoje tem um grupo muito maior trabalhando cotidiano, o que mostra o acerto de todos esses percursos que nós fizemos, buscando entender e buscando explicar e buscando trazer isso para a educação. Educação primária, educação de ensino fundamental, ensino médio e ensino superior. Então, isso tudo existe. Em primeiro lugar, e temos que dizer isso com clareza, nós enfrentamos a questão da publicação, seja em método e seja em conteúdo, de forma clara. Os grupos que estão trabalhando isso são grupos que publicam e publicam variadamente, e publicam mostrando as diferenças entre nós, sem nenhum tipo de problema. Em seu grupo, em que as professoras vêm para trabalhar e trazem a sua criação; no grupo que

---

[44] Atual coordenador do PPGE/UFPEL.
[45] Maria Manuela também é professora-pesquisadora na Universidade Federal de Pelotas e do GT Currículo.

coordeno, no qual trabalho com grupos de professores dos mais variados *espaçostempos* e em situações variadas – atualmente em torno de projeção de filmes; antes fazendo vídeos, etc. Então mostramos, e não temos medo de mostrar, a nossa diferença. Não temos medo de afirmativas dessa diferença, o que nos aproxima, efetivamente, e faz com que uma estimule a outra. Um texto seu ou uma proposta sua de certa espécie vai funcionar como estímulo à criação de outro grupo. Não um grupo periférico, mas grupos diferentes, o meu grupo, o grupo do Carlos Eduardo (Ferraço). E aquilo que a Janete (Magalhães Carvalho) cria com livros que ela publica e que vai trazer determinados estímulos para o grupo com que eu trabalho, como já aconteceu tantas vezes. Todo esse tipo de circulação que temos entre nós e que permite estímulo de formação real, para nós e nossos estudantes. Eu acho que eu reflito isso em um desses textos que a gente quer publicar, que é o segundo dos movimentos.

▪ Parceria institucional?

Nilda: Em primeiro lugar a gente vai fazendo isso com as aproximações, como Carlos Eduardo está ligado a mim e à Regina e muito ligado à UFF e à UERJ. Você trabalhando com o pessoal do Rio Grande do Norte e de Alagoas,[46] eu trabalhando com o Roberto Macedo da UFBA. O surgimento do Laboratório Educação e Imagem, com seus seminários que reúnem os dez grupos do ProPEd/UERJ neles articulados, bem como os doze grupos associados a ele e que pertencem a outras universidades brasileiras e uma no exterior (Université de Rouen/França). Nas nossas enormes diferenças com Toninho[47] que nos estimulam para toda a discussão que temos sobre imagens, trabalhadas de modos diferenciados em nossos grupos. Foram suas perguntas sobre o que significavam as imagens e as narrativas nas pesquisas que coordenava que me levaram a compreendê-las como "personagem conceitual", potente ideia de Deleuze e Guattari.[48] E esse tipo de coisa que esses grupos vão estimulando a fazer e a produzir e a responder e que se transformam, de certa forma, em parceiros de textos. Também o são as pessoas que publicam textos em livros que nós organizamos. Dentro desse movimento, fundamental foi a organização do Laboratório Educa-

---

[46] Um projeto Procad-casadinho (CAPES/CNPq), localmente coordenado por Inês Barbosa de Oliveira, vem permitindo ampliar a interlocução com essas duas universidades.

[47] Modo carinhoso como nos referimos ao colega Antônio Carlos Amorim, da UNICAMP, potente interlocutor e parceiro de reflexões.

[48] DELEUZE, Gilles; GUATTARI, Félix. Os personagens conceituais. DELEUZE, Gilles; GUATTARI, Félix. *O que é filosofia?* Rio de Janeiro: Ed. 34, 1992, p. 81-109.

ção e Imagem. Éramos, em 2001, basicamente eu, você e Ana (Chrystina Mignot). Conversávamos muito sobre imagem e achamos que valia a pena fazer um Laboratório de Educação e Imagem. Eu faço uma proposta para o edital PRONEX/CNPq-FAPERJ (2000) que nos apresentou como autoras. Recebemos uma verba que nos permitiu começar a fazer esse trabalho com a imagem. Chamamos grupos do ProPEd, trabalhando com alguma forma de imagem e buscando articular, de alguma forma, as pesquisas entre nós. Por outro lado, uma coisa importante foi fazer o Seminário internacional REDES,[49] integrando grupos do ProPEd, GTs da ANPEd e o Laboratoire CIVIIC da Université de Rouen. Esses se alternam com os seminários do LAB, como chamamos na intimidade nosso Laboratório Educação e Imagem,[50] que sem obrigar ninguém a trabalhar junto, vem permitindo de dois a dois anos que conheçamos as pesquisas uns dos outros e programemos publicações conjuntas. Com a criação do site do LAB, os jornais eletrônicos criados permitiram também esse conhecimento para fora da UERJ, o que foi uma coisa interessante. A partir do REDES, os nossos contatos com o Laboratório CIVIIC,[51] da Universidade de Rouen se ampliam, pois a gente começa a trazer as pessoas que estão lá para conversarem conosco e começamos a frequentar colóquios que fazem e a publicar na revista que mantêm.[52] Vêm, inicialmente, Jean Houssaye e Loïc Chalmel[53] e em seguida outros membros do grupo. Hoje mantemos, com a Université de Rouen e seu CIVIIC, um convênio que dura desde 2007 e tem permitido intercâmbios crescentes e publicações conjuntas.

---

[49] O REDES é o Seminário Internacional: As Redes educativas e as novas tecnologias, que bienalmente, desde 2001, vêm ocorrendo na UERJ.

[50] http://www.lab-eduimagem.pro.br.

[51] Centre Interdisciplinaire sur les Valeurs, les Idées, les Identités et les Compétences en Éducation et en Formation.

[52] Trata-se da revista *Penser l'Éducation*, da qual Inês Barbosa de Oliveira é membro do comitê editor.

[53] Coordenador geral do Laboratoire CIVIIC entre 1998 e 2013, quando se aposenta e deixa a Universidade. Loïc Chalmel era um importante professor ligado ao Laboratório e hoje atua na Université de Mulhouse, na Alsácia.

Textos Selecionados

Parte 1 | **Formação docente e cotidianos escolares** ■

Alternativas de formação de professores para a educação básica: novos caminhos[1]

Em *Formação do jovem professor para a educação básica* (ALVES, 1986) procurei mostrar que, contrariamente ao que se pensava e pensa, a formação do professor não se dá exclusivamente no âmbito da formação acadêmica. Hoje, com o desenvolvimento de pesquisas empíricas e do pensar teórico-prático sobre a questão, creio que assumir essa ideia é possível e necessário para se desenvolverem alternativas de formação de professores. Neste texto, retorno a essa questão, ampliando-a com as discussões e contribuições de colegas brasileiros de outros países da América Latina e da França.[2]

As esferas de formação[3]

Neste momento, com as mudanças necessárias pelas críticas sofridas, as esferas de formação podem ser assim identificadas e nomeadas: da formação acadêmica; da ação política do Estado; da prática pedagógica quotidiana; da prática política coletiva; das pesquisas em educação.[4] É preciso que se perceba

---

[1] Texto especialmente escrito para o Seminário "Formação de Professores para a Educação Básica: experiências no Brasil e na França", realizado pela Secretaria Nacional de Educação Básica do Ministério da Educação, entre os dias 9 e 11 de março de 1992, na Universidade de Brasília. Faço referências, aqui, a pesquisas financiadas pelo CNPq, pela CAPES e pela então Secretaria de Ensino do Primeiro Grau do MEC. Originalmente publicado em: ALVES, Nilda. *Trajetórias e redes na formação de professores*. Rio de Janeiro: DP&A, 1998. p. 63-86.

[2] Para este artigo, foi de grande importância o trabalho realizado em 1989, em período de pós-doutorado, com bolsa CAPES, no INRP (Institut National de Recherche Pédagogique), na equipe do Programme IV: Sociologie e Psycologie de l'Éducation et de la Formation, dirigida, naquele então, por Monique Vial. Muito me ajudaram as discussões travadas com Andrée Louvet e Raymond Bourdoncle.

[3] Nota desta edição: a ideia de "esferas" foi abandonada há muito – essa figura que é fechada e não permite compreender as trocas existentes entre as redes educativas pelas quais transitamos cotidianamente.

[4] Nota em 2014: trabalho, hoje, então com a ideia de contextos de formação, que são os seguintes: o das *práticasteorias* da formação acadêmica; o das *práticasteorias* pedagógicas cotidianas; o

que é nas múltiplas articulações dessas esferas que se coloca a totalidade da formação dos profissionais da educação. Uma verdadeira "rede de relações" se estabelece entre as várias esferas, e ao pensarmos uma delas – no caso a esfera da formação acadêmica – só podemos fazê-lo entendendo a existência dessa rede e as tensões nela existentes. Mais ainda: ao pensarmos, especificamente, em formação acadêmica, é preciso que saibamos que é nela que se dá a formalização de conhecimentos específicos e a apropriação teórica de práticas – de todas as práticas que se dão nos demais contextos – e da própria teoria, acumulada, especialmente, no plano das pesquisas em educação. Assim sendo, ao discutirmos a formação no espaço da academia, é preciso que pensemos os conhecimentos – teóricos e práticos – capazes de nela articular os conhecimentos criados e acumulados nos outros contextos.

Se olharmos, historicamente, o que temos produzido nesse sentido, vemos que, do ponto de vista do chamado currículo oficial, é muito pouco ou quase nada.

Creio ser indispensável, para o raciocínio que pretendo desenvolver, lembrar que as relações entre as várias "esferas se estabelecem dentro de uma rede intrincada de coerção, cooptação, conflito e contradição" (ALVES, 1986).

Ainda no referido texto, iniciava o traçado de uma história do movimento nacional organizado em torno da formação dos profissionais da educação, no Brasil. Essa trajetória, tive ocasião de melhor detalhar em artigo sob o título "A formação de profissionais do ensino e a nova LDB"[5] (ALVES, 1998). Retomo, nesse texto, a história desse movimento, pois considero que a ideia central desenvolvida por ele – a base comum nacional e a liberdade para propor e desenvolver experiências pedagógicas a partir dela – está no âmago de qualquer possível e necessária alternativa de formação de professores no momento presente, no Brasil. A riqueza do processo de construção da base comum nacional, pelo movimento, desde 1983, com especial impulso a partir de 1990, quando da criação da Associação Nacional pela Formação dos Profissionais da Educação (ANFOPE), ajuda e ajudará na compreensão do processo que discutimos neste seminário. Creio que poderemos perceber que o movimento não só reage aos ditames reprodutores e à capacidade

---

das *práticasteorias* das políticas de governo; o das *práticasteorias* coletivas dos movimentos sociais; o das *práticasteorias* das pesquisas em educação; o das *práticasteorias* de produção e "usos" de mídias; o das *práticasteorias* de vivências nas cidades, nos campos ou à beira das estradas (ver ALVES, 2010).

[5] LDB – Lei de Diretrizes e Bases da Educação Nacional, naquele momento em tramitação no Congresso Nacional; depois de muitas peripécias, a Lei foi decretada e sancionada em 20 de dezembro de 1996.

criativa do Estado como apresenta propostas necessárias e realizáveis no assunto em questão – a formação dos profissionais da educação.

Mais uma vez, neste como nos demais textos em que trato da questão, embora procurando pensar o processo da formação na sua totalidade, os caminhos desta pesquisadora levavam-na, por um lado, a se interessar, na discussão das políticas públicas na área educacional, menos pela forma como o Estado "pensa" e "organiza" o ensino e mais pela forma como as diversas forças sociais se organizam para fazer valer seus interesses e os variados processos de confronto e de pressão que estabelecem com os inúmeros organismos estatais nos três poderes. A particularidade desse movimento no Brasil, em comparação com a realidade de outros países da América Latina e com a da França merece toda a atenção.

Por outro lado, desenvolvo um trabalho no cotidiano das escolas formadoras dos profissionais da educação,[6] de segundo grau,[7] tentando perceber as maneiras como, nesse cotidiano, se dá o movimento de construção curricular. Incorporar esse movimento, entendê-lo e captar suas linhas de força tem sido a preocupação central de inúmeros pesquisadores por este continente afora. Trazer essa questão, a da construção quotidiana do currículo nas escolas formadoras de profissionais da educação, para discussão é imprescindível, se realmente desejamos encontrar alternativas realizáveis para a formação de professores de educação básica.

A base comum nacional

A formação dos profissionais da educação é uma questão nacional e, como tal, tem sido enfrentada pelo movimento social. Embora afirmando a necessidade de desenvolver e analisar experiências singulares e de se manter o respeito às características locais e regionais, o movimento tem mantido o seu caráter nacional, tanto pelas formas de organização e o nível das associações nele envolvidas como pelas propostas substantivas que vem encaminhando e, em especial, a da *base comum nacional*.

De fato, a maior parte das grandes associações de profissionais/pesquisadores – SBPC, SBF, SBQ, ANPUH, AGB,[8] entre as não específicas da área

---

[6] Para desenvolver estas pesquisas, tive apoio do CNPq e da antiga SESG-MEC, hoje SENEB, entre os anos de 1986 e 1988 e da CAPES, em bolsa para pós-doutorado, no ano de 1989. Contei com o auxílio da FAPERJ, entre 1992 e 1993.

[7] Nota em 2014: hoje seria no ensino médio. Esta formação já não existe mais no Brasil.

[8] Nota em 2014: Sociedade Brasileira para o Progresso da Ciência; Sociedade Brasileira de Física; Sociedade Brasileira de Química; Associação Nacional dos Professores Universitários de História; Associação de Geógrafos Brasileiros.

da educação; ANPEd, ANDE, CEDES,[9] entre as da área da educação – tem organizado, em seus encontros regionais e nacionais, mesas-redondas sobre o tema, bem como tem estabelecido comissões especiais para estudá-lo. Além disso, nos graves momentos em que o autoritarismo de Estado se agravou ou tenta retornar, sobretudo por certas ações do CFE,[10] essas entidades têm se pronunciado, de forma veemente, contra determinadas normatizações ou tentativas de criação de uma norma.

Dessa maneira, a problemática da formação, refletida nos referidos encontros, mesas-redondas, pronunciamentos e outras formas de organização tem conseguido, pouco a pouco, ser organizada pelo movimento que propõe saídas para essa questão nacional.

Hoje, pode-se dizer que há uma rede de contatos e discussões sobre o tema, na qual se incluem outras formas de organização social: sindicatos, secretarias de educação, associações de moradores e outras.

Sem dúvida, o marco inicial recente para essa organização, talvez, seja a I CBE, na qual se organiza o Comitê Nacional Pró-Formação do Educador, já em 1980.

Em novembro de 1983, ao final de um Encontro Nacional realizado pelo Ministério da Educação, é aprovado um documento, que nunca foi assumido oficialmente pelo MEC, no qual se explicita, pela primeira vez, a "base comum nacional" (CNCFE, 1986) e se estrutura, para continuar o trabalho de organização das propostas sobre a formação, a Comissão Nacional dos Cursos de Formação do Educador.[11]

Essa comissão realiza encontros nacionais, inicialmente, antes ou durante encontros mais amplos, organizados por outras associações, sempre de cunho nacional, e a seguir realizados autonomamente, especialmente após a fundação da ANFOPE. O trabalho organizado, hoje, em torno dela, tem que ser entendido como a busca de articulação e unidade, não, porém, da unificação: em primeiro lugar, quanto à incorporação, no debate de diferentes tipos de entidades, organismos e instituições, pois se tem buscado articular em uma *rede*, as associações nacionais dos mais diferentes cunhos,

---

[9] Nota em 2014: Associação Nacional de Pós-Graduação e Pesquisa em Educação; Associação Nacional de Educação (que hoje não existe mais); Centro de Estudos Educação & Sociedade.

[10] Nota em 2014: esse conselho – Conselho Federal de Educação – criado durante a ditadura, foi substituído pelo CNE (Conselho Nacional de Educação) em 1995.

[11] Essa Comissão teve em sua presidência, sucessivamente: Márcia Aguiar (UFPE, 1983-87), Nilda Alves (UFF, 1987-88) e Luiz Carlos de Freitas (UNICAMP, 1988-90); em 1990, em reunião nacional, forma-se a ANFOPE, cuja presidência foi exercida por Luiz Carlos de Freitas (UNICAMP, 90-92); Nilda Alves (UFF, 92-94); Iria Brzinski (UnB, 94-96); Helena de Freitas (UNICAMP, 96-98).

secretarias estaduais e municipais da educação, sindicatos de professores, organizações mais gerais, como sindicatos de trabalhadores e outros; em segundo lugar, no entendimento de que a formação dos profissionais da educação deve se dar de forma articulada, tanto no sentido vertical como no sentido horizontal.

Quanto ao primeiro, o movimento tem procurado incorporar a formação em todos os graus em que ela se dá, desde o primeiro momento.[12] Já no sentido horizontal, tem procurado pensar a totalidade da formação ao se preocupar em conjunto e, por exemplo, das várias licenciaturas – desde o início, o movimento tem entendido que só pode haver uma discussão geral, encaminhando para uma prática de formação conjunta dos vários profissionais da educação sobre a ideia de que "a docência constituiu a base da identidade profissional de todo educador" (CNCFE, 1983, p. 65).

Por fim, esse pensar tem sido desenvolvido em torno da já referida base comum nacional. No documento de 1983, ela é identificada, sobretudo, pela negativa da situação vigente, até então, e afirmativa de uma proposta em termos de um pensamento de busca de uma certa unidade. No documento, podemos ler: "a base comum nacional dos Cursos de Formação de Educadores não deve ser concebida como um currículo mínimo ou um elenco de disciplinas, e sim como uma concepção básica da formação do educador e a definição de um corpo de conhecimento fundamental" (CNCFE, 1983, p. 61).

Se no I Encontro, em 1984, há um pequeno avanço no entendimento da base comum nacional, no II Encontro (1986), ao contrário, há um aprofundamento importante ao serem estabelecidas aquelas que são entendidas como "as três dimensões fundamentais e intrinsecamente relacionadas"[13] da formação. Essas dimensões estão, assim, explicitadas no documento do referido Encontro (CNCFE, 1987):

> *Dimensão profissional*: que requer um corpo de conhecimentos que identifique toda a categoria e, ao mesmo tempo, corresponda à especificidade de cada profissão. Como professores, devemos fluir num certo saber e num certo fazer.
> *Dimensão política*: que aponta para a necessidade de que os profissionais formados pelas diversas licenciaturas sejam capazes de repensar e recriar a relação teoria–prática, o que pode se dar se tiverem uma formação que permita uma visão globalizante das relações educação–sociedade e do papel do educador comprometido com a superação das desigualdades existentes.

---

[12] Ver documento do Encontro Nacional (1983) em CNCFE, 1983, p. 65.

[13] Estas dimensões foram estabelecidas com a contribuição decisiva, na sua formulação, de Célia Frazão Linhares (UFF).

> *Dimensão epistemológica*: que remete à natureza dos profissionais da escola, instituição social necessária à transmissão e à elaboração de um saber, onde o científico deve ter um espaço privilegiado. A base comum [nacional] deve, portanto, fundamentar-se em uma estrutura científica capaz de romper com o senso comum sem perder o núcleo do bom senso nele existente.

O domínio e o entendimento dessas dimensões permitirão que já no III Encontro (1988), além da apresentação de relatório final da pesquisa *Estudos das experiências realizadas nas IES*[14] *sobre propostas de formação do educador*,[15] seja apresentado um trabalho desenvolvido sobre 34 documentos oriundos das mais diferentes associações da sociedade civil interessadas na formação dos profissionais da educação, cobrindo o período de 1968 a 1987.[16]

A contribuição desse último trabalho foi organizar o conceito de base comum nacional em eixos curriculares, incorporados pelo movimento desde então.

Esses eixos curriculares são retomados, discutidos, mudados e aprofundados no IV Encontro (1989), no qual algumas recomendações relembram os princípios do movimento, tal como, entre vários, a ideia de que é preciso haver a "articulação" com a realidade regional e local. Outras, por outro lado, levantam questões que exigem um enfrentamento muito mais amplo. Refiro-me, por exemplo, à afirmativa de que "a viabilização da base comum nacional na forma de eixos curriculares implica rever a atual estrutura fragmentária das instituições de ensino, garantindo maior interdisciplinaridade e trabalho coletivo".

No V Encontro (1990), há um importante avanço – alargamento e aprofundamento – da ideia da base comum nacional em torno dos eixos curriculares. A partir do entendimento de que uma função muito importante da base comum nacional é "ser um instrumento de luta contra a degradação da formação do profissional da educação" (CNCFE, 1990, p. 10), no documento final desse Encontro percebe-se que "esta base é a sustentação epistemológica que norteará a elaboração e o desenvolvimento do currículo na perspectiva da construção e reconstrução permanente de um ensino público de qualidade compatível com os interesses da classe trabalhadora" (p. 11).

Afirmam-se, ainda, aqueles que devem ser os princípios da base comum nacional. No referido documento entende-se que

---

[14] Instituição de Ensino Superior.

[15] Pesquisa coordenada por Márcia Aguiar (UFPE), com financiamento do INEP-MEC.

[16] Nota em 2014: esse levantamento foi feito por Nilda Alves.

> [...] os princípios de totalidade (porque tudo se relaciona), de movimento (porque tudo se transforma), de contradição (porque há antagonismo nas relações sociais), de historicidade e contemporaneidade (porque o social é, simultaneamente, sincrônico e diacrônico) darão à formação uma configuração nova. [...] [para além de] um elenco de disciplinas e [de] conteúdos (CNCFE, 1990, p. 13).

A partir desses princípios são trabalhados, no texto, os seguintes eixos curriculares: relação teoria/prática; fundamentação teórica; compromisso social/democratização da escola e dos conteúdos; trabalho coletivo e interdisciplinar; escola/individualidade.

O movimento de construção do currículo no cotidiano da escola normal

Já há algum tempo, e cada vez mais fortemente, os pesquisadores preocupados com a escola – em especial a de primeiro grau e com as escolas formadoras dos profissionais que trabalham nesse grau de ensino – perceberam que boa parte das respostas às questões, que o dia a dia escolar nos apresenta, só podem ser encontradas no próprio cotidiano. Dito de outra maneira, sem deixar de perceber e procurar entender o mundo e a sociedade em torno da escola, nos quais ela está mergulhada e em permanente relação, é preciso que o que se passa no seu interior seja desvendado e revelado para que o movimento possível seja mais bem dirigido pelo conjunto dos interessados.

Ao me propor desenvolver uma pesquisa sobre o cotidiano da escola normal,[17] já que tinha conhecimento de outras pesquisas que foram ou começavam a ser desenvolvidas,[18] preocupei-me em estabelecer a contribuição específica que poderia ser dada pelo conjunto do grupo de pesquisa que coordenava.

Neste texto, procuro mostrar um dos aspectos dessa contribuição que se traduziu, metodologicamente, na busca de documentos[19] nas escolas que nos

---

[17] Escola de ensino médio formadora de professores de primeiro segmento do ensino fundamental – a opção por essa nomenclatura e não a legal é uma tendência dominante entre aqueles preocupados com esse assunto. Acrescentado em 2014: como já disse, anteriormente, a formação a esse nível desapareceu em nosso país.

[18] Destaco, especialmente, as desenvolvidas no âmbito da Fundação Carlos Chagas sob a coordenação de Bernadette Gatti e Miriam Warde, no âmbito da PUC-RJ sob a coordenação de Zélia Mediano e no âmbito da PUC-SP por Selma G. Pimenta.

[19] O uso do termo "documento" se dá aqui no sentido usado pela etnografia, qual seja, traços deixados por um grupo social através dos quais se pode reconstruir a realidade histórica desse mesmo grupo, sua cultura histórica.

permitissem dar conta do movimento de mudança do currículo no cotidiano escolar. Consideramos, assim, que os documentos a serem trabalhados nos dariam pistas para identificarmos as rotas e os rumos desse movimento.

Após algumas acirradas e sempre animadas discussões no grupo da pesquisa, optamos por trabalhar com os diários de classe.[20]

Essa opção foi feita com muita dificuldade devido a um aspecto que estava sempre presente nas referidas discussões: o uso dele era visto como extremamente pouco considerado pelos professores. Em outras palavras, o grupo de pesquisa, composto na sua quase totalidade por professores que usavam diário de classe e que o viam ser usado por colegas, falavam da carga de descrédito que esse instrumento possui no cotidiano da escola e a maneira, pouco atenciosa, e, em muitos casos, pouco verdadeira do seu preenchimento.[21]

Os argumentos contra a sua análise pelo grupo diziam, ainda, que o preenchimento é feito, por um lado, muito irregularmente: todo um mês pode ser feito no último dia, recuperando o que o professor "guardou" em outro documento, e mais frequentemente na memória. Por outro lado, afirmava-se que tal preenchimento é feito para obedecer a uma determinação superior, seja da Secretaria de Educação, da direção ou da supervisão da escola, e não por uma necessidade real do professor.

Os argumentos a favor do uso dos diários de classe pela pesquisa diziam que independe desses fatos, que podem ser todos verdadeiros, em princípio, os diários de classe são talvez de acesso possível e imediato ao pesquisador. Considerando, por outro lado, o uso dele pelo professor, é um material bastante difundido e habitual. É aquele que é usado e que é arquivado em maior número na escola. A questão seria, então, a de que, como material de uso do professor, apesar dos problemas a ele relacionados, nele se poderiam ler as contradições que estão presentes no próprio espaço da escola e no seu tempo cotidiano.

Pareceu-nos que só nos debruçando seriamente sobre esse documento, transformando-o em fonte de pesquisa, poderíamos responder a essas questões. Foi isto o que decidimos fazer e de que busco dar conta neste contexto.

---

[20] Qualquer que seja a denominação que esse instrumento receba, dependendo da escola, seu nível ou região em que se encontre, sua função é, basicamente, a de deixar anotadas as presenças/ausências dos alunos diariamente e as notas/conceitos que eles recebem – mais frequentemente mensais ou bimensais. Em muitos casos, serve, também, e esse é o caso dos que consultamos, para o professor deixar consignado o conteúdo dado e a metodologia usada diariamente.

[21] É preciso que se diga, ainda, que essa dúvida apareceu em diversos fóruns nos quais tive a oportunidade de apresentar este trabalho.

Uma questão metodológica:
a escola tem uma história escrita não oficial?

Creio que para discutirmos o trabalho realizado nessa pesquisa, preciso fazer uma breve aproximação dos procedimentos históricos das pesquisas no cotidiano da escola, no Brasil.

Os estudos sobre esse cotidiano poderiam ser agrupados, grosso modo, em duas tendências metodológicas principais. A primeira dessas tendências a aparecer[22] tem base, marcadamente, nas propostas de avaliação qualitativa de Stake, com uma preocupação grande de validade dos estudos desenvolvidos pelo uso metodológico da triangulação: as observações do pesquisador (de preferência no plural e fartamente anotadas no "caderno de campo") devem ser confrontadas com entrevistas dos múltiplos participantes do processo e com dados obtidos em fontes várias. Os grandes questionamentos levantados a essa tendência têm relação, por um lado, com a "crença" na não influência que o pesquisador tem sobre a realidade escolar, no momento mesmo em que está mergulhado nela e que (a crença) foi herdada do período anterior de predomínio das pesquisas ditas quantitativas. Por outro lado, com outra "crença" que é a de que o pesquisador não interpreta nem faz relações e que essas ações cabem ao leitor dos relatórios (professores? autoridades educacionais?). A ideia, de certa maneira, também foi herdada do período anterior, com a visão dos momentos da pesquisa como isolados, sucessivos e executados por participantes diferentes.

A segunda tendência aparece ligada a toda uma discussão sobre a busca de novos paradigmas para a pesquisa em ciências sociais, a partir da influência do pensamento de Gramsci e dos filósofos da escola de Frankfurt (especialmente Habermas).[23] Para ela, a preocupação central está ligada à necessidade de se perceber que a introdução da dimensão quotidiana da realidade é essencial na compreensão da escola e das suas relações com a realidade social mais ampla. A questão maior que se tem levantado contra essa tendência é um certo desligamento que se nota entre as preocupações teóricas com a totalidade e as preocupações extremamente parcializadas com o cotidiano. Essas últimas têm muito a ver com o uso de determinada metodologia, na qual a observação e a entrevista têm ainda o papel dominante. No sentido de ultrapassar essas críticas, os próprios pesquisadores têm buscado introduzir a participação ativa – sobretudo em reuniões – de

---

[22] Creio ser necessário lembrar aqui, como grandes divulgadoras, as aplicadoras dessa tendência, os nomes de Menga Ludke (PUC-RJ) e Marli André (USP).

[23] Na área de currículos, essa tendência tem sido desenvolvida especialmente por Ana Maria Saul (UNICAMP) e José Luiz Domingues (UFG).

todos os elementos interessados no processo, com o uso do que se convencionou chamar de "pesquisa participante".

Independentemente das suas profundas diferenças, as duas posições têm em comum a característica de ter a observação direta como principal técnica de pesquisa. Qualquer documento que seja usado deverá sempre ser confirmado pela observação direta, nas suas várias modalidades.

A questão da incorporação de uma base metodológica histórica é a grande ausente das duas versões. Para a primeira tendência, o recorte é feito para se captar uma situação, em um lugar, em um determinado momento, expressando uma visão sincrônica. Para a segunda, em que pese uma base que se aproxima da teórico-metodológico-histórica, a preocupação é com a construção de um caminho que permita a passagem de uma situação atual a outra situação, necessariamente melhor, pela intervenção.

Grande importância teve para o desenvolvimento de trabalhos no cotidiano da escola o conhecimento, por pesquisadores brasileiros, dos trabalhos realizados, no México, pelas equipes coordenadas por Justa Ezpeleta e Elsie Rockwell. Da discussão que trazem sobre a importância do avanço teórico no próprio processo de desenvolvimento da pesquisa, com a importante ideia/conceito de "construção social da escola", à discussão das filiações teórico-metodológicas das pesquisas desenvolvidas pelas referidas professoras, seus trabalhos têm servido para um exame crítico e para o desenvolvimento de pesquisas sobre o cotidiano no Brasil. Desde a primeira vinda dessas pesquisadoras ao país, em 1984, até hoje, os textos delas têm sido referência importante para quem pretende desenvolver trabalhos sobre o cotidiano escolar.

No processo da pesquisa por mim coordenada, esses textos têm sido também básicos. No entanto, para apresentar as questões que nos pusemos e os resultados a que chegamos, creio ser indispensável discutir uma das ideias centrais das autoras contra a qual precisei me colocar nesse processo. Refiro-me à ideia de que existe, na escola, uma história *não documentada*, que é a do cotidiano. Dizem as autoras:

> A escola tem uma história documentada, geralmente escrita a partir do poder estatal, a qual destaca sua existência homogênea [...] (p. 12). Coexiste, contudo, com esta história e existência documentada, outra história e existência, não documentada, através da qual a escola toma forma material, ganha vida (EZPELETA; ROCKWELL, 1986, p. 13).

Considerando, antes de mais nada, que a realidade pesquisada pelas autoras é diversa daquela em que trabalho, e, portanto, coerente com as ideias que elas desenvolvem, entendo que as escolas que estudamos são profundamente diferentes. Aceitando, ainda, com as autoras, que boa parte da história e existência da escola não são documentadas, creio, no entanto, que outra parte do cotidiano da escola nos pode ser desvendada por documentos que não são de origem estatal, mas, ao contrário, têm sua origem nesse próprio cotidiano. Em outras palavras, a escola tem uma existência e uma realidade documentada que não é a estatal.

É preciso que nos lembremos que a escola é, desde o seu surgimento, por excelência e pelos seus fins, um espaço e um tempo de linguagem escrita. Linguagem escrita que seus professores, bem ou mal, dominam e que têm, como ação básica, fazê-la de domínio dos alunos. A escola é, assim, lugar tanto de palavras ditas como de palavras escritas.

No entanto, essa ideia de Ezpeleta e Rockwell (1986), que teve/tem grande repercussão no Brasil, não é fruto de um "erro" metodológico, mas tem uma profunda base material nos nossos países. Refiro-me à existência precária de arquivos e à pouca importância que se dá a documentos – aliás, mesmo os de origem estatal, pelo menos no que se refere à escola. As dificuldades de um pesquisador de arquivos no Brasil começam pelas perguntas. Existem documentos sobre o que pretendo estudar? Onde estarão? Será que terei acesso a eles? E são muitos os que conheço que mudaram de rumo, pelas dificuldades que tiveram de enfrentar.[24]

No caso mesmo da pesquisa que coordenei, uma das escolas tem seu arquivo escolar organizado por turma/aluno e aquilo que se refere à disciplina/professor é colocado, rapidamente, em um depósito de papéis velhos, onde fomos encontrar os diários de classe que examinamos.

Juntem-se a isso, no nosso caso, alguns outros fatos. O primeiro deles é que, como nosso trabalho era realizado em escola normal noturna, nossas idas às escolas, para o desenvolvimento geral da pesquisa, eram à noite.[25] No entanto, as secretarias das três escolas incluídas na pesquisa só funcionavam durante o dia, o que nos obrigava a ir, também, nesse período.[26] A

---

[24] Creio poder afirmar que essa maneira irresponsável de se ver o arquivo no Brasil começa a sofrer uma mudança. Importante papel nessa mudança desempenhou o trabalho sobre fontes coordenado por Clarice Nunes, para o INEP/MEC, e o GT de História da Educação da ANPEd.

[25] Nós também tivemos nossos questionários, nossas entrevistas, nossas observações, nossos cadernos de campo, dos quais não falo aqui, porque vão além do que desejo expor.

[26] As três escolas incluídas na pesquisa são da rede pública do estado do Rio de Janeiro: uma no município da capital, outra em município do Grande Rio de Janeiro e a terceira em município da Região dos Lagos. São escolas com características extremamente variadas: a primeira é uma das antigas escolas formadoras de professores (trinta anos) e, por isso mesmo, se manteve, mesmo após a Lei n. 5.692/71 (da profissionalização) somente com turmas do curso de formação de professores nos três turnos; a segunda, de criação bem mais recente (onze anos), possui outros cursos de segundo grau, em uma instituição na qual só funciona esse grau de ensino, nos vários horários; a terceira é de criação muito recente (oito anos), funciona em prédio anexo a uma escola de primeiro grau, e somente no curso noturno.

isso, juntou-se a dificuldade de encontrar todos os diários de classe, pois desejávamos trabalhar todas as disciplinas, de todas as turmas das quatro séries do curso normal noturno,[27] de 1983 a 1986.[28]

O que podemos perceber, a partir da análise realizada

A busca dos diários de classe e a sua forma de se apresentar dão razão à ideia de uniformidade. Normalmente, e esse é o caso das três escolas envolvidas, a direção das escolas compra, em uma papelaria qualquer, grande quantidade de diários impressos.[29] No início do ano, a secretária da escola (ou a pessoa que exerce, concretamente, essa função) preenche os espaços vazios da capa – disciplina, nome do professor, série, turma e ano civil – e cola uma lista mimeografada, por turma, com o nome dos alunos em ordem alfabética, no lugar internamente destinado a esse fim. O diário tem, ainda, um espaço para cada mês, onde se anotam presenças e faltas, e um espaço para se registrar a "matéria". Há, normalmente, ainda mais à direita, uma parte destacável (picotada) na qual se totalizam faltas/presenças e notas/conceitos, o que no estado do Rio de Janeiro deve acontecer, pelo menos, bimestralmente.

Trabalhamos com essas várias partes, mas vou discutir no espaço deste texto, fundamentalmente, o que obtivemos com a coluna "matéria".

Somente em uma das escolas, em zona mais urbana, pela proximidade de uma papelaria com máquina copiadora, nos foi possível fazer em máquina a cópia dessa coluna – disciplina a disciplina, ano a ano, mês a mês, série a série, turma a turma. Nas outras duas escolas, por impossibilidade material, tivemos que copiar à mão todo o material. Quer em um caso, quer no outro, é possível imaginar o trabalho paciente exigido, que muitas vezes se transformava em monotonia sonolenta, e nos levava a pensar muito no como tudo era parecido e como aquilo não ia ajudar em nada e era trabalho perdido.

Depois veio o "exercício" de colagem/transcrição nas grandes matrizes de análise e, por fim, com todos já muito cansados de manusear o material, a tentativa de ver, analisar e interpretar. Impossível deixar de falar dos momentos das descobertas, nos quais se percebiam alguns fatos e da alegria

---

[27] O curso de formação de professores de segundo grau no estado do Rio de Janeiro é desenvolvido em quatro séries, desde 1980.

[28] A unidade de trabalho na pesquisa foi a disciplina. Assim, organizamos a matriz de análise a partir de cada disciplina, acrescentando ano, escola e turma a partir daí. Conseguimos um grande número de diários, por escola e por disciplina.

[29] Até hoje, não conseguimos descobrir a origem da forma do diário. Acreditamos que tenha a ver com alguma iniciativa oficial, mas não a identificamos, ainda.

que daí advinha.[30] Daquele material, à primeira vista bastante homogêneo, a característica que saltava à vista era justamente a diversidade. Pensando-se nas dificuldades iniciais que tínhamos visto, sobretudo, a de que o professor era obrigado a preencher o diário por ordens superiores, era impressionante se dar conta das diferenças.

Para começar, a própria inexistência de alguns diários em um pacote muito bem amarrado e conservado nos fazia supor, além da falta de professor (o que é muito comum, sobretudo na escola mais longe da capital do estado), a possibilidade de o professor não completar o diário ou de não o entregar. Isto, aliás, nos foi confirmado, em entrevistas com coordenadores e diretores, nas três escolas: "E são sempre os mesmos!" nos disseram, como se reconhecendo uma fatalidade, uma força maior que a própria. Mas, uma maioria significativa se preocupava em preencher a coluna "matéria" e é entre estes que o revelador da diversidade pode ser ressaltado.

Na análise do material que obtivemos, em primeiro lugar, é possível perceber, na sequência dos conteúdos propostos nos diversos anos, séries e turmas, as disciplinas nas quais existe um planejamento conjunto dos professores – o que permite uma articulação maior de conteúdos – e outras nas quais os professores agem isolados. Isso foi possível captar, sobretudo, nas disciplinas Português, Matemática e Didática, as que, pela carga horária, contam com um número maior de professores, já que há disciplinas em que os professores estão sozinhos para todas as turmas.

É possível identificar, em segundo lugar, aqueles professores que transcrevem, simplesmente, o sumário do livro utilizado, e aqueles que ao utilizarem a coluna "matéria" se preocupam em assinalar tanto o conteúdo dado em cada aula como a metodologia, a técnica e os recursos usados.

Percebem-se, ainda, disciplinas cujos professores repetiram exatamente na mesma ordem, em pelo menos três dos cinco anos estudados, o mesmo conteúdo, sem se preocuparem com a incorporação de novas ideias ou modos de desenvolver o trabalho. À guisa de exemplo: uma escola na qual a disciplina chamada Fundamentos da Educação desenvolveu, em quatro anos, conteúdos de história da educação, iniciando o ano escolar na Grécia Antiga e acabando-o em... Roma, também Antiga. Em outra escola, essa disciplina incluiu, nos mesmos anos e séries, conteúdos diferenciados: a educação tanto na Grécia como nos períodos moderno e contemporâneo, chegando ao final de certos anos a discutir a história da educação brasileira.

---

[30] Para esse trabalho todo (e muito mais) a pesquisa contou com seis alunas da graduação com bolsa de iniciação científica do CNPq, de um ano mais um ano: Ana Barabalat, Sônia Abrantes, Maria Amália Serodio, Maria Jacintha Vargas Netto, Ana Cristina Nogueira e Betty Dantas.

Outro fato destacável aparece quando se considera a especificidade do curso. Nota-se que, em certa escola e com certos professores, há a preocupação em explicitar através do conteúdo escolhido, da metodologia e dos recursos usados que se estão formando professores e, na sua maioria, do sexo feminino. Outras disciplinas, nessa mesma escola e nas mesmas turmas, não deixam perceber que trabalham com um curso de características específicas.

Gostaria de dizer que tal aspecto não resulta, necessariamente, em algo positivo no que se refere à visão que o professor tem do curso. Foi possível perceber nas entrevistas que fizemos que, às vezes, trabalhar a especificidade do curso se traduz em um rebaixamento do nível de conteúdo, porque os alunos são mais fracos. Outras vezes, não trabalhar a especificidade significa, especialmente nas disciplinas de conteúdo geral, que todos os alunos, quaisquer que sejam as especificidades de seu curso, têm direito a um conteúdo igual.

É possível, ainda, em algumas disciplinas, identificar muito bem a relação com o social/cultural/político mais amplo.

Um aspecto interessante se refere ao modo como aparece o período de greve – longo, em um dos anos pesquisados. É preciso lembrar que, naquele momento, a greve era proibida por lei e recebia o "discreto" nome de "paralisação". Três tipos de professores foram encontrados na análise desse período: o primeiro anotou alguma "matéria" em cada dia de greve, como se nada estivesse acontecendo; o segundo anotou o último dia de aula antes da greve e o primeiro dia depois do fim da greve, sem acrescentar nenhuma explicação; o terceiro, por fim, anotou cada dia escrevendo "paralisação". É importante informar que não houve "fura-greves" em nenhuma das escolas, o que nos foi informado por vários professores e que em uma delas houve sugestão de que se anotasse, em cada dia de paralisação, alguma "matéria" que seria recuperada em dia de reposição. O que é destacável é que esse fato – os três modos de agir – apareceu nas três escolas.

À guisa de conclusão desta parte

O estudo dos diários de classe nos permitiu perceber que existe uma história documentada da escola, diferente daquela homogênea do mundo oficial. Essa história, se por um lado nos permite perceber o mesmo, o igual, nos permite, por outro lado, identificar o diferente e o oposto, o outro.

A análise da coluna referente à "matéria" nos levou a perceber que, além do currículo oficial – publicado e, poucas vezes, consultado por professores –, além do currículo oculto – representado por ordens, hábitos e atitudes que têm a ver com a reprodução social –, o *currículo real é trançado na escola* por conjuntos de professores, quer no que se refere à seleção, sequência e articulação de conteúdos, quer no que se refere a outro "currículo oculto", aquele que tem a ver com o movimento de transformação social.

O que se pensava simples, repetitivo, estático e homogêneo se mostrou complexo, variado, em movimento e heterogêneo.

Dessa maneira, o cotidiano escolar se explicita nos seus documentos como homogêneo, mas também como em conflito. Ele vai, assim, poder dar conta, através das suas práticas e de explicitações de emoções, de um todo, mais amplo, no qual existem conflitos, tensões, lutas e relação/embate de forças.

Ora o conflito e a contradição formam o elemento básico do surgimento do novo. Seu agravamento, mudança, superação ou solução é o que chamamos "movimento". Cada expressão humana, além do mais, se dá porque em situações vividas se pensa e se sente o que acontece.

Com o estudo do cotidiano escolar – e dos seus documentos – foi/é possível estabelecer uma relação entre o particular e o geral, entre o individual e o coletivo, no nosso objeto preciso que é o currículo da escola formadora de professores.

Uma alternativa particular mas muito especial

Partindo da proposta do movimento sobre *base comum nacional* e do trabalho sobre o cotidiano escolar – da escola de formação dos profissionais da educação e da escola básica – que um bom número de nós, professores e alunos da Faculdade de Educação da UFF realiza, acabamos de propor um curso de pedagogia em Angra dos Reis, em conjunto com a prefeitura local, dentro da política de interiorização da universidade.[31] É sobre essa experiência alternativa que acredito ser importante falar agora, para iniciarmos a discussão de alternativas.

Antes de mais nada, é preciso esclarecer dois pontos. O primeiro é que tivemos que pedir regime experimental,[32] tal a dificuldade interna de agir autonomamente em relação ao MEC (leia-se CFE). Nossa proposta "quebra" a ideia curricular dominante até bem pouco tempo, representada em pareceres desse organismo. Por outro lado, não é fácil o exercício da autonomia, pelo menos curricular depois de tantos anos em que pareceres, resoluções e seus anexos, e outros atos normativos, como portarias ministeriais, por exemplo, eram – e são, ainda, muitas vezes – chamados de "legislação". Só o regime experimental nos garantia a riqueza do processo a ser vivido.

---

[31] Preceito constitucional (parágrafo único do art. 60 das Disposições Constitucionais Transitórias).

[32] Possibilitado pelo artigo 141 da LDB de 1961. Foi mantido na atual Lei n. 9394, no artigo 81.

Outro aspecto interessante de ser explicitado tem a ver com uma questão já muitas vezes feita e que o leitor pode levantar: por que Angra dos Reis? No documento que, na Faculdade de Educação, deu origem ao curso podemos ler o seguinte:

> Nos últimos três anos, tem havido solicitações, quanto à [...] [implantação de um] curso de Pedagogia [em municípios do interior]. Entre todas as solicitações recebidas e contatos efetuados neste sentido, desde logo se destacou a proposta da Secretaria de Educação do Município de Angra dos Reis. A indicação desse Município resultou de uma minuciosa análise. Angra dos Reis é, sem dúvida, polo cultural e econômico em torno do qual se aglutinam outros municípios, tais como: Parati, Mangaratiba, Rio Claro, Itaguaí. Os reflexos de sua ação se estendem dos municípios do sul fluminense até o Médio Vale do Paraíba. Além do que, a atual arrecadação do Município (Cr$ 110 bilhões, em 1991) garante uma dotação orçamentária para o projeto em curso (Cr$ 1 bilhão, para 1991). Estrategicamente, constatou-se, também, que nas imediações não há nenhum curso de pedagogia (o mais próximo – particular – fica em Campo Grande, Município do Rio de Janeiro). E, no Sul fluminense, como um todo, há somente dois desses cursos (de pequeno porte e em instituições particulares). Por último, mas igualmente importante, em Angra dos Reis, a história dos últimos dez anos e, mais ainda, dos últimos quatro anos, revela uma grande ênfase nas questões educacionais, que se explicita em inúmeras ações conjugadas, atualmente em desenvolvimento: pagamento digno aos profissionais do ensino (o maior salário para a categoria em todo o Estado), formação contínua dos profissionais da educação ligados à rede municipal, existência de um plano de carreira, escolas bem equipadas, preparo frequente de pessoal de apoio, projetos pedagógicos relevantes em andamento etc. São estas ações concretas que fazem da proposta do curso de pedagogia em Angra dos Reis uma experiência revitalizadora, tanto para o Município como para a UFF, em especial, sua Faculdade de Educação (UFF, 1991, p. 4).

Creio que se podem iniciar os comentários sobre a proposta, fazendo referência à tentativa de rever a atual estrutura fragmentária das instituições de ensino, garantindo maior interdisciplinaridade e trabalho coletivo. A proposta avança em dois aspectos, principalmente:

1) Entender, antes de mais nada, "que o grande desafio a ser enfrentado é o da formação realmente conjunta dos vários profissionais da educação". Isso deverá se dar desde o primeiro momento do curso, com a garantia de momentos conjuntos de ida à realidade e de discussão teórica do que se viu e deixou de ver. Significa, portanto, que a prática e o estágio não podem acontecer como uma disciplina. É preciso que sejam entendidos como momentos de pesquisa coletiva, para, desde o início, se perceber que conhecimento se acumula e se transforma na *praxis*. Assim idas à prática não são entendidas

como estágio, no sentido atual. São, também e principalmente, pesquisa, acumulação de conhecimento, crítica da prática a partir dela mesma e teoria. Tudo isso desde o início do curso. Que se entenda bem: não se propõe que professores das disciplinas teóricas devam ir à prática com seus alunos, mas que os professores das chamadas disciplinas práticas proponham, em conjunto com aqueles professores e alunos, levantamentos e pesquisas. Estas sempre orientadas, pensadas, discutidas e escritas coletivamente devem propiciar visibilidade a aspectos da realidade educacional – escolar, municipal, estadual e nacional.

Deve ficar bem entendido que as várias habilitações não se desenvolverão sempre em disciplinas regulares, mas também através de atividades de pesquisa, extensão e docência que permitam, ao longo da interdisciplinaridade, a acumulação do conhecimento e habilidades que levem à caracterização do campo próprio a cada habilitação, bem como das múltiplas relações entre elas. Há, no entanto, disciplinas regulares pensadas.

Essa proposta pretende corrigir as falhas apresentadas pelo sistema de especialistas. Aqui a organização do trabalho escolar é pensada e vivida de modo globalizante, incorporando as relações existentes entre o processo ensino–aprendizagem e as dimensões social, econômica e política do fenômeno educativo.

De nenhum modo se pode entender que a soma das partes dá conta do todo. A compartimentalização do trabalho pedagógico em tarefas, implícitas nas funções dos especialistas, produz, na verdade, extremo distanciamento das questões-chave da educação. Assim, reconhecendo as determinações desse novo momento, a formação do educador deve estar orientada para a concepção de que a formação do profissional da escola passa fundamentalmente pelo professor, não se restringindo a esse trabalho. Por isso mesmo, a proposta prevê uma habilitação obrigatória de magistério (UFF, 1991, p. 13): de ensino fundamental – primeira a quarta séries; ou de magistério de criança até 6 anos; ou de magistério de matérias pedagógicas do ensino médio. Além dessa obrigatória, é possível a realização de mais uma habilitação: outra de magistério; administrador educacional; supervisor educacional; de orientador educacional. Creio ser importante dizer que essas habilitações foram decididas em acordo com as necessidades locais e têm a ver com uma rica história criticada do curso de pedagogia da UFF.

2) Superar de acordo com o avanço do campo de currículo, em escala nacional e internacional, a ideia dominante até aqui que é a de construção linear do conhecimento, com suas sucessões e hierarquizações. Por isso, preferimos entender que a figura que melhor representa o currículo pleno é a espiral aberta, na qual as várias disciplinas, com seus conteúdos e métodos

próprios relacionados às ciências que lhes servem de base, pensadas na sua relação com o campo educacional, vão sofrendo alargamentos crescentes, sendo apreendidas nos diversos pontos da referida espiral, em um processo sempre inconcluso. Assim é que, por exemplo, História e Educação a ser desenvolvida no segundo período vai reaparecendo no quarto período (História da Educação Popular e Escola), no quinto período (Visão Histórica, Política e Alfabetização no Brasil), no undécimo período (História da Supervisão Educacional e a Escola), isso quanto à existência no título das disciplinas. Mas também é o que se pode verificar nas ementas de inúmeras outras disciplinas.

Ainda mais: na compreensão de que essas disciplinas devem estar relacionadas entre si, criou-se a figura do NEAP (Núcleo de Estudos e Atividades Pedagógicas) como a unidade organizadora curricular na proposta apresentada. Dessa maneira, cada período escolar (dez semanas) incluiria um NEAP com disciplinas articuladas entre si, pesquisa (teoria e atividades), atividades culturais (teórico-práticas) e seminários de planejamento e avaliação (UFF, 1991, p. 11).

Os conteúdos a serem desenvolvidos e a própria organização curricular buscam incorporar aqueles que foram indicados como os princípios da *base comum nacional*: totalidade, movimento, contradição, historicidade e contemporaneidade. Também tiveram importância no processo os eixos curriculares encaminhados pelo movimento de formação dos profissionais da Educação – relação teoria/prática; fundamentação teórica; compromisso social/democratização da escola e dos conteúdos; trabalho coletivo e interdisciplinar; escola/individualidade. Sobre este último, por exemplo, podemos citar a criação, em dois NEAPs – Praxis Pedagógicas I e II, da disciplina Corpo e Criatividade na qual se trabalhará:

> [...] corpo e classes sociais; razão, emoção e criação; consciência corporal; a construção do sujeito nas relações espácio-temporais; o movimento como síntese criadora entre a atividade da criança e a cultura corporal; o corpo como expressão; o lugar do movimento na construção do conhecimento na escola; escola: espaço de criação; a prática da criação (UFF, 1991, p. 57).

Fazer essa proposta exigiu que se encarasse, corajosamente, a questão do calendário escolar. Sobre isso, podemos ler no documento:

> [...] vem ganhando força, em diversas instâncias da Universidade e fora dela, a ideia de que o calendário escolar deve ser proposto para que se dê o aproveitamento máximo do ano civil, garantindo 45 dias de férias aos alunos e as férias legais aos professores envolvidos. Esta proposta se encaminha no sentido de um tempo curricular denso, iniciado nos primeiros dias de fevereiro e indo até fins de dezembro, com uma breve

interrupção em julho, quando o ano escolar não sofrer interrupções por movimentos vários. Ter-se-iam, assim, dez meses de trabalho, por ano, divididos em quatro períodos de dois meses e meio cada, o que garantiria uma rápida recuperação pelo aluno, tanto no caso de problemas pessoais (não alcançar o "score" mínimo, por exemplo), quanto no de movimentos coletivos, tanto discentes, quanto docentes (UFF, 1991, p. 8).

Por outro lado, na questão da formação inicial dos profissionais da educação, acredita-se, crescentemente, que a densidade dela está não em curso excessivamente prolongado, mas na possibilidade de, ao mesmo tempo, se ampliar a incorporação de práticas, se desenvolver uma sólida base teórica e se caracterizar, verdadeiramente, um trabalho interdisciplinar. A essa formação inicial sólida e compacta, entende-se que se deve juntar uma organização e mesmo uma "ideologia" da inadiável formação continuada. Pensa-se, por isso, uma carga horária que permitirá desenvolver a formação em um curso de três anos, o mínimo sugerido em norma da CFE (art. 4º, alínea 2./69 – CFE), com um total de horas bem além do que se pensou no mesmo documento (2.200 horas).

Por fim, uma proposta curricular, que se pretende inovadora, precisa ser avaliada permanentemente. Em primeiro lugar, porque, entendendo-se currículo como um processo contínuo, percebe-se que não é coisa pronta, mas um fazerse no fazer. Logo, não tem sentido uma avaliação que se limite ao final do curso.

O curso que se constrói no processo precisa ser avaliado e reconstruído, produzindo e incorporando as descobertas e transformações que se dão interna e externamente. A unidade do curso deve ser garantida pelo projeto pedagógico que o acompanha e que se atualiza na pluralidade e na flexibilidade teórico-metodológica. Nesse sentido, constituem um componente curricular os "seminários de avaliação e planejamento" que, entre dois NEAPs, reúnem alunos e professores para avaliarem o momento que se encerra e planejarem o que vai começar. Neles tudo é pensado, discutido, avaliado e planejado: conteúdos, metodologia usada, teorias discutidas, alunos e professores.

Periodicamente o curso sofrerá uma avaliação em dois planos: por uma Comissão Permanente do Colegiado do Curso de Pedagogia, definida e indicada pelo próprio Colegiado, fora dos quadros que trabalham em Angra dos Reis; por uma Comissão Externa, composta de seis professores, cada um indicado por uma dessas instituições: ANPEd, ANFOPE, SENESU, CRUB, CNTE e Secretaria Municipal de Educação de Angra dos Reis.[33]

---

[33] Pela ordem: Associação Nacional de Pós-graduação e Pesquisa em Educação; Associação Nacional pela Formação dos Profissionais da Educação; Secretaria Nacional do Ensino Superior, hoje SESU, do Ministério da Educação; Conselho de Reitores das Universidades Brasileiras; Confederação Nacional dos Trabalhadores em Educação. Nota em 2014: essa avaliação externa nunca encontrou apoio institucional para se realizar.

Tudo isso, porém, nos fez ver com clareza que uma proposta do movimento que já está no documento de 1983 precisa ser implementada. Refiro-me à ideia de que os cursos para formação de professores devem ser *credenciados* e não *autorizados* ou *reconhecidos*. Queremos nesta nossa experiência, durante e depois dela, que, periodicamente – quatro anos nos parece um bom período, sejamos arguidos sobre nossa competência em formar professores. Queremos, também, que seja assim com todos os cursos que têm a mesma responsabilidade. O MEC aceita esse desafio? Avaliar e proibir de funcionar as máquinas de incompetência que proliferam por este Brasil afora? Se o desafio for aceito, não tenham dúvidas, o CFE precisa ser mudado, ou melhor ainda, precisamos dar vida ao Conselho Nacional de Educação proposto pelo Fórum Nacional em Defesa da Escola Pública.

Referências

ALVES, Nilda. A formação do jovem professor para a Educação básica. *Cadernos CEDES*, Campinas, v. 17, p. 5-20, 1986. ALVES, Nilda. Formação do jovem professor para a Educação básica. In: _____. *Trajetórias e redes na formação dos professores*. Rio de Janeiro: DP&A, 1998. p. 19-25.

ALVES, Nilda. A formação de profissionais do ensino e a nova LDB. In: _____. *Trajetórias e redes na formação dos professores*. Rio de Janeiro: DP&A, 1998. p. 27-61.

ALVES, Nilda. Redes educativas "dentrofora" das escolas, exemplificadas pela formação de professores. In: SANTOS, Lucíola; DALBEN, Ângela; LEAL, Júlio Diniz Leiva (Orgs.). *Convergências e tensões no campo da formação e do trabalho docente: currículo, ensino de Educação Física, ensino de Geografia, ensino de História, escola, família e comunidade*. Belo Horizonte: Autêntica, 2010. p. 1-49.

CNCFE. Reformulação dos cursos de preparação de recursos humanos para a educação. *Caderno CEDES*, Campinas; São Paulo, v. 17, p. 58-65, 1986.

UNIVERSIDADE FEDERAL FLUMINENSE – UFF. Faculdade de Educação. *O curso de Pedagogia em Angra dos Reis*. Niterói: EDITORA, 1991.

Compassos e descompassos do fazer pedagógico[1]

O título escolhido para este texto a qualquer um faz lembrar a ideia (metáfora) de ouvir/tocar música ou ser tocado por ela. Que música se toca na escola?[2] Como se toca? Quem toca e quem ouve?

Certamente, outra poderia ser a ideia (metáfora). Poderíamos, por exemplo, escolher o título "A cor e a falta de cor do fazer pedagógico" ou "O vermelho e o verde do fazer pedagógico". Deveríamos, então, perguntar: Quem pintou ou deixou de pintar esse fazer? Se é vermelho e verde, onde estão o preto e o amarelo?

Mas vamos continuar e dizer que este texto bem poderia ter o seguinte título: "Os odores e os rumores do fazer pedagógico" ou ainda "A carícia e a repulsa no fazer pedagógico". Outras seriam, nesses casos, as metáforas e as perguntas.

Pode parecer, em um primeiro momento, que, não tendo sobre o que falar, estou brincando com as palavras. Não se trata disto, no entanto. Nesse aparente jogo, quero chamar a atenção para o fato de que não se escolheu para título desta fala algo como: "Vamos *olhar* para dentro da escola e *ver* o que lá se anda fazendo". Essa metáfora do olhar é aquela que, no nosso mundo ocidental, nos ensinaram/aprendemos a usar e considerar (ver?) como a única que expressa a "verdade". Quando queremos dizer que algo aconteceu "de verdade", dizemos: "Eu vi" ou "Fulano viu". Todos já *viram* na

---

[1] Texto escrito para conferência no *Seminário sobre Psicopedagogia e o Cotidiano Escolar*, dias 6 e 7 de dezembro de 1996, na Universidade de Franca, São Paulo. Nota em 2014: o texto foi enviado para a *Educação e Sociedade* e não foi aceito. Conversando com Luciano Mendes Faria Filho, que, na ocasião, era editor da *Educação em Revista*, da Faculdade de Educação da UFMG, por sugestão dele, enviei o texto que foi publicado no número 30, em dezembro de 1999. No momento da publicação eu era: professora adjunta da Faculdade de Educação/UERJ e professora titular em currículo da Faculdade de Educação/UFF (aposentada).

[2] Nota em 2014: se fosse hoje, a palavra "escola" estaria no plural – escolas. Isso, aliás, aconteceria com muitas outras palavras. Entendo, já há muito tempo, que esses plurais são necessários para mostrar as tantas diferenças desses *espaçostempos*.

televisão o famoso "teste S. Tomé" – *ver para crer*! Essa forma de entender as coisas, porém, não é natural e, ao contrário, foi aprendida pela humanidade somente durante os últimos quatrocentos anos (o que é muito em nossa medida humana, mas é muito pouco para a história da humanidade). Há um autor que faz uma síntese perfeita disso ao dizer: "cada dia é mais evidente que o que pensamos sobre o mundo não é o que este é, mas sim o que o animal-homem *vê* do mundo" (BRONOWSKI, 1981, p. 19).[3] No entanto, no final de um livro de 448 páginas no qual nos conta a história da ciência através das conquistas do homem sobre a natureza, este mesmo autor nos diz:

> Iniciei esta série no vale do Omo, na África Oriental, e aqui retorno porque algo que aconteceu nesse lugar permaneceu em minha mente desde aquele primeiro encontro. Na manhã do dia em que era para darmos início à organização do primeiro capítulo da série, um pequeno avião decolou de nossa pista levando a bordo o "cameraman" e o técnico de som, mas, segundos após ter subido, o avião caiu. Milagrosamente, o piloto e os dois outros homens saíram ilesos.
> Naturalmente, esse evento mal agourado me marcou profundamente. No momento em que me preparava para fazer o passado desfilar, o presente insinua sorrateiramente sua mão na página escrita da história e diz: "É aqui. É agora." História não são eventos, mas, sim, pessoas. Além disso, não são pessoas apenas recordando; é o homem vivendo seu passado no presente. História é o ato instantâneo de decisão do piloto, que cristaliza em si todo o conhecimento, toda a ciência, tudo aquilo que foi aprendido desde o surgimento do homem.
> Permanecemos inativos por dois dias à espera de outro avião. Nesse intervalo, em conversa com o "cameraman", perguntei-lhe delicadamente, mas, talvez, sem muito tato, se ele não preferia que algum outro realizasse a filmagem aérea. Ao responder-me, disse: "Tenho pensado nisso. Vou sentir medo de subir amanhã, mas eu vou fazer a filmagem. Esse é meu dever".
> Estamos todos com medo – de nossa presunção, de nosso futuro, do mundo. Tal é a natureza da imaginação humana. Contudo, cada homem, cada civilização, foi para a frente em razão de seu engajamento naquilo que havia decidido realizar. O compromisso pessoal de um homem com seu ofício, o compromisso intelectual e o compromisso emocional, unidos em um só propósito, fizeram a Escalada do Homem (BRONOWSKI, 1992, p. 438).

Busquei essa citação para indicar, em primeiro lugar, que a história que cotidianamente construímos na escola tem uma importância capital, pois nela a construção de saber que fazemos tem a ver tanto com a criação do novo como com uma história acumulada. Para tudo isso entender, portanto, e retorno ao que dizia no começo, é preciso que nos coloquemos a ouvir/

---

[3] Tradução da autora nesta e nas demais referências ao texto.

sentir/cheirar/tocar/provar (e também ver, por que não?) o cotidiano – o de hoje e o de ontem – entendendo o presente e o passado como expressões inteiras daqueles que o fazem.

Em segundo lugar, a citação feita serve para trazer à baila um daqueles que é um dos entes presentes em momentos de crise, como o que vivemos presentemente e como os personagens da história narrada por Bronowski viveram. Refiro-me ao *medo*, que de forma permanente e crescente vai fazendo parte do nosso *aqui e agora*.

Em resumo, hoje, para se entender a escola, é preciso que estejamos dispostos a, inteiramente, mergulhar nessa realidade: dançando/ouvindo a sua música, sentindo os seus sabores e odores, tocando profundamente o seu tecido, bem como vendo o que ela mostra e não aquilo que queremos ver.

É, então, dentro dessas ideias do tempo presente, que o convite é feito para se ouvir a música da escola, nos seus compassos e descompassos.

São dois pra lá, dois pra cá

Estando acordado que para ouvir a escola não é preciso nos colocarmos à distância, mas que, ao contrário, é preciso que em suas águas mergulhemos gostosamente, vamos começar a aprender a dançar com essa música que ouvimos. Creio que podemos, com um músico da minha terra em uma música/poesia consagrada por Elis Regina, começar com o "são dois pra lá, dois pra cá". O que quero dizer com isso?

Como o próprio título escolhido já insinuava, não é possível ouvir/tocar "a escola", pois o que existe são "as escolas". Nesse sentido, não é possível dizer, como adoram fazer nossas "autoridades" educacionais, "a escola é...". Já que são tantas as escolas por esse país e por esse mundo afora, em qualquer complemento que escolhamos para essa frase vamos sempre incluir umas e deixar de fora outras. Sendo assim, como falar? Sem dúvida dizendo: "as escolas tais em tal momento são 'assim', já que em outros momentos são 'assado'" ou, melhor ainda, "a escola é e *não é*, ao mesmo tempo e no mesmo lugar". Querem um exemplo?

Vou falar da escola Francisco Manuel (não escolhi esse nome aleatoriamente: é o nome da escola na qual fiz meus quatro primeiros anos de primário; o homenageado é o autor dos versos do hino nacional). Ela vai representar qualquer escola que cada um de vocês conhece que, com certeza, tem histórias diferentes, mas das quais vocês lembrarão, ao ouvirem as que vou contar, por um processo que chamamos de analogia. Essa escola fica em um prédio antigo, do fim do século passado, mas com razoável conservação, já que se encontra em um bairro de classe média e tem uma diretora "bem insistente"– ou seja, os alunos que estão nessa escola têm pais/mães que a frequentaram quando crianças e uma diretora que "não deixa ninguém em paz" até conseguir as coisas. A escola tem dois andares e a maioria das salas de aula fica no andar de cima. No entanto, no andar de baixo ficam duas salas que são bem mais escuras que as de cima. Naturalmente, nenhuma das professoras quer trabalhar nelas. Como se resolve essa questão? Aquela mesma diretora que consegue, para satisfação de todos, as obras necessárias, com isso criando um bom lugar de trabalho e estudo, com critérios que não explicita para ninguém, *decide*, todo o início de ano, quem vai ficar nessas salas e, embora fazendo um certo rodízio, em geral são sempre as mesmas professoras que ficam aí – aquelas que não são muito "afinadas" com a música que a diretora toca. Vamos perguntar: a música que essa diretora toca é boa ou ruim? Talvez pudéssemos responder que é boa *e* é má, se esses fossem os adjetivos que entendêssemos ser necessário usar, sobre o que tenho dúvidas. Afinal, "são dois pra lá, dois pra cá".

Continuando a contar a história da Francisco Manuel... Nessa escola existem três merendeiras: duas trabalham pela manhã e a terceira à tarde. A merenda é sempre a mesma nos dois turnos (a questão do noturno fica para depois, como sempre, aliás). Se você chegar pela manhã na escola vai sentir um "cheirinho esquisito" e na hora da merenda vai perceber que é grande o número de crianças que traz o seu pãozinho com manteiga de casa para merendar e que a comida sobra sempre. Já se você vier à tarde, vai sentir um cheiro que dá "aquele" apetite e vai ver as professoras – todas – merendando com as suas turmas. Como explicar isso? Com os mesmos ingredientes, ter sucesso e insucesso. Quem é cozinheira/o, entre as/os leitores, sabe a resposta. Creio que o sabor, digo, a música ficou mais clara! "São dois pra lá, dois pra cá!"

Nessa escola, trabalham dez professoras no turno da manhã e o mesmo número à tarde. Uma delas se chama Maria Jacintha, que por coincidência é o nome da minha filha. Essa professora trabalha com a turma de alfabetização, sempre, porque gosta. Na escola existem ainda outras três turmas de alfabetização cujas professoras mudam a cada ano. Uma destas é a Soninha, que é considerada uma boa professora, por colegas e alunos. Ao final de cada ano, no momento da matrícula, há uma estranha fila na sala da diretora – são pais de alunos que vão ser alfabetizados pedindo para que seus filhos fiquem na turma da Maria Jacintha. Ninguém pede a turma da Soninha. Por que será que isso ocorre? Por outro lado, no momento de escolha das turmas, todas as professoras querem ficar com a turma que no ano anterior foi de Maria Jacintha, inclusive a Soninha. Por quê? Que ritmo essa escola tem na sua alfabetização? Também aqui, "são dois pra lá, dois pra cá".

Pedro é aluno da escola desde a primeira série e está agora na quarta. Todas as professoras que já teve afirmam que ele é um bom aluno. No entanto, ao final de cada ano, na hora dos conceitos há aquela discussão: Pedro é bom menino, gosta muito de Educação Física, se "vira" em Matemática, tem liderança nas festas e jogos, mas é um "problema"... em Português! Pedro deve ou não passar de ano? "Tam... tam... tam!". Música bem comum essa, não é? Como sempre, "são dois pra lá, dois pra cá".

Afinal, chegou a noite, ou seja, a hora do noturno – do curso noturno.

Rosa chega à escola todo dia por volta das sete horas da noite, com um certo atraso. Ao chegar tem que dar uma "paradinha" na cantina da escola para comprar um refrigerante que irá acompanhar um sanduíche, sempre de queijo, que é o ingrediente que menos corre perigo de estragar, já que ele foi feito de manhã antes de sair para o trabalho, junto com outro que foi comido na hora do almoço. Jantar mesmo, só o que ela encontra, ao chegar em casa, no prato feito, deixado pela mãe, às onze da noite. Almoço, só aos domingos, porque sábado se não tem escola tem trabalho. Rosa gosta de Português, detesta Geografia, não tem Educação Física, porque a escola nunca teve professor para essa "disciplina" no turno da noite, e, além disso, de ginástica já chega a correria da vida. Ela se "vira" em Matemática. Os professores gostam dela e ela gosta muito da escola, entre outras coisas, porque tem uns rapazes bem interessantes... Ah! Sim. Rosa já repetiu o ano duas vezes. Por quê? Afinal, o "perfil" dela não é muito diferente do de Pedro, aquele menino a que me referi acima. Mais uma vez aqui, "são dois pra lá, dois pra cá".

É dentro desses compassos e descompassos que se vai construindo[4] essa escola, esses professores vão trabalhando, esses alunos vão estudando. Agora, eu pergunto: essa escola é boa ou é má? Creio que ficou claro que entendo que essa pergunta não tem nenhum sentido. As escolas nas suas diferenças – externas e internas – *são* e *não são*, ao mesmo tempo e no mesmo lugar.

No entanto, apesar desse *ser* ou *não ser*, nós todos aprendemos que a escola é, que o professor *faz*, que a música *toca*... tudo no singular, no afirmativo, em um tempo eterno e em um espaço abstrato.

Mas se não é assim, seria o caso de nos perguntarmos como se estabeleceu esse "samba de uma nota só". O próximo convite que faço, então, é para que juntos busquemos escutar como se escreveu a história dessa música.

---

[4] Nota em 2014: no presente eu não escreveria este termo que tanto critiquei depois, considerando que o movimento de criação de conhecimentos e significações nos cotidianos, os das escolas aí incluídos, são "tecidos", já que trabalho com a ideia de redes educativas. Diferente, portanto, do que acontece na criação de conhecimentos e significações nas ciências.

Um pouco da história dessa música: como se compõe um samba de uma nota só

Buscar entender como, historicamente, se compôs esse "samba de uma nota só" está sendo visto, por muitos entre nós, como um movimento necessário, no atual momento. Em texto recente, Santos (1996) ao defender a importância de uma pedagogia do conflito, nos diz:

> [...] penso, pois, ser necessária uma outra teoria da história que devolva ao passado a sua capacidade de revelação, um passado que se reanime na nossa direção pela imagem desestabilizadora que nos fornece do conflito e do sofrimento humano. Será através dessas imagens desestabilizadoras que será possível recuperar a nossa capacidade de espanto e de indignação e de, através dela, recuperar o nosso inconformismo e a nossa rebeldia (p. 17).

É nessa mesma linha de raciocínio que entendo ser importante buscar como se construiu essa música sempre igual que é tocada quando se vai falar da escola.

Três são os movimentos que compõem essa música e que permitem explicar, um pouco, essa história. O primeiro deles poderíamos chamar, com Varela (1994), de "pedagogização" do conhecimento. O segundo, desenvolvendo o conceito de "governamentabilidade" em Foucault (1979 *apud* POPKEWITZ, 1994), poderíamos chamar de "grupalização". O terceiro, por fim, se refere a como se passou, a partir de um determinado momento, a pensar a forma, hoje dominante, de como se constrói o conhecimento.

Para tratar do primeiro movimento – a pedagogização do conhecimento – vamos partir de um fato com que todos vamos concordar: o mundo é cheio de conhecimentos de toda ordem e origem e que nos aparecem sob múltiplas formas. Muitos desses conhecimentos podem estar sintetizados no texto abaixo:

A Torta do Zé Luiz (da Anne Marie)

> *Massa*: 2 xícaras grandes de farinha de trigo; ½ xícara de açúcar; 100g de margarina ou manteiga (esta fica melhor); 1 ovo inteiro; 1 colher de rum ou de licor ou de limão (discutiu-se muito se era possível usar cachaça; conclusão: é). (Misturar tudo até sentir que solta das mãos. Se não juntar, botar gotas de leite. Se ficar meio mole, botar no congelador, um pouquinho). Untar a forma com margarina e espalhar a massa aos pedacinhos (para ficar bem fina). Dá uma bordinha em volta. Cortar uma fruta bem fininho. Forno até dourar.
> *Creme*: (pode ser sem creme! Neste caso, polvilhar açúcar e canela por cima; este é o famoso "creme de confeiteiro"). Colocar no copo do liquidificador: 1 copo de leite; 4 colheres de sopa de açúcar; 2 colheres açúcar; 2 colheres de sopa de farinha de trigo; 1 ovo inteiro; 1 colher

de sopa de rum (ou outra bebida; aqui não vale o limão). Bater bem e esparramar sobre a fruta.

Que conhecimentos são percebidos, como existentes, em uma rápida análise da receita acima? – é preciso dizer que ela aparece exatamente como a anotei, no dia em que me foi dada. Mesmo que não tenha sido dito, todos entenderam que esta receita foi dada pelo Zé Luiz que é marido da Anne Marie. Por outro lado, tal como foi transcrita, dá para perceber que havia outras pessoas presentes no momento em que foi dada ("discutiu-se muito..."). Percebe-se, também, a forma de linguagem familiar/de amizade pela presença constante do diminutivo. A escrita enredada dos ingredientes com o modo de fazer, tão diferente da maneira como as receitas aparecem em livros de receitas ou na imprensa, demonstra também essa forma familiar/de amizade e o contexto concreto em que se deu. O mesmo é demonstrado ainda pelas palavras que foram "comidas", por não serem necessárias. Mas, sobretudo, quem puder ler essa receita, com certeza, conseguirá fazer, sem muita dificuldade, a torta. Esses conhecimentos, no entanto, não foram normalmente aprendidos na escola porque, de uma forma geral, não fazem parte daqueles escolhidos para serem "conhecimentos escolares". Quais são, assim, esses conhecimentos e, principalmente, por que processos se passou para que fossem considerados *escolares*?

Em primeiro lugar, foi preciso *selecionar*. Ou se quisermos dizer de outra maneira, foi necessário negar outros conteúdos e formas. Era preciso dizer, e alguém disse, aqueles conhecimentos que entrariam e os que não entrariam na educação escolar. Em geral, a escolha feita se dava a partir do entendimento daquilo que era conveniente ou não aos que iam aprender, decidido a partir de critérios exteriores a eles próprios e a partir da autoridade de alguém que se considerava e era considerado em posição de fazer a escolha. Foi sempre uma escolha moral e autoritária, e mesmo naquele período em que a Igreja não era mais a força hegemônica como havia sido na Idade Média, o papel de decisor ficou com essa instituição, tanto do lado dos católicos como dos protestantes, após a Reforma. Por um lado, deixaram-se de fora aqueles conhecimentos que pudessem enfraquecer a "alma" dos educandos. Por outro lado, era preciso abandonar os saberes "inúteis"- o que conduziu à incorporação daqueles saberes mais "elevados" e ao abandono dos saberes cotidianos. Estes, ou se acumulavam através de uma longa história, para uso exclusivo no espaço/tempo[5] cotidiano, ou eram

---

[5] Nota em 2014: esses termos que aparecem assim neste texto passaram a ser escritos dessa forma: *espaçostempos* (reunidas e em itálico). Isso porque, desenvolvendo as pesquisas com os cotidianos, fomos percebendo que as dicotomias criadas pelas ciências, na Modernidade,

esquecidos e recriados a cada vez que deles se tivesse necessidade ou, ainda, eram sistematizados no momento em que passassem a ter utilidade para os donos da produção, do saber e das decisões sobre a escola e seu currículo.

Esse processo de seleção só foi possível porque outro acontecia, ao mesmo tempo. Refiro-me à *normalização*. Houve a necessidade, ao se escolher saberes retirando-os de seu contexto e das relações com outros aspectos do mesmo problema, de se dar o aspecto de normalidade a tudo isso. Era preciso que se entendesse como "normal" a sequência, a passagem de um para outro assunto que nada tinha a ver com o que lhe vinha a seguir. Talvez, valha a pena lembrar, à guisa de exemplo, uma sequência que tenho registrada, para deixar claro esse processo: "durante meia hora os alunos 'resolveram' problemas; em seguida, fizeram uma 'redação' sob o título 'Um lindo dia de sol no campo'; em sequência, um exercício sobre classificação de animais (que coisa difícil!; quem sabe realmente isso de cor?;); o dia de aula foi finalizado com uma festa comemorando o 'Dia da Bandeira'". Reconheçamos que é preciso o desenvolvimento de um processo muito especial para que se considere, sem nenhum estranhamento, o desenvolvimento dessa sequência. No entanto, essa é a "realidade" cotidianamente vivida nas nossas escolas, aquela que professores e alunos foram ensinados a considerar *normal*.

Esses dois processos permitiram e exigiram o desenvolvimento de um terceiro processo: a *hierarquização*. Para que fosse possível selecionar conteúdos e considerar normal uma sequência dos mesmos quase esquizofrênica, também, foi necessário estabelecer uma hierarquização entre eles. Existem, assim, aqueles saberes dignos de serem aprendidos e que, por isso, são colocados no alto, e aqueles que não devem ou não precisam ser aprendidos, e por isto colocado na parte baixa de uma rígida hierarquia. Dessa maneira, vão aparecer na escola espaços/tempos maiores para certos saberes e menores para outros (é "natural" que Matemática tenha uma carga horária maior do que Artes, por exemplo), bem como vão aparecendo saberes que *podem* mais do que outros (ainda aqui, Matemática pode reprovar mais alunos do que História, por exemplo).

Por fim, todos esses processos puderam se desenvolver e "dar certo", em tantos lugares e por tanto tempo, porque se providenciou a organização de tudo isso em sistemas, também eles hierarquizados, que permitiram que a tomada de decisões do centro para a periferia, do alto para baixo, fosse vista como a melhor forma de se construir a escola. A *centralização* foi o

---

como necessidade para o seus processos de pensar, significavam para essa corrente de pesquisa limites que precisavam a todo tempo serem lembrados como limitadores. Outros termos, que nos habituamos a ver escritos como opostos, precisaram ser reunidos e destacados nos textos que escrevíamos: *práticateoria*; *gerallocal*; *dentrofora*; etc.

último processo a ser acionado para que todo o imaginado desse "certo". Mesmo em países ou regiões nos quais por vários motivos, que não vêm ao caso, não há a tradição de centralização curricular, determinados processos sociais de controle levam à existência dela. Talvez, o caso mais típico seja o dos Estados Unidos: a variedade de propostas é controlada, especialmente, pela rígida religião dominante – a protestante.[6]

É preciso dizer que essas características não são só da escola. Elas vão se desenvolver, crescentemente e ao mesmo tempo, em toda a sociedade. No mundo do trabalho se estabelece um processo de crescimento da produção – o fordismo/taylorismo – que, em última instância, tem na base as mesmas propostas, organizando uma intensa seleção, uma estrutura hierarquizada de decisões e um funcionamento baseado em normas rígidas, em uma sequência que se busca fazer acreditar que é normal. O desenvolvimento das ciências se dá com o estabelecimento da construção do conhecimento *em árvore*, na qual os mesmos processos estão presentes: o conhecimento se constrói seguindo-se um único caminho, obrigatório (o tronco) e só ao final deste podem-se fazer opções (ao chegar-se aos galhos, aonde só uns poucos chegam); o modo de se conhecer no cotidiano vai ser visto como não correto, a ser superado, insuficiente, inferior. Também a organização dos movimentos sociais se dá a partir dos mesmos processos, permitindo o estabelecimento e o desenvolvimento de estruturas hierarquizadas, centralizadas e que passam por intenso caminho de seleção, como são aqueles e aquelas que se dão nos partidos políticos e nos sindicatos.

Como todas essas instituições sociais, que tão brevemente descrevi, a escola foi profundamente marcada por todos esses processos, opções e formas de organização. O que temos hoje na escola foi uma lição duramente aprendida em alguns séculos.

Na composição dessa música, chegamos ao movimento final – ao que hoje ouvimos/vemos – que é aquele da existência de um *currículo oficial*, afirmando e reafirmando que o necessário é o mínimo, o conteúdo e a forma mínimos, e que se garante à maioria, a posse, exclusivamente, daquilo que os que decidem consideram como apropriado, básico, ao nível daqueles que vão receber o que é dado. Ao mesmo tempo, o que estes têm/sabem continua sendo considerado de pouca ou nenhuma valia. Ao lado, portanto, do currículo oficial cria-se outro, que não se quer ver/ouvir/tocar/sentir, composto por tudo aquilo que não foi selecionado, normalizado, hierarquizado, ou seja, o tudo mais, o muito mais – o *currículo negado*.

---

[6] Nota em 2014: e por sucessivas reformas centralizadoras.

No entanto, é preciso reconhecer que esse caminho todo não foi nunca um calmo passeio. Aqueles que se preocupam em estudar o cotidiano da escola – e da vida – sabem, como nos indica Certeau (1994), que as vozes que falam nesse cotidiano continuam falando, pois "elas circulam, bailando e passando, no campo do outro" (p. 222). Confirmando essa posição, o mesmo autor nos lembra que, para além da afirmação do processo dominante, e

> [...] ao invés de permanecer no terreno de um discurso que mantém o seu privilégio invertendo o seu conteúdo (que fala de catástrofe e não mais de progresso), pode-se enveredar por outro caminho: analisar as práticas microbianas, singulares e plurais, que um sistema urbanístico deveria administrar ou suprimir e que sobrevivem a seu perecimento; seguir o pulular desses procedimentos que, muito longe de serem controlados ou eliminados pela administração panóptica, se reforçam em uma proliferação ilegitimada, desenvolvidos e insinuados nas redes de vigilância, combinados segundo táticas ilegíveis mas estáveis a tal ponto que constituem regulações cotidianas e criatividades sub-reptícias que se ocultam somente graças aos dispositivos e aos discursos, hoje atravancados, da organização observadora (p. 174-175).

O segundo movimento do qual é preciso falar para se entender como se construiu o que estamos chamando de "samba de uma nota só" é o da *grupalização* da sociedade.

Para organizar a sociedade segundo seus interesses, os grupos dominantes precisaram ordená-la criando grupos genéricos, sempre ditos no singular, que permitissem a leitura e a explicação dela. Assim é que surgem, por exemplo: o operário, o professor, o aluno, a escola, etc. Esse processo foi possível se utilizando, sempre, as medidas médias como significadoras da realidade, através do que poderíamos chamar de *concretização do abstrato*. Ou seja, tomamos como reais conjuntos que eram naturais pois fruto de abstração. Para que isso acontecesse de maneira tão geral como se deu, foi necessário desligar cada indivíduo, cada ser humano do seu espaço/tempo concreto cotidiano e se criar outro espaço/tempo abstrato que passou a ser dito/visto/percebido/sentido como o real. Esse lugar criado foi apropriado, marcado pelos poderosos que passaram, também eles, a agir como se fosse o único existente.

A organização escolar vai ser, assim, desenvolvida a partir desse espaço/tempo pensado. Surgem, então: as turmas, as séries, os pelotões, as avaliações para mudanças de níveis, os graus de ensino, as disciplinas que *naturalmente* são as importantes e aquelas não tanto. Tudo bem dividido, fragmentado, dominado. Nesse sentido, Santos (1995) nos lembra que "a fragmentação maior e a mais destrutiva foi-nos legada pela modernidade" (p. 110).

Por fim, o terceiro movimento que permitiu construir nossa "sinfonia" de uma nota só: a criação de uma forma de pensar o pensamento.

Essa criação foi possível quando após três séculos revolucionários de construção da sociedade moderna, nos quais se tinha ido além de todos os limites impostos pela organização social anterior – pela religião, pelo nível dos conhecimentos, pela geografia conhecida, por ritos e mitos, por uma educação limitada a poucos – se percebe que para prosseguir avançando no domínio sobre a Terra e seus homens, mulheres e crianças é preciso construir a lógica do restrito e do privado. Essa ideia, como tudo, se estende a toda a sociedade, suas organizações e instituições, mas trataremos, neste espaço, das consequências para o conhecimento científico, exclusivamente.

Para se desenvolver a ciência moderna precisou, também, trilhar o caminho social dominante e vai participar/construir um processo que tem como característica organizadora principal a criação de um espaço particular onde ela se vai fazer. Para as ciências ditas naturais, cria-se "a observação de um fenômeno produzido artificialmente em um lugar fechado e protegido, o laboratório" (LATOUR, 1994, p. 23). Nas chamadas ciências sociais cria-se a cidade, o Leviatã, para Hobbes, que "é feito apenas de cidadãos, de cálculos, de acordos e disputas [...] de relações sociais" (LATOUR, 1994, p. 34). Como nos lembra esse autor:

> Hobbes e seus seguidores criaram os principais recursos de que dispomos para falar do poder – representação, soberano, contrato, propriedade, cidadãos –, enquanto que Boyle e seus seguidores elaboraram um dos repertórios mais importantes para falar da natureza – experiência, fato, testemunho, colegas. (p. 30)

Mas muito mais é feito com o desenvolvimento da ciência e para que ele se desse. Constrói-se um modo de pensar que entende a necessidade de um único e obrigatório caminho possível para o pensamento. É a *grafia em árvore* que vai representar esse modo de pensar. A partir dela se explicita uma estrutura que é, ao mesmo tempo, *mental e social, teórica e prática* (LEFEBVRE, 1983, p. 35). Por outro lado, a organização desses saberes se dá de maneira que, com nitidez, se perceba as diferenças e os limites entre elas, o que leva ao estabelecimento de espaços próprios a cada uma, com objetos, conteúdos, métodos e formas de exposição especiais. É esse processo que dá origem aos vários campos disciplinares.

A influência dessa construção sobre a escola é clara. De um lado, o estabelecimento de *currículos lineares*, com o entendimento que, para ir de um ponto a outro dos mesmos, é preciso percorrer o mesmo caminho, que há sempre um pré-requisito a ser ultrapassado para se dominar um saber. Por outro lado, a organização curricular passa a se dar pelas *disciplinas*, com uma rígida hierarquia estabelecida: em primeiro lugar, na base, entendidas como fundamentais, as disciplinas ditas *teóricas*, que recebem espaço/tempo maior, respeitabilidade e direitos (de reprovar alunos, por exemplo); em seguida, sem grande estabilidade, as disciplinas ditas *práticas*, mesmo que na maioria das vezes não sejam praticamente desenvolvidas. Tudo isso foi tão fortemente construído, que julgamos "natural", por exemplo: que Matemática seja a disciplina que mais reprova; que os currículos sejam organizados em torno de língua materna e Matemática; que se aprenda do mais próximo para o mais distante (sem nos perguntarmos muito o que significam esses conceitos); que em "Ciências" de primeira a quarta série se "dê" mais Biologia do que Física e Química; etc.

Essa história já conhecemos bem e sobre ela já lemos muito. Vale, portanto, deixá-la por aqui e buscarmos a outra história – aquela da resistência a todo esse processo e de propostas alternativas ao que dominantemente se decidia e fazia.

Uma outra música: vamos cirandar!

> *Essa ciranda quem me deu foi Lia*
> *que mora na ilha de Itamaracá*
> (cancioneiro popular de Pernambuco)

A escolha que fiz da ciranda para representar a música diferente que se pode ouvir tem três motivos principais. O primeiro deles é porque é muito linda. O segundo é porque representa uma música local que por diferentes caminhos tornou-se conhecida nacionalmente. Por fim, o terceiro motivo é que é uma música que só se pode dançar junto com muitos outros, pois, sem eles/nós todos, ela não tem graça nenhuma.

Para começar é preciso dizer que as músicas divergentes e diferentes não são tão novas assim. Elas sempre existiram. O que mudou foi nossa capacidade de ouvi-la. No entanto, essa condição de ouvir/sentir/degustar esses sons não está completamente difundida. Isso pode ser percebido, por exemplo, no maior "mito" sobre a escola hoje existente. Refiro-me à ideia de que a escola "antes era melhor". Era mesmo? Quando? Independentemente de pesquisas que poderiam ser lembradas, vou buscar apoio para discutir esse mito em três documentos produzidos no Brasil, em três épocas diferentes, buscando neles algumas referências que fazem à escola brasileira: o primeiro deles é aquele que ficou conhecido como "O manifesto dos pioneiros da educação nova", publicado em 1932 (MEC/INEP, 1984); o segundo é a "Carta brasileira de educação democrática", publicada em 1946 (MEC/INEP, 1986);

o terceiro recebeu o nome de "Mais uma vez convocados (manifesto ao povo e ao governo)" e foi publicado em 1959 (MEC/INEP, 1988). Em que pesem as diferenças existentes entre esses três documentos, eles se caracterizam por serem documentos assinados por intelectuais que buscavam discutir a situação educacional do país e oferecer um projeto alternativo ao que vinha sendo posto em desenvolvimento oficialmente. É considerando essa característica comum que vão ser analisados, sem considerar a crítica que, hoje, eu e tantos outros possamos fazer ao tom claramente iluminista dos mesmos.

Do primeiro documento, escolho o balanço geral que faz da educação no quase meio século de república ao dizer:

> [...] no entanto, se depois de 43 annos de regimen republicano, se dér um balanço ao estado actual da educação pública, no Brasil, se verificará que, dissociadas sempre as reformas economicas e educacionaes, que era indispensável entrelaçar e encadear, dirigindo-as no mesmo sentido, todos os nossos esforços, sem unidade de plano e sem espírito de continuidade, não lograram ainda crear um systema de organização escolar, á altura das necessidades modernas e das necessidades do paiz. Tudo fragmentario e desarticulado (MEC/INEP, 1984, p. 407).[7]

Do segundo seleciono o oitavo item do subtítulo "Limites e obrigações da intervenção do Estado em matéria de educação", no qual se pode ler que

> [...] o dever do Poder Público de prestar assistência à infância e à adolescência em geral, inclusive aos abandonados e delinquentes, não se restringe às medidas de propaganda junto à opinião pública nem à manutenção de postos, asilos ou patronatos, mas se exerce em sistemas paralelos ao das escolas comuns que lhe cabem, traduzidas em realizações imediatas e conjugadas, de que a escola comum seja o órgão central e irradiador, com todos os subórgãos essenciais a cada finalidade (MEC/INEP, 1986, p. 404).

Do terceiro documento retiro parte do item que recebeu o título "Um pouco de luz sobre a crise da educação no País e suas causa", no qual se busca fazer um balanço da situação educacional brasileira. Aí se lê:

> [...] a organização do ensino é má, arcaica e além de antiquada, deficiente a tantos respeitos, todos o afirmam; que a educação primária, em dois, três ou quatro turnos, se reduziu a pouco mais do que nada, que são em número extremamente reduzido as escolas técnicas e baixou o nível do ensino secundário, ninguém o contesta; que se agravaram desmedidamente os problemas de edificações e instalações escolares é outra afirmação que caiu no domínio comum e já não precisa, por

---

[7] Mantive a grafia das palavras tal como apareceu na versão original e foi transcrita no documento consultado.

sua evidência, nem de pesquisas para pô-la à prova dos fatos nem do reforço de pareceres de autoridades na matéria. O professorado de ensino primário (e mesmo o de grau médio), além de geralmente mal preparado, quer sob o aspecto cultural, quer do ponto de vista pedagógico, é constituído, na sua maioria, por leigos (2/3 ou ¾, conforme os estados); não tem salário condizente com a responsabilidade de seu papel social; nem dispõe de quaisquer estímulos para o trabalho e de quaisquer meios para a revisão periódica de seus conhecimentos (MEC/INEP, 1988, p. 144-145).[8]

Creio que os textos são por demais expressivos em sua atualidade e na clareza de expressão para que muitos comentários sejam necessários. Interessa-me, no limite deste artigo, chamar a atenção para o fato de que, em épocas diversas neste país, se buscou criticar o que havia e se buscava dar soluções diversas das oficiais aos problemas educacionais que enfrentávamos.

No entanto, não é só em documentos de autoria coletiva que podemos encontrar essas posições. Se nos dedicarmos a ler, atentamente, propostas como a da educadora nordestina Nísia Floresta (1989), por exemplo, ou a ouvir depoimentos de professores que em diversas épocas "fizeram", cotidianamente, a escola,[9] vamos ver que também nesse espaço/tempo se buscou construir alternativas.

Depois de tantas voltas e revoltas históricas, podemos nos perguntar: *E, hoje, a quanto andamos?* Ou seja, percebendo as características do tempo presente, nesse nosso espaço comum, é hora de nos dedicarmos a apresentar (mais uma vez) alternativas, ou pelo menos, a ciranda que julgo estar sendo tocada neste espaço/tempo.

Recuperando algo de que já falamos antes, é preciso lembrar que vivemos um período de grandes incertezas, já que "a morte do pai" (em qualquer dos nomes que tenha recebido) e os medos que nos cercam nos tiraram a maioria das "verdades" em que nos baseávamos para viver. Estamos reaprendendo boa parte daquilo que precisamos para viver. Muito mais, precisamos nos dedicar a aprender. Alguns exemplos ajudarão a melhor perceber esse processo. Para começar, a ideia de formação "terminal" (cumulativa, progressiva) que tínhamos e que se concluía no momento em que recebíamos um diploma substituída, hoje, pela de *formação continuada*, nada linear. Em seguida, poder-se-ia lembrar que a ideia de percursos individuais (ainda

---

[8] O leitor talvez se interesse por saber que assinam esse manifesto, entre tantos outros nomes ilustres, os professores Fernando Henrique Cardoso e Ruth Correia Leite Cardoso.

[9] Remeto o leitor, caso esteja interessado, à minha tese de professora titular *O espaço e suas marcas* (UFF), 1995, publicada em 1998 pela DP&A sob o título *O espaço escolar e suas marcas: o espaço como dimensão material do currículo* (ALVES, 1998).

dominante, sem dúvida) vem crescentemente dando lugar à de *trajetórias coletivas*. Toda a representação do conhecimento em árvore vem sendo substituída pela de *rede*, na qual a ideia de caminho único e obrigatório na construção do conhecimento dá lugar à de múltiplos e diferentes caminhos, senão em todos os lugares sociais, pelo menos naqueles ditos "de ponta" (nos novos campos científicos, na parte mais dinâmica do mundo do trabalho, nas novas formas de organização dos movimentos sociais). Além disso, se começa a perceber o lugar de alternativas que o viver *cotidiano* significa.

Nesse contexto, seria interessante, para dizer o mínimo, que depois de décadas "vendo" as "faltas" da escola frente a um modelo, como todos abstrato, que nos dedicássemos a perceber a crise da escola através do que significa de potencialidade. Isso não nos virá pronto. É preciso aprender. Começo com uma lição aprendida sobre o cotidiano que busco em Ezpeleta e Rockwell (1986). Essas autoras nos lembraram, e é preciso não esquecer, que

> [...] o intrincado conceitual existente para observar a escola, para abordá-la como unidade do sistema escolar, servia normalmente para comunicar o que nela não existia, para elencar suas deficiências e carências. A parte da teoria social que deveria dar conta da escola, caso seja certo que se trate de uma instituição, não parecia superar a dicotomia do normal e do patológico. Ao contrário, começava a se nos impor uma realidade como "positividade", não no bom sentido, mas simplesmente no sentido do existente (p. 10).

Assumindo o que nos indicam as autoras citadas, é preciso buscar sentir/ouvir/ provar/ver o que de fato se passa na escola. Voltamos, assim, ao começo deste texto, como afinal deve ser uma ciranda: com todos juntos de mãos dadas não sabemos onde começa e acaba a roda.

Nesse sentido, vamos buscar perceber quais os saberes que estão na escola e em vez de dizer "a escola não sabe", poderemos dizer "é isto que esse professor concreto sabe ensinar e esse aluno concreto aprende". Inquestionavelmente, esse é um processo muito mais difícil que as notas e as médias que aprendemos a usar. Mas, também, é o necessário a se fazer no momento presente, pois vai nos permitir, por exemplo, entender os fracionamentos, os limites e as hierarquias existentes e encontrar os modos como, aqui e ali, são criadas formas de superá-los e ultrapassá-los.

Nesse movimento, nessa dança, poderemos encontrar o gérmen daquilo que faz da escola, ainda, um espaço único e especial.

Por um lado, ela é o lugar que só existe porque junta pessoas. No momento presente, no qual tudo se conjuga para separar as pessoas, concordemos que este é um grande trunfo. Nela se pode ter o aprendizado do coletivo: aprender a falar e a ouvir, a discutir, a respeitar as múltiplas opiniões; aprender a fraternidade e a solidariedade.

Por outro lado, aceitando que, hoje e sempre, a escola não é a única agência de educação, é preciso concordar que por juntar pessoas e ser lugar de transmissão/criação/superação de conhecimentos, é o espaço/tempo possível para juntar/discutir/criticar as múltiplas agências existentes e atuantes.

Por fim, sem dúvida alguma, este é um espaço/tempo privilegiado para "botar em ação" o quinto "roteiro" indicado por Santos (1995), aquele a que chamou "das pessoas e das coisas". Ao reconhecer que "com o decorrer dos séculos, as coisas evoluíram tanto que não demos conta que, ao mesmo tempo que as domesticamos e nos pusemos à vontade com elas, perdemos o à-vontade com as pessoas" (p. 109), é preciso agir no sentido de modificar esse quadro. Esse processo, na escola e fora dela, exige que agindo contra todas as compulsões do capitalismo, vividas hoje em escala mundial (tanto a do trabalho como a do consumo), sejamos capaz de criticá-las indo além delas, reconhecendo "que o maior inimigo está dentro de nós" (p. 110) Isso se dará, não incorporando em nossas falas as limitadas mas degeneradoras críticas dos poderosos, o que tem sido feito até bem pouco tempo, mas entendendo que a luta contra esse inimigo precisa se dar ao mesmo tempo que incorporemos a ideia de que "o reencantamento do mundo pressupõe a inserção criativa da novidade utópica no que nos está mais próximo" (p. 106).

Referências

ALVES, Nilda. *O espaço escolar e suas marcas: o espaço como dimensão material do currículo*. Rio de Janeiro: DP&A, 1998.

BRONOWSKI, Jacob. *Los orígenes del conocimiento y la imaginación*. Barcelona: Gedisa, 1981.

BRONOWSKI, Jacob. *A escalada do homem*. São Paulo: Martins Fontes, 1992.

CERTEAU, Michel de. *A invenção do cotidiano*. Petrópolis: Vozes, 1994. v. 1: Artes de fazer.

EZPELETA, Justa; ROCKWELL, Elsie. *Pesquisa participante*. São Paulo: Cortez/ Autores Associados, 1986.LATOUR, Bruno. *Jamais fomos modernos*. Rio de Janeiro: Editora 34, 1994.

LEFEBVRE, Henri. *Lógica formal, lógica dialética*. Rio de Janeiro: Civilização Brasileira, 1983.

MINISTÉRIO DA EDUCAÇÃO E DA CULTURA. INSTITUTO NACIONAL DE ESTUDOS E PESQUISAS EDUCACIONAIS ANÍSIO TEIXEIRA. O manifesto dos pioneiros da educação nova. *Revista Brasileira de Estudos de População*, Brasília, v. 150, p. 407-425, maio-ago. 1984.

MINISTÉRIO DA EDUCAÇÃO E DA CULTURA. INSTITUTO NACIONAL DE ESTUDOS E PESQUISAS EDUCACIONAIS ANÍSIO TEIXEIRA. Carta brasileira de educação democrática. *Revista Brasileira de Estudos de População*, Brasília, v. 156, p. 403-410, maio-ago. 1986.

MINISTÉRIO DA EDUCAÇÃO E DA CULTURA. INSTITUTO NACIONAL DE ESTUDOS E PESQUISAS EDUCACIONAIS ANÍSIO TEIXEIRA. Mais uma vez convocados (manifesto ao povo e ao governo). *Revista Brasileira de Estudos de População*, Brasília, v. 161, p. 143-163, jan.-abr. 1988.

POPKEWITZ, Thomas S. História do currículo, regulação social e poder. In: SILVA, Tomaz Tadeu da. *O sujeito da educação*. Petrópolis: Vozes, 1994.

SANTOS, Boaventura de Sousa. *Pela mão de Alice: o social e o político na pós-modernidade*. São Paulo: Cortez, 1995.

VARELA, Julia. O estatuto do saber pedagógico. In: SILVA, Tomaz Tadeu da. *O sujeito da educação*. Petrópolis: Vozes, 1994.

Eu avalio, tu avalias, ele (ela) avalia, nós avaliamos...[1]

Iniciei esta série no vale do Omo,[2] na África Oriental, e aqui retorno porque algo que aconteceu neste lugar permaneceu em minha mente desde aquele encontro. Na manhã do dia em que era para darmos início à organização do primeiro capítulo da série, um pequeno avião decolou de nossa pista levando a bordo o "cameraman" e o técnico de som, mas segundos após ter subido, o avião caiu. Milagrosamente, o piloto e os dois outros homens saíram ilesos.
Naturalmente, esse evento mal agourado me marcou profundamente. No momento em que me preparava para fazer o passado desfilar, o presente insinua sorrateiramente sua mão na página escrita da história e diz: "É aqui. É agora." História não são eventos, mas sim, pessoas. Além disso, não são pessoas apenas recordando; é o homem vivendo seu passado no presente. História é o ato instantâneo de decisão do piloto, que cristaliza em si todo o conhecimento, toda a ciência, tudo aquilo que foi aprendido desde o surgimento do homem.
Permanecemos inativos por dois dias à espera de outro avião. Nesse intervalo, em conversa com o "cameraman", perguntei-lhe delicadamente, mas, talvez, sem muito tato, se ele não preferia que algum outro realizasse a filmagem aérea. Ao responder-me, disse: "Tenho pensado nisso. Vou sentir medo de subir amanhã, mas eu vou fazer a filmagem. Esse é meu dever".
Estamos todos com medo – de nossa presunção, de nosso futuro, do mundo. Tal é a natureza da imaginação humana.

---

[1] Texto escrito em janeiro de 1998 e publicado no livro: OLIVEIRA, Maria Rita N. S. (Org.).*Confluências e divergências entre didática e currículo*. Campinas: Papirus, 1998. (N. Orgs.)

[2] Local indicado pelos cientistas no qual se teria originado a espécie humana.

> *Contudo, cada homem, cada civilização, foi para a frente em razão de seu engajamento naquilo que havia decidido realizar. O compromisso pessoal de um homem com seu ofício, o compromisso intelectual e o compromisso emocional, unidos em um só propósito, fizeram a Escalada do Homem.*[3]
>
> (BRONOWSKI, 1992, p. 438).

Ao discutir a questão da avaliação, hoje, talvez a pergunta mais importante seja: "Quem é mesmo que avalia?". Naturalmente, todas aquelas outras perguntas que nos ensinaram ser preciso fazer dentro de uma visão que se chamou a si mesma de técnica e a que se decidiu chamar, criticamente, de tecnicista são, certamente, interessantes de serem feitas: O que avaliar? Como avaliar? Para que avaliar? Tudo isso precisa ser pensado, discutido, decidido. Mas só terá respostas a partir da primeira questão respondida: "Quem avalia?". É essa a grande decisão política a ser tomada, a indicadora do rumo curricular e pedagógico que vai se dar ao processo educacional.

Respondendo a essa pergunta, alguns decidem que só certos eleitos podem avaliar, porque são os competentes. Essa competência é entendida, como nos diria Certeau (1994), não a partir de um campo de conhecimento, mas a partir de um lugar do qual se diz de si mesmo: "Eu sei, porque posso". A perícia, a competência, não sendo assim adquirida, é, em verdade, apropriada, tomada e decidida pelo próprio, não por uma decisão individual, mas por expressão de interesse do grupo de poder ao qual aderiu. A avaliação feita por esse perito competente é, assim, rápida, clara e indiscutível. Quase não seria necessária, já que ele praticamente sabe, porque é próprio do perito saber, o seu resultado com antecipação. Ele, decidindo o que perguntar com base em escolhas prévias do que é bom saber, certo fazer e correto responder, sabe/precisa saber o que "possivelmente, dentro de certa margem de erros", vai ser respondido, já que conhece os limites que ele mesmo impôs. O que não percebe é que, ao fazer essas escolhas, abre mão (e talvez não o possa fazer de outra forma, porque não interessa a quem detém o poder) de saber mais, de perceber melhor, de sentir mais intensamente, de ouvir mais claro, de tocar nas múltiplas possibilidades, de provar o erro, que foi o caminho que permitiu ao conhecimento ser criado, mudado, acrescido, transformado. Talvez em uma síntese fosse possível dizer: o perito, ao avaliar, não permite

---

[3] Título da série de programas para a televisão (BBC de Londres) dirigida por Bronowski, entre 1969 e 1972. Esse foi o título escolhido para o livro com os textos básicos para roteirização.

ser avaliado. O teste que produz é o melhor; as questões que escolheu estão acima de qualquer suspeita; as respostas mostrarão verdades irrefutáveis.

Mas há, felizmente, outro caminho por onde se vai seguindo. Neste, é preciso admitir, de saída, que "eu avalio, tu avalias, ele (ela) avalia, nós avaliamos, vós avaliais, eles (elas) avaliam". Ou seja, com ou sem decisão técnica, todos os envolvidos em um processo, e aqui estou buscando falar dos educacionais, avaliam tudo o que está acontecendo: o professor que critica a autoridade educacional que resolveu avaliá-lo sem lhe dar condições mínimas razoáveis de trabalho e sem se colocar em avaliação; ou o aluno que resolve dizer que determinado professor "não está com nada", já que faz três questões na prova sem ter dado determinado conteúdo; ou, ainda, o pai do aluno que escolhe certa escola para colocar seu filho e não outra. Não interessa, no caso, dizer, em relação à primeira situação, que o professor não quer nada com o trabalho, ou, em relação à segunda, que o aluno não presta atenção à aula ou falta muito, ou no terceiro exemplo, que o pai só procura a escola pública porque, sem dinheiro, não pode pagar a escola particular. Quero chamar atenção aqui para o fato de que emitir juízo de valor, ou avaliar se preferirmos, é uma maneira de exercer a vida, e para melhorá-la é exigido que, humanamente, digamos: isto é melhor ou isto é pior; isto é assim, mas devia ser assado; você quer desta maneira, mas eu prefiro daquela.

Com nossos olhos de críticos (avaliadores?) dos homens, de suas crenças e criações podemos ver os limites dessa maneira de entender, como faz Ginzburg (1991) ao nos alertar que "a espécie humana tende a representar a realidade em termos opostos. O fluxo das percepções, em outras palavras, é decomposto na base de categorias nitidamente contrapostas: luz e sombra, calor e frio, alto e baixo" (p. 97). O mesmo autor acrescenta a isto a explicação de que "a realidade, enquanto refletida na linguagem e, consequentemente, pelo pensamento, não é um *continuum*, mas um âmbito regulado por categorias descontínuas, substancialmente antitéticas" (p. 98). Conseguir entender isso, como analisadores e críticos, deve nos ajudar a tão somente tentar fugir das classificações tão penosas para os "classificados e os desclassificados", como lembra Bourdieu (1988). O contrário do que vêm fazendo os que escolheram o primeiro caminho avaliativo.

Assumindo um segundo caminho, venho convidar o leitor para, com tranquilidade e com companheirismo,[4] "ouvir" algumas histórias sobre

---

[4] Bourdieu (1990), ao ser perguntado o que Marx e Weber representavam na formulação de seu pensamento, disse que gostava de trabalhar com eles como se fossem "companheiros", no sentido da oficina medieval: "aquele a quem se pede uma mão nas horas difíceis". Umas das

avaliação e tirar delas algumas possibilidades de pensar, discutir e fazer avaliação. Nesse processo, vamos tecendo redes de conhecimento e de saber sobre avaliação que, levando em consideração o que aprendemos e criamos em múltiplos e tão diferentes cotidianos, nos vão dando força para esperarmos, juntos, passar o vendaval que cai sobre nossas cabeças, no presente momento. Porque, como diz o poeta,[5] expressando a sabedoria popular e confirmado pela história: "Vai passar...". Essas histórias, ao sabor da memória, não vão aparecer segundo uma ordem linear cronológica, pois não é nessa ordem que os conhecimentos são tecidos. A tessitura destes é feita em redes que, ao contrário, não possuem nenhum caminho obrigatório e recusam a linearidade e a hierarquização (LEFEBVRE, 1983).

Nesse processo, será possível perceber, em casos (nossas histórias), como práticas cotidianas vão permitindo a acumulação e a criação de conhecimentos sobre avaliação. Esse movimento possível me foi mostrado, entre outros, por Alba (1991) e vou seguir por ele, buscando ampliar as referidas redes de conhecimentos sobre avaliação que venho com ela e esses outros tecendo, buscando nelas incluir cada possível leitor deste texto.

Se cada história pode ser particular, tenho certeza de que esse leitor se encontrará nela, na medida em que, dos cotidianos vividos, guardou em sua memória outras histórias semelhantes ou diferentes, que permitem ricas aproximações e ricos contrapontos, que são também possibilidades de confrontos. Com longa ou curta experiência no campo da educação, os que aí militam sabem que, no cotidiano curricular, a história/ o "causo" é um dos recursos pedagógicos mais frequentes, mobilizando a memória e, no uso das tão fascinantes (para todas as idades) histórias, permitindo a transmissão/criação de conhecimentos de todos os tipos – dos científicos aos míticos. Esse recurso, aliás, porque herdado/transposto de outros cotidianos, especialmente o familiar, não é de uso exclusivo do professor. Ao contrário, no cotidiano escolar é usado por todos – alunos, servidores, diretores, pais de alunos; algumas vezes, é bem verdade, em espaços/tempos por alguns entendidos como não curriculares (o pátio de recreio, o banheiro, o refeitório, o "amontoado" do portão de entrada).

Por outro lado, não exija desta escritora continuidade ou afirmativas verdadeiras. Quanto à primeira, trabalhando crescentemente com a

---

ações importantes nesse lugar, para além do que era feito como principal (tapete, sapato, estátua, etc.), era contar histórias, algo que se perdeu, pois a isso se foi obrigado, no capitalismo. Isso só pode ser recuperado, raramente, aqui e ali, com muita astúcia e gastos, como nos conta Manguel (1997, p. 131-147).

[5] Naturalmente, refiro-me a Chico Buarque de Holanda.

tessitura do conhecimento em rede e com memória, venho aprendendo que continuidade é um dos mitos das ciências modernas, que está caindo como tantos outros – serviu bem em uma época; hoje só faz atrapalhar a criação do conhecimento. As segundas nunca me atraíram muito e encontrei em Brook (1995) uma linda maneira de dizer o que penso sobre elas:

> Nunca acreditei em verdades únicas. Nem nas minhas, nem nas dos outros. Acredito que todas as escolas, todas as teorias podem ser úteis em algum lugar, num dado momento. Mas descobri que é impossível viver sem uma apaixonada e absoluta identificação com um ponto de vista. No entanto, à medida que o tempo passa, e nós mudamos, e o mundo se modifica, os alvos variam e o ponto de vista se desloca. Num retrospecto de muitos anos de ensaios publicados e ideias proferidas em vários lugares, em tantas ocasiões diferentes, uma coisa me impressiona por sua consistência. Para que um ponto de vista seja útil, temos, uma voz interior nos sussurra: "Não o leve muito sério. Mantenha-o firmemente, abandone-o sem constrangimento" (p. 15).

Primeira história ou o vaivém das chamadas medidas educacionais

Corria o ano de 1981. Eu voltara do doutorado há quase um ano e, trabalhando na Secretaria Estadual do Rio de Janeiro, na Assessoria de Supervisão, fui considerada pelo meu chefe[6] "perita" para servir de consultora para a comissão formada por diretores[7] das escolas de 2° grau[8] e presidida por esse chefe, então coordenador da referida assessoria. Essa comissão fora formada para estudar a questão da avaliação para esse grau de ensino, já que, quando no ano anterior, saíra o Parecer n° 110/80, do CEE, que estabelecera um novo sistema de avaliação para as escolas da rede estadual de ensino, os professores e diretores do 2° grau ficaram em "pé de guerra" com as decisões nele incluídas. As polêmicas maiores apareciam quanto ao estabelecimento de uma escala de conceitos (A, C, D e E) que fizera desaparecer as notas até então usadas e quanto à ideia de conceito cumulativo (o conceito do 2° bimestre incluiria o do 1°; o do 3°, esse do 2°; e finalmente o do último bimestre, o anterior). A comissão formada deveria, então, fazer uma proposta que levasse em consideração as particularidades do 2° grau, já que se dizia que para as características do 1° o Parecer servia.

---

[6] Meu chefe era Ronaldo Legey.

[7] O masculino vai sem o feminino porque eram todos, como a maioria é, homens.

[8] Hoje seria ensino médio com a nova Lei, como, aliás, já foi antes, comprovando o título que escolhi para esta história. Em 2014, falaríamos em "ensino médio".

Meu papel na comissão era, de fato, o de relatora: a cada reunião ia anotando o que era discutido e, na reunião seguinte, apresentava as ideias discutidas dentro de certa organização que permitia fazer avançar o trabalho na direção de uma justificativa e uma proposta de resolução/parecer. Fui fazendo meu trabalho e lá pela sexta reunião já tínhamos um "sistema" de avaliação organizado que os diretores diziam ser "novo". Em resumo, o que tínhamos era o seguinte: cinco provas mensais, com peso um; uma prova parcial, em junho, com peso dois; e uma prova final, em dezembro, com peso três. Ao estar com esse esquema formalizado no papel, descrevendo-o para a comissão, achei que, no meu papel de consultora, deveria dar minha opinião sobre o mesmo. Assim, lembrei, entre outras coisas, que esse esquema era tão novo quanto eu, que nasci em 1942, ano da chamada reforma Capanema, que introduziu um esquema idêntico dentro do qual todos nós ali presentes tínhamos sido formados. Por isso, provavelmente, parecia, à maioria, tão apropriado e tão "novo". Essa constatação causou enorme impacto nos membros da comissão e levou a grandes dificuldades para se concluir o trabalho. O CEE nunca chegou a uma proposta específica para o 2º grau. Acordou-se, nas escolas, para cumprir o que o Parecer existente dizia, que se faria uma tabela com a relação nota-conceito (de 10 a 9 = A; de 8,9 a 7 = B; de 6,9 a 5 = C; de 4,9 a 2 = D; de 1,9 a 0 = E), para preenchimento dos diários de classe. E, mais ou menos, se está nisso há dezessete anos, até hoje.

Muito podemos discutir sobre essa história. Sem dúvida, o primeiro comentário poderia ser feito sobre esta última solução encontrada, tão conhecida de todos. Uma decisão é tomada em nível superior, em geral tendo por base um documento produzido por técnicos que, como já comentamos antes, sabem, e para afirmar seu saber/poder precisam dizer que os outros, aqueles que vivem a prática cotidiana, ao contrário deles, não sabem, e o que sabem não lhes interessa porque no mais das vezes vai negar o que o técnico afirma como o bom, o certo. As únicas saídas possíveis para quem atua no cotidiano são aceitar e cumprir o que foi determinado ou fingir que acata e usar formas de resistir para sobreviver, com soluções como a que é apresentada na história contada.

Não se pensa nunca, ao se propor uma saída técnica, que já há um processo em curso que é alterado pela medida imposta, mas que nunca terá um andamento como cópia do modelo simplificador proposto porque no cotidiano complexo, no qual vários modelos anteriores já circularam ganhando adeptos e opositores, existem sempre propostas conflitantes, ao mesmo tempo e no mesmo espaço.

Outro aspecto interessante a se discutir é a ideia que se tinha, na comissão, de que para o 1º grau a mudança feita era boa. Nada se buscou saber, ou muito pouco, sobre o que de fato aconteceu, nesse grau de ensino, com a implantação desse sistema. Algumas questões poderiam ser feitas e não foram naquela ocasião: 1) considerando as diferenças entre os dois segmentos do primeiro grau, já que o segundo desses se aproxima muito mais, na sua organização curricular, à do 2° grau, a reação à proposta foi a mesma quanto aos dois segmentos; 2) dada a existência de uma só professora no primeiro segmento, em geral formada no 2° grau, a resistência menor poderia ser explicada por essas características?

O que chama a atenção, ainda, não é a resistência de professores ou diretores, mas a dificuldade do próprio poder público de incorporar diferenças em suas propostas. Ao fazer uma determinação, entende, sempre e todas as vezes, que ela deve abarcar todos os alunos e professores. Trata-se de uma visão característica de quem ocupa uma alta posição e, olhando as coisas de cima, só consegue enxergar o geral e a totalidade do campo. Essa maneira de ver faz surgirem propostas estratégicas que não levam em consideração o particular, o específico, os vários sentimentos e as múltiplas necessidades (CERTEAU, 1994).

Outra observação interessante relaciona-se a essa recuperação de experiência vivida, como a que ocorreu com os diretores que compunham a comissão. Ezpeleta e Rockwell (1986), em seu importante e conhecido estudo sobre o cotidiano em escolas mexicanas, ao comentarem a questão da heterogeneidade e do que chamam a "continuidade relativa" das atividades escolares, indicam-nos que "algumas das atividades mais arraigadas caracterizam a prática docente do século passado". É, pois, comum a utilização de saídas existentes em soluções anteriores, e mesmo anteriores à nossa experiência direta, para questões pedagógicas atuais. A memória individual e a coletiva funcionam como estimulador de "novas" soluções. Isso é fato tanto para a vivência do cotidiano como para as soluções técnicas encontradas como por milagre, a cada certo, mas nada regular período de tempo. Com certeza, cada possível leitor terá histórias a lembrar sobre o que foi aqui dito.

Segunda história ou de como nossos alunos nos contam coisas sobre nós mesmos que sequer suspeitávamos[9]

Todo fim de período letivo, busco fazer uma avalição do acontecido, conversando com os alunos. Como hoje acho de pouco valor, pelo menos para os envolvidos (os alunos e eu), aquelas fichas de avaliação que me ensinaram

---

[9] Essa história está incluída, com pequenas modificações, no meu memorial apresentado em concurso para professora titular na UFF, realizado em 1994. Creio que vale a pena repeti-la aqui, porque ajuda no processo de raciocínio que busco desenvolver neste artigo.

e que usei tanto, busco começar a conversa, que deve ser bastante livre, com a seguinte pergunta: o que cada um de vocês aprendeu nesse período? Os resultados da discussão, geralmente, têm sido muito interessantes: os alunos acabam dando uma visão geral do trabalho, com base nas formas de entendimento particulares, apresentando e discutindo convergências e divergências de opinião.

Em uma dessas avaliações, feita com a Segunda Turma,[10] o curso de Pedagogia que a UFF mantém em Angra dos Reis em convênio com a prefeitura com a qual havia desenvolvido a "disciplina"[11] Política da Educação e Currículos Escolares, no NEAP – 6,[12] no ano de 1993, ouvi de um aluno algo que me fez aprender uma característica do meu fazer pedagógico. Renato, ao tomar a palavra para realizar sua avaliação da disciplina, disse: "sabem o que aprendi, mesmo, graças à maneira como você, Nilda, interfere? E que acho que é uma das questões das quais você quis tratar: o saber é sempre provisório".

Naturalmente, fiquei muito satisfeita porque, realmente, aquela era uma das questões que queria ver discutida. Mas aquela "maneira de interferir na aula" como a base do que ele aprendera, intrigou-me e a toda turma, o que exigiu uma explicação. Esta veio bem clara: "É que em todas as vezes que você vai intervir na aula, você diz: e agora atenção, que vai falar a luz que vai iluminar a questão, ou, vai se ouvir agora a grande verdade, ou, ainda, silêncio, porque o som que vão ouvir agora corresponde ao limite máximo do saber". Todo mundo riu e "nosso" avaliador continuou: "Aí está: com a própria ironia com que você se referia ao seu próprio saber, eu entendi que todos os saberes – inclusive do professor – são relativos e podem mudar sempre. Isso foi um alívio, confesso: não vou precisar saber a VERDADE para ser professor".

Eis algo que aprendi que se tornou mais claro para mim. Uma "verdade" sobre meu modo de agir pedagógico que refletia muito meu modo de pensar ciência e pedagogia.

---

[10] As maiúsculas na referência à turma têm a ver com uma criação dos alunos do curso. Nele, as turmas realmente existem, pois a matrícula se dá por período. Quando os alunos, em documentos, jornais ou monografias, queriam fazer referências a uma ou mais turmas, usavam essas maiúsculas, como identificadoras de um nome próprio. Hoje nós todos escrevemos assim.

[11] As aspas se explicam porque no curso estamos fazendo, há já algum tempo (desde o seu começo), uma discussão que nos leva a perceber que se a obrigatoriedade institucional nos obriga a referência a disciplinas, percebemos que as discussões, o conteúdo e a forma de desenvolvimento dessas "partes" do currículo não permitem chamá-las por essa forma institucionalizada. Criamos, então, a ideia de "componente curricular" (essa frase foi escrita em 2014).

[12] NEAP (Núcleo de Estudos e Atividades Pedagógicas) é a figura usada para identificar o necessário inter-relacionamento de todos os componentes curriculares (disciplinas, pesquisa, prática pedagógica, atividades culturais e seminários) em cada período letivo.

Por obra do acaso,[13] estava, naquele momento, com um livro de Bronowski (1981), que tinha levado para emprestar a um aluno da Terceira Turma. Nele pude ler para o grupo o seguinte texto:

> [...] não se pode conceber no sistema um mundo estando totalmente satisfeito com o que os outros nos disseram sobre como o atual funciona [...] [Ao contrário, é preciso se aceitar sempre], para começar, que nem a ciência, nem o conhecimento ou a literatura são assuntos acabados. Ir em busca da verdade só tem sentido se a verdade ainda não foi achada e se a entendemos como uma coisa que se pode encontrar como se encontra um chapéu ou um guarda-chuva, então aquilo não significa nada e o melhor é se conseguir um bom "buscador". Porém, não é assim que se acha a verdade, assim não se cria conhecimento, nem se acelera a mudança social (p. 136).

Entender que uma avaliação feita dentro de certos limites (de questões, de conteúdo, usando certa forma, etc.) pode revelar a "verdade", como os funcionários do poder tendem a fazer, é um equívoco. Ignorar que a realidade social é apreendida desde pontos de vista e óticas diferentes[14] – que surgem apoiados em teorias diversas e que desenvolvem, muitas vezes, metodologias conflitantes, chegando assim a sínteses e conclusões antagônicas – é se colocar contra o processo necessário ao momento presente. Assumir que há um processo de busca não é próprio desses funcionários que entendem sempre, e proclamam, em geral com afirmativa de que é "para o bem de todos", que aquilo que propõem e querem ver executado é o único caminho possível sem o qual o que temos é o "abismo".

Não é bem assim, porém. O que vemos, com frequência, é que essas soluções técnicas não resolvem os problemas da maioria; pelo contrário, os agravam. Mas como não se previu "oficialmente" a avaliação dessas políticas, pensa-se que passam impunes pelo crivo da sociedade, pois, como ficou claro desde o início a esses funcionários, as políticas determinadas pelo governo cabem avaliar, mas, de forma alguma, serem avaliados.

Essa segunda história, em um espaço/tempo cotidiano, no entanto, mostra que uma avaliação, ao ser posta em marcha, vai dar indicações sobre

---

[13] Nota de 2014: venho dedicando, no momento atual, ao acaso e ao caos, algum tempo nas pesquisas que desenvolvo e em artigos que escrevo.

[14] Sei o quanto a metáfora do olhar, tão cara à ciência e a outras formas de expressão da chamada Modernidade, é insuficiente hoje para explicar a realidade atual. Resolvi mantê-la, aqui, para garantir certa facilidade de contato com alguns leitores ainda não familiarizados com essas discussões.

todo o processo e todas as pessoas nele envolvidas. Dessa maneira, mesmo quando os funcionários da avaliação e seus governos não se incluem no processo avaliativo que estão impondo em marcha, ao fazerem as opções que fazem, ao usarem as provas que utilizam, ao trabalharem com essa ou aquela opção técnica, estão fornecendo "dados significativos" sobre si mesmo e aqueles em nome dos quais estão agindo. Esses dados permitem que os outros (nós) os avaliem. Não se expondo, se expõe.

No momento, com a crise geral que estamos vivendo, está cada vez mais claro que o processo avaliativo oficial além de insuficiente é perverso, pois coloca "na berlinda" sempre os mesmos personagens – professores e alunos – esquecendo que as decisões políticas gerais são tomadas muito longe das táticas cotidianas nas quais estes circulam (CERTEAU, 1994).

Nesse sentido, Boaventura (1996)[15] nos alerta, ao tratar do que chama de "cerne de um projeto emancipatório", sobre essa insuficiência e essa maneira perversa de conduzir os processos educativos. No projeto emancipatório, necessário ao momento presente, diz o autor, a orientação precisa ser dada

> [...] para combater a trivialização do sofrimento, por via da produção de imagens desestabilizadoras a partir do passado concebido não como fatalidade, mas como produto da iniciativa humana. Um passado indesculpável precisamente por ter sido produto de iniciativa humana que, tendo opções, podia ter evitado o sofrimento causado a grupos sociais e à própria natureza. Deste modo, o objetivo principal do projeto educativo emancipatório consiste em recuperar a capacidade de espanto e de indignação e orientá-la para a formação de subjetividades inconformistas e rebeldes. Só o passado como opção e como conflito é capaz de desestabilizar a repetição do presente. Maximizar essa desestabilização é a razão de ser de um projeto educativo emancipatório. Para isso, tem de ser, por um lado, um projeto de memória e de denúncia e, por outro, um projeto de comunicação e cumplicidade (p. 73).

Essa recuperação de memórias, a participação em um movimento de denúncia dos processos que excluem a maioria – com a troca permanente do que está sendo tecido no cotidiano da escola como resistência e criação no uso do espaço apropriado pelo poder – e, por enfim, uma permanente cumplicidade é o que creio dever propor aos possíveis leitores, no limite deste artigo.

---

[15] As normas exigem que chame este autor de Santos (1996) e é como está nas referências bibliográficas. No entanto, o leitor vai concordar que como aparece no texto é a maneira como ele é mais conhecido.

Terceira história ou como a comenda de Duque de Caxias nos ajudou a trabalhar com a questão da avaliação

Por solicitação de uma colega que coordenava um grande projeto de extensão[16] da UFF, na área de educação, fui, entre 1984 e 1985, a alguns municípios do estado do Rio de Janeiro trabalhar com uma questão, dizia-me a coordenadora, que "traz grandes problemas". O leitor já deve ter percebido que eu ia trabalhar com o tema "avaliação", buscando talvez, achávamos nós duas, dar alguma solução "aos grandes problemas", com um trabalho realizado em três horas pela manhã e três à tarde!

Um dos municípios era São Pedro d'Aldeia, no litoral norte do estado do Rio de Janeiro. Lá chegando, encontro uma sala de aula, na qual caberiam umas 25 pessoas, com 50. O calor, além disso, era grande, como se espera em boa parte do ano na região. Começo o trabalho buscando, com algumas frases de efeito, conquistar a "plateia". Mas esta, como tantas, era rebelde e tinha lá seus assuntos de interesse que não deixava de comentar, não prestando nenhuma atenção em mim. Depois de algum tempo, comecei a perceber que ou eu entendia o que estava se passando ou ia ser mais um dia perdido, pelo menos do meu ponto de vista. O combinado com a coordenação do curso é que eu fizesse uma atividade até às 10 horas (começara às 8h30), quando haveria uma pausa para o cafezinho. Decidi, no entanto, meia hora depois de começar, que ia parar por ali. Felizmente, o café já estava pronto desde as 8 horas. Para espanto de todos, informei que a pausa ia ser mais cedo, por "razões operacionais".

Com o intervalo, pude me aproximar do grupo que me parecia a "fonte" de toda a conversa/barulho que tanto me incomodara. Chegando perto, comecei uma conversa, do tipo: "E aí? Estão gostando do curso como um todo?"...Nesse momento, uma das professoras do grupo, daquelas curiosas que sempre encontramos por este Brasil afora, perguntou-me: "professora, posso fazer uma pergunta fora do assunto, porque é um problema que está me preocupando?" "Claro!", disse eu, feliz por sair do assunto. Veio então, de maneira inesperada, a pergunta: "De que morreu Duque de Caxias?" Pânico! Naquele movimento de corpo e mente para pensar, devolvi uma outra pergunta: "Mas por que você precisa saber disso? Será que isso é

---

[16] A colega é Sonia Nikitiuk, da UFF, e o projeto se chamava "Dinamizando a sala de aula". Passei anos cobrando da coordenadora a publicação de um texto a respeito dele. Esse é mais um dos tantos trabalhos desenvolvidos pela universidade que ficaram sem memória escrita, só podendo contar com nossa memória não escrita. A inclusão dessa história se deu, neste texto, porque além de ser frequentemente usada por mim, ela serve de exemplo para uma das questões que quero discutir e permite começar (quem sabe?) a "botar no papel" algo do projeto referido.

importante?" A professora, convencida de que era, disse-me: "Vou lhe explicar o que aconteceu. Sabe, eu desenho bem e toda a vez que vou falar de um personagem histórico, abro este livro [mostrou-me o livro de História de Borges Hermida que traz pequenos desenhos, a bico de pena, dos nossos "heróis"], amplio o desenho e faço um bonito colorido, porque as crianças gostam mais assim. Pois bem: este mês – era agosto – é o mês de falar em Duque de Caxias e eu fiz este desenho. Ao mostrá-lo às crianças, um aluno levantou o dedo e me perguntou: "Professora, o Duque de Caxias também morreu enforcado?". Um outro menino ao lado disse: "Deixe de ser bobo, foi Tiradentes quem morreu enforcado, no mês de abril. Nós agora estamos em agosto e o retrato é do Duque de Caxias". Percebi que todos estavam muito preocupados porque os alunos "não haviam aprendido nada", fazendo uma "grande confusão". Por isso, era tão importante saber como Duque de Caxias havia morrido. Saber isso, talvez, ajudasse a resolver a confusão. Para mim, naquele ponto, "fez-se a luz". Pelo meu lado, o dia estava salvo! Eu encontrara, com essa história, a possibilidade de falar em avaliação utilizando algo que era do interesse daquele grupo, que tinha significado para ele.

Interrompo a história para ajudar o leitor a perceber melhor o que se passou. Quando a professora ampliou e coloriu o desenho, não sabia que Duque de Caxias é representado, no desenho original, trazendo no peito a mais alta comenda do Império – a das rosas, em esmalte cor-de-rosa e ouro. Desconhecendo esse fato, ao pintar a comenda o fez com lápis de cor ocre, a mesma que havia usado para colorir a corda de Tiradentes, com a qual este é representado (certamente uma comenda mais leve, mas mais mortal).

Com o grupo voltando do café, foi possível assumir a história, com isso passando momentaneamente a fazer parte do grupo, já que tinha a "chave" daquilo que os mobilizava antes. Inicialmente, foi necessário fazer um breve comentário sobre a comenda das rosas e esclarecer como Duque de Caxias havia morrido: no leito, tranquilo, com seus herdeiros reunidos em volta chorando, pois a briga pela herança ia começar um pouco depois; expliquei-lhes que se aquilo não era completamente verdade ao menos era bastante provável que as coisas tivessem ocorrido dessa forma.[17] Na busca que a professora fizera em livros e enciclopédias não encontrou nada a respeito, já que nas narrativas sobre a morte de alguém raramente é mencionado se essa morte foi "natural". Pudemos, então, começar a discutir avaliação pela

---

[17] Nota de 2014: hoje, o Google daria a resposta a qualquer um. A partir de lá podemos ler: "Retirou-se, por motivos de saúde, para a fazenda de Santa Mônica, em Desengano (hoje Juparanã, Rio de Janeiro) em 1878, onde morreu dois anos depois, em 7 de maio. Foi enterrado no jazigo de sua esposa, no Cemitério do Catumbi, onde repousou até 1949, quando seus restos foram exumados e trasladados para o Panteão Duque de Caxias".

pergunta/diálogo dos dois alunos. Eles eram, sem dúvida, o começo, o meio e o fim da temática que nos juntara. A discussão, a partir daí, foi geral e animada, com muitas outras histórias sendo lembradas.

Acredito que muitos comentários poderiam ser feitos sobre essa história. O primeiro deles é relativo a como nós, da universidade, viemos participando de iniciativas oficiais e oficiosas para "levar a luz" aos outros níveis de ensino, partindo do princípio (avaliando) de que o cotidiano é sempre espaço/tempo do não saber e do senso comum. Só muito recentemente isso está podendo ser explicitado de maneira diversa. Esse outro movimento do pensamento e da prática está sendo possível a partir do crescimento de um modo crítico de pensar e fazer que nos vem ajudando, em especial, a perceber os limites dessas ações e do pensamento anterior. Entender esses limites tem significado incorporarmos em todo o processo, e não só "como ponto de partida", como tantos de nós pensávamos anteriormente, todos os conhecimentos que circulam – produzidos por práticas – e que são criados no espaço apropriado do poder instituído e instituinte. Estamos aprendendo, ao discutir nossos limites e os limites dos tecnólogos que tantas vezes apoiávamos, com a impressão de estarmos sendo um pouco mais bem intencionados, que a prática produz conhecimentos insubstituíveis e que são produzidos unicamente pela própria prática, como nos lembra Bourdieu (1996).

Nesse sentido, situações vividas nos fazem parar e pensar tanto no que faríamos como no que sabíamos e que se mostrou insuficiente em condições concretas. Creio que se pode chamar a isso, não podendo ser outra coisa, de conhecimento criado ou novo conhecimento. Com Valle (1992) podemos entender que no processo que vai do *não saber* ao *saber* existe o *ainda não saber*, que nos permite afirmar que é na prática e com a prática que *podemos saber*. Se nos dedicarmos com afinco a entender esse processo, permitiremos que os conhecimentos nele produzidos tenham um conteúdo e ganhem formas diferentes daquelas produzidas a partir da perspectiva do poder. Isso só será possível se, com honestidade, declararmos todo o processo de criação de conhecimento e não só seu resultado final, ou seja, nossos erros, nossas dúvidas e angústias comuns ao mesmo.

Um segundo aspecto a comentar, refere-se à necessidade de se perceber os conhecimentos tecidos para além daquilo que é produzido pelo poder, seus funcionários e livros, folhetos e vídeos para consumo em massa. Para além, também, do que achamos que ensinamos e que os alunos devem saber. Esse movimento de se ir além desses limitados saberes, buscando entender o que, efetivamente, alunos e professores aprendem e conhecem nos processos escolares e em todos os processos educativos com os quais estes estão em rede é o que vem criando outras e mais complexas possibilidades de avaliação. Limitar nossa avaliação ao que achamos que foi "dado" e que precisa ser "sabido" é o mesmo que nos fecharmos em um labirinto (MOLES, 1995) do qual não encontraremos a saída, arriscando-nos a ser "comidos pelo Minotauro".

Compreender todos esses processos não é fácil, pois precisamos, na universidade, aceitar a perda de alguns privilégios que adquirimos por nos colocarmos, muitas vezes, ao lado dos que faziam políticas de modelos a serem aplicados. Hoje, o momento exige que estejamos ao lado daqueles que tecem conhecimentos na ação, buscando, ao estudar esse processo, organizar com eles os limites e as reais possibilidades de sua superação. Isso significa[18] que temos que adquirir uma postura nesses contatos da qual já temos alguns exemplos, no presente, como as posições e propostas de Zeichner (1993) e Shön (1992), ente tantos, com todas as dúvidas que possamos levantar ao pensamento desses autores e com as diferenças que com eles tenhamos.

Com certeza, o leitor encontrará outras possíveis relações e outros comentários a fazer, lembrando-se de histórias semelhantes ou análogas. Espero, assim, sua inevitável introdução neste texto.

Quarta história ou como vivemos histórias de avaliação que não são nossas

Apesar de aposentada,[19] continuo a orientar monografias de alunos no curso de Pedagogia de Angra dos Reis da UFF, com os quais tinha me comprometido antes. O grupo que me escolhia como orientadora o fazia porque queria trabalhar com a temática geral "Cotidiano escolar e currículo". Sempre que uma nova turma chegava, eu buscava, na discussão sobre os interesses particulares, organizar uma temática específica comum que permitisse fazer daqueles alunos um grupo de pesquisa.

Na sexta turma tenho seis orientandas, que se formam em setembro. Quando comecei a orientação do grupo, dados os interesses particulares existentes, decidimos trabalhar com a ideia de disciplina, em suas várias concepções e em sua história. Nesse grupo há uma aluna/professora da rede, com quatro anos de formada em nível médio e que trabalha há três anos – Tatiane. Ela decidiu que trabalharia no grupo com a questão: "Como

---

[18] Não desejo emitir (ainda) juízo de valores sobre atitudes de colegas que não conseguem ir além dos limites impostos, mesmo que, na maioria das vezes, tenham a impressão de que não estão fazendo isso, por adotarem uma atitude crítica.

[19] Nota em 2014: aposentei-me na UFF em 1996. Pela compulsória já estou também, agora, aposentada na UERJ (2012).

o aluno de primeiro segmento aprende a escrever?". Ou, de outro modo: "Como se pode interessar o aluno na escrita?".[20]

Tatiane gosta muitíssimo de lecionar, e, antes mesmo de ter entrado no curso, já achava que é muito importante ter a prática documentada. Como professora, a cada momento está inventando algo novo para os alunos, aproveitando cada oportunidade que aparece, produzida por uma fala de aluno, um fato visto ou vivido pelos alunos. Como pesquisadora na/da própria prática pedagógica, é uma séria acumuladora de papéis que para alguns devem ser rapidamente jogados na cesta de lixo – em especial os trabalhos escritos de seus alunos e os de outros professores. Uma das atividades que faz com os alunos é a produção de livros de História: Tatiane distribui várias meias folhas de papel colorido A4 a cada aluno para que conte uma história, primeiro desenhando. Depois ela vai fazendo com que cada um conte, com palavras, a história desenhada e vai escrevendo, com lápis, o que eles vão contando. Em casa, reescreve em computador, cola sobre o que estava escrito a lápis e deixa à disposição em um canto da sala, para que sejam lidos. Vi muitos desses livros – são lindos, interessantes e úteis.

Em um de nossos encontros semanais,[21] Tatiane veio com a seguinte história acompanhada do material que acumulara sobre a mesma, produção escrita dos alunos:

> No outro dia, "Dia do índio", estávamos, eu e alguns alunos no portão da escola, quando passaram umas crianças "vestidas" de índio, daquele jeito que se faz na escola. Eu fiquei assustada achando que meus alunos exigiriam algo parecido, pois eu não tinha preparado nada daquele tipo para eles, mas, para minha surpresa, Samuel, um dos meus alunos, me perguntou: "professora, a senhora acha certo fazer isso com os índios? Eles não são assim, nem nada! Parece mais uma fantasia boba, pois os índios que vieram conversar com a gente aqui na escola não estavam vestidos assim... e nem na televisão é assim! Não acha que é um desrespeito ao índio?".

Tatiane contou-me, então, que a partir daí percebeu como poderia trabalhar com seus alunos – pedindo que Samuel se expressasse em sala,

---

[20] O processo de pesquisa escritura de monografia em Angra dos Reis daria, sozinho, um livro. Alguma coisa desse processo vai sair em um livro de professores da UFF, provavelmente na ANPEd deste ano (1998). No limite desta nota, quero somente explicar que não buscamos organizar no componente curricular *pesquisa* e no processo de monografia, que encerra o curso, um "projeto". Em geral, buscamos encontrar uma pergunta orientadora da pesquisa e em torno dela vamos acumulando matéria, discussões e textos escritos.

[21] Os encontros dos grupos de pesquisa, atividade articuladora de todas as outras do curso, são os únicos com dia fixo no calendário escolar: quinta-feira das 18h30 às 22h30, já que em cada grupo podem existir alunos de várias turmas.

e, a partir daí, desenvolveu uma discussão com os alunos sobre a questão. "Discutimos muito sobre como a escola trabalha com o índio, em geral (já que nós estávamos fazendo diferente); como se vê o índio na televisão – que índio aparece e como aparece o índio brasileiro, no momento (na véspera tinham assassinado aquele índio em Brasília – Galdino – e os alunos estavam impressionadíssimos, como, aliás, eu e todo mundo). Depois de muito nos expressarmos oralmente, foi a vez de desenhar e escrever," disse-me ela. Ao se referir a essa história Tatiane acrescentou, ainda, o quanto ficara admirada com as observações daquele aluno de 9 anos e como aprendera com ele e com a discussão com todos os alunos em sala de aula.

A admiração que tenho por Tatiane me fez contar essa história, que poderia, para começar, suscitar os mesmos comentários da história anterior. Mas não foi para isso que decidi incluí-la neste texto – como todos os possíveis leitores, sou uma fonte inesgotável de histórias, minhas e dos outros, já que sou boa ouvinte para as que me contam. Em verdade, escolher essa e contá-la tem a ver com uma necessidade que entendo existir hoje de dar voz aos que tecem o cotidiano escolar – alunos e professores, na busca de uma avaliação diferente que saiba "captar no voo" as numerosas possibilidades e a oportunidade que o acaso coloca em nosso caminho, como tão bem faz Tatiane. Certamente, ela não aprendeu isso na forma "oficial" que teve em sua formação; aprendeu-o na vivência cotidiana da escola – no seu curso Normal ou no curso de Pedagogia que ainda não terminou, vendo professores passarem por isso e, portanto, passando junto, ou tendo que encontrar uma saída diante de um desafio colocado por um aluno, como na história que nos contou, ou, ainda, no contato com colegas muito "interessantes e que discutem conosco quando é aluna do curso *lato sensu* da UFF, aqui em Angra", conforme afirma Tatiane, ela mesma nos dando a pista de como aprende na prática.

Essa questão me lembrou Perrenoud (1993),[22] que, ao discutir a relação entre mudanças na escola e avaliação formativa, nos afirma que

> [...] é inútil insistir na avaliação formativa onde não existe nenhum "espaço de manobra" para os professores, onde a diferenciação não passa de um sonho nunca realizado, porque as condições de trabalho, o número de alunos nas turmas, a sobrecarga dos programas, a rigidez dos horários ou qualquer outra imposição fazem do ensino expositivo uma fatalidade ou quase (p. 21).

Concordando, na base, com o que o autor diz, mas sobretudo ressaltando o "quase" do final, creio que é possível travar uma pequena discussão

---

[22] Em verdade, essa é uma citação que o autor faz de si mesmo, no texto referido, de um texto publicado em 1991.

com o mesmo. Se as condições que o autor indica para a realização formativa são necessárias, decididamente não são suficientes, pois, se em um passe de mágica – e aquilo que conhecemos sobre o poder neste país permite-nos dizer, repetindo Anísio Teixeira (1953), "mas, ai de nós [...] os milagres não se realizam" – todas essas questões fossem resolvidas, faltaria responder: e quem é mesmo que fará essa avaliação formativa?

Eis-nos, assim, de volta à pergunta que motivou todo este artigo. Dessa maneira, ao contar a história que Tatiane me contou, o que quero trazer à baila é o seu enorme entusiasmo – e de tantos professores que conheço e que estão nela representados – pela profissão escolhida e o fato de que, apesar das tantas dificuldades enfrentadas,[23] essa jovem professora vai buscando aprender, na prática e fazendo cursos depois de um dia inteiro de trabalho, a ser melhor professora, recusando-se a enfiar a carapuça da incompetência que há tanto tempo, nesta e em outras latitudes, tentam lhe enfiar autoridades incapazes de dar solução à escola necessária à maioria, após a realização de avaliações enviesadas. Sem medo de errar, para aprender, atenta a tudo o que se passa ao seu redor, na relação com tantos outros, próximos e distantes, ela vai aprendendo e ensinado em um único processo sem antecedências formais e sem aceitar as hierarquias disciplinares e outras impostas. É esse complexo processo que alguns pensam poder avaliar com simplificadores, embora complicados, testes e provas. Como se avalia esse entusiasmo, sua capacidade de resistir e criar processos diferentes e interessantes, para ela e seus alunos? Sem dúvida, é preciso que a isso nos dediquemos – a entender e explicar a complexidade dos processos educacionais e entre eles os processos avaliativos. Alguns já estão tentando, sem nenhuma certeza e sabendo que é preciso superar tudo o que foi antes aprendido e usado.

Enquanto isso, Tatiane e tantos como ela estão aprendendo pelos múltiplos caminhos e nos diferentes espaços/tempos educativos com muitos companheiros de viagem, que é possível... Serão estes que irão implantar uma avaliação mais justa e mais humana neste país. Tenho certeza! Preciso crer!

Referências

ALBA, Alicia de. *Evaluación curricular: conformación conceptual del campo*. México (DF): Universidad Nacional Autónoma de México, 1991.

BOURDIEU, Pierre. *Lições da aula*. São Paulo: Ática, 1988.BOURDIEU, Pierre. *Coisas ditas*. São Paulo: Brasiliense, 1990.

---

[23] A mais recente é a falta de emprego, já que seu contrato precário se esgotou e não pôde ser renovado, por normas não escritas mas que funcionam.

BOURDIEU, Pierre. *Razões práticas: sobre a teoria da ação*. Campinas: Papirus, 1996.

BRONOWSKI, Jacob. *Los orígenes del conocimento y la imaginación*. Barcelona: Gedisa, 1981.

BRONOWSKI, Jacob. *A escalada do homem*. São Paulo: Martins Fontes, 1992.

BROOK, Peter. *O ponto de mudança: quarenta anos de experiências teatrais*. Rio de Janeiro: Civilização Brasileira, 1995.

CERTEAU, Michel de. *A invenção do cotidiano*. Petrópolis: Vozes, 1994. v. 1: Artes de fazer.

ESTEBAN, Maria Teresa. *Ainda não saber/não saber/já saber: pistas para a superação do fracasso escolar*. 1992. xxx f. Dissertação (Mestrado em Educação) – Faculdade de Educação, Universidade Federal Fluminense, Niterói, 1992.

EZPELETA, Justa; ROCKWELL, Elsie. *Pesquisa participante*. São Paulo: Cortez; Autores Associados, 1986.

GINZBURG, Carlo. *Mitos, emblemas, sinais: morfologia e história*. São Paulo, Cia. Das Letras, 1991.

LEFEBVRE, Henri. *Lógica formal/lógica dialética*. Rio de Janeiro: Civilização Brasileira, 1983.

MANGUEL, Alberto. *Uma história da leitura*. São Paulo: Companhia das Letras, 1997.

MOLES, Abraham. *As ciências do impreciso*. Rio de Janeiro: Civilização Brasileira, 1995.

PERRENOUD, Philippe. Não mexam na minha avaliação! – Para uma abordagem sistêmica da mudança pedagógica. In: ESTRELA, Albano; NÓVOA, António (Orgs.). *Avaliações em educação: novas perspectivas*. Porto: Porto, 1993.

SANTOS, Boaventura de Sousa. Para uma pedagogia do conflito. In: SILVA, Luiz Heron da; AZEVEDO, José Clóvis de; SANTOS, Edmilson dos (Orgs.). *Novos mapas culturais: novas perspectivas educacionais*. Porto Alegre: Sulina, 1996.

SCHON, Donald. Formar professores como profissionais reflexivos. In: NÓVOA, António (Org.). *Os professores e a sua formação*. Lisboa: Dom Quixote, 1992.

TEIXEIRA, Anísio. *Educação para a democracia*. São Paulo: Cia. Editora Nacional, 1953.

ZEICHNER, Kenneth M. *A formação reflexiva de professores: ideias e práticas*. Lisboa: Educa, 1993.

O "uso" de artefatos tecnológicos em redes educativas e nos contextos de formação[1]

Inicio este texto, como faço muitas vezes, com algumas imagens e histórias, entendendo que imagens e narrativas (sons de todos os tipos) são personagens conceituais, como nos ensinaram Deleuze e Guattari (1992), sem os quais as pesquisas que realizo, dentro da corrente que chamamos de *pesquisas nos/dos/com os cotidianos*, não aconteceriam, pois não me seria possível pensar os modos como os praticantes[2] – das inúmeras redes educativas nas quais vivemos – se relacionam, o que me impediria de propor novos conhecimentos sobre os vivares cotidianos.

A primeira imagem que trago é um desenho de artista de inícios do século XX[3] que considera importante mostrar aquele professor que não possui o que é chamado, na literatura pedagógica, de *domínio de classe*:

---

[1] Texto produzido e apresentado na mesa-redonda "Currículo e Tecnologias" para o IX Colóquio de Currículo/V Colóquio luso-brasileiro sobre questões curriculares, realizado na Universidade do Porto, Portugal, entre os dias 21 e 23 de junho de 2010.

[2] Nota em 2014: hoje, eu escreveria "praticantespensantes", como nos sugeriu Oliveira (2012).

[3] Encontrada em BERTIN e COURAULT (1998). Nota em 2014: descobri, em 2013, em um lindo álbum, que esse desenho é de um importante artista francês, Henri-Jules Geoffroy, que assinava Géo, e que tanto desenhou situações de escolas.

Em meio a um verdadeiro caos, um professor tenta segurar um aluno para que aprenda a ler, enquanto os outros alunos desenvolvem as mais diferentes atividades: há o que sopra uma corneta, os que conversam em diferentes grupos, os que olham algo misterioso sob a mesa, há aquele que dorme de dedo na boca e até aquele que lê um livro... Podemos compreender o que nessa imagem se passa porque ou vivemos situações semelhantes ou porque delas ouvimos falar de forma vívida. Minha irmã, uma excelente professora, tem um texto escrito – e nunca publicado – a que deu o título *E quando perdemos o controle de classe?* Essa questão está exigindo trabalhos diferenciados, a partir do vivido pelos diversos *praticantes* do cotidiano escolar: como cada aluno vive essa situação? O que sentem as professoras quando, certo dia, percebem que querem "fugir daquela sala e fazer outra coisa"? Por que essas situações ocorreram e continuam a ocorrer?

Uma ideia, no entanto, essa imagem mostrada nos permite ter, contrariando o discurso hegemônico, que fala que a professora está cada vez menos preparada: a imagem, datada de mais de um século, nos permite dizer que essas confusões já ocorriam naquele então e que continuam esperando uma séria análise, bem longe dos ditos generalizados de que a professora atua "cada vez pior".

Quanto a artefatos pedagógicos ou tecnológicos, vemos que era quase nenhum: uma mão para segurar os cabelos e forçar o aluno a olhar o quadro pregado na parede com as letras que os alunos precisavam memorizar; na outra mão uma varinha que poderia servir para disciplinar, caso a resposta viesse errada. A corneta que ninguém sabe por que está lá e o livro que todos sabemos por que está – afinal este é um *espaçotempo* de leitura, não é mesmo?

Já a segunda imagem mostra outra coisa:

Essa segunda imagem⁴ mostra uma linda professora, tranquila e para a qual alguns alunos olham fascinados. Podemos dizer que executa um passo de balé. Nossa experiência de escola nos faz pensar que ela talvez esteja contando uma história, já que essa é uma atividade comum a uma classe de alfabetização, para o que tanto a idade das crianças como aquilo que está escrito no quadro-negro nos dá pistas. A liberdade de movimentos da professora e a tranquilidade dos alunos, que olham para diversos lados e se interessam por outras cenas que não só a que a professora representa, nos permitem pensar que estão todos muito bem, nessa sala, sem nenhum tipo de controle sendo exercido. E o lápis/varinha que a professora tem na mão ajuda, talvez, somente, a "orquestrar a música" que nesse cotidiano se tocava. Excetuando-se o quadro-negro e o giz, nenhum outro recurso tecnológico está presente, mas parece que tudo vai bem...

A terceira imagem é uma que venho usando bastante para introduzir as tais das tecnologias de que é preciso falar neste texto:

Essa fotografia⁵ foi tirada nos primórdios da utilização da televisão em uma escola francesa e nela a liberdade da imagem anterior é substituída por uma situação de total controle. Tanto a professora quanto seus alunos "comportadamente", de mãos cruzadas sobre as mesas, ouvem

---

⁴ Essa fotografia é de Robert Doisneau, um dos mais conhecidos fotógrafos franceses, e foi tirada em uma escola nos anos 1950 do século XX; encontrada em Chanet *et al.* (1999), onde tem a legenda "*École primaire, rue Verneuil, Paris 7e, 1956*".

⁵ Essa fotografia é de autor desconhecido e foi tirada no início dos anos 1960. Encontrada em Bertin e Courault (1998).

um senhor que explica como funciona a televisão. Talvez por se entender como o único que sabe, esse senhor se mostra inteiramente à vontade na cena – até as costas ele volta para a professora. Vamos lembrar que é dessa maneira que as chamadas "novas tecnologias" foram introduzidas na escola: exigindo controle de corpos, fazendo da professora outro "aprendiz". Além do mais, foi apresentada inteiramente desconectada da maneira como, de fato, esses artefatos culturais são usados em outros *espaçostempos*: de forma independente; permitindo trocas e conversas paralelas; permitindo uma grande liberdade do corpo que pode ir e vir, dar atenção ao que vê e faz ou abandonar de repente o que está sendo produzido ou usado e voltar dali a meia hora. Vendo essa imagem, talvez pudéssemos inverter outra ideia hegemônica tão comum: em vez de dizermos que a professora se recusou/recusa a usar os diversos novos artefatos tecnológicos existentes, talvez pudéssemos dizer que esses foram impostos de uma maneira tão autoritária que as professoras tiveram que se proteger deles de alguma forma.

Pensando os *espaçostempos*[6] de formação de professoras

Essas imagens foram mostradas para que, a partir delas, pudéssemos discutir algumas ideias em torno do significado das tecnologias na formação de professoras.

Entendo que essa formação se dá em múltiplos contextos, o que permite que percebamos que ela não é nem simples nem de fácil transformação. Dessa maneira, o tratamento aligeirado que, em geral, vem recebendo nas políticas de governo explica, em grande parte, os sucessivos insucessos das ações tentadas.

São esses os contextos de formação[7] com os quais tenho trabalhado, até o presente: 1) o das *práticasteorias* da formação acadêmica; 2) o das *práticasteorias* pedagógicas cotidianas; 3) o das *práticasteorias* das políticas de governo; 4) o das *práticasteorias* coletivas dos movimentos sociais; 5) o das *práticasteorias* das pesquisas em educação; 6) o das *práticasteorias* de produção e "usos" de mídias; 7) o das *práticasteorias* de vivências nas cidades.

Tratar, assim, a questão da formação pensando nos processos de articulação existentes entre os diversos contextos, entendo ser o caminho possível

---

[6] Nas pesquisas *nos/dos/com* os cotidianos esse modo de escrever tem servido para mostrar os limites que os modos de pensar herdados das ciências modernas têm significado para que essas pesquisas se desenvolvam.

[7] Não vou me deter na explicitação desses contextos. O leitor poderá encontrá-los melhor desenvolvidos em Alves (2010).

àqueles que buscam as possíveis soluções para esse problema que é nacional e internacional, e para o qual, aqui e ali, vamos percebendo algumas soluções a nível local, que precisam ser estudadas e compreendidas. Esses processos são variados, exigindo que se dê *espaçotempo*,[8] nas análises e críticas que precisamos desenvolver, às falas de todos os "praticantes" que neles estão envolvidos. É necessário considerar, ainda, pela existência das diversas formas de articulação dos vários contextos referidos, que precisamos compreender que os muros das escolas são meras criações de certas tendências pedagógicas hegemônicas – a chamada Escola Nova, em particular –, mas não indicam o que existe no que se refere às relações entre as múltiplas e diversas redes educativas e as escolas: precisamos compreender que vivemos todos *dentrofora* das escolas e que o que é *aprendidoensinado* nas tantas redes de conhecimentos e significações em que vivemos, entra em todos os contextos, encarnado em nós.

Falar, assim, sobre as relações existentes entre currículos e tecnologias, exige que saibamos que as mesmas se dão dentro de intrincadas redes educativas de múltiplos contextos cotidianos, o que, é evidente, não nos facilita a vida de pesquisadores, mas ao contrário, nos exige, mesmo, criar modos novos de pesquisar para compreender o que é criado nessas tantas relações.

O contexto das *práticasteorias* de produçãoe "usos" de mídias

Pelo que nos foi solicitado, busco analisar aqui – dentro os diversos contextos indicados acima – aquele das relações mantidas no que nomeio de "contextos das *práticasteorias* de produção e 'usos' de mídias".

Inicio por uma afirmativa: nas pesquisas que desenvolvo, venho entendendo que os seres humanos, em suas ações e para se comunicarem, estão carregados de valores que reproduzem, transmitem, mas também criam, nos contatos que têm entre si e com toda a produção técnica e artística, em redes de conhecimentos e significações. Assim, em um mesmo processo, vão aplicando o que lhes é imposto pela cultura dominante, com os produtos técnicos colocados à disposição para *consumo* e, em contrapartida, vão criando modos de *usar* e *conhecer* os *artefatos culturais* com os quais tomam contato, fazendo surgir *tecnologias* e possibilidades de mudanças tanto dos artefatos técnicos como das *técnicas de uso*.

No que se refere a isso, nas relações pedagógicas professores-alunos nos tantos processos curriculares vividos, de modo crescente, vemos que as

---

[8] Outros dos termos que assim gravamos para mostrar os limites das dicotomias que aprendemos com as ciências modernas. Outros mais aparecerão.

condições de troca estão se ampliando. Nesse sentido, com frequência, venho usando os termos *docentesdiscentes* e *discentesdocentes* para caracterizar os dois sentidos em que essas trocas se dão nos crescentes contatos com os artefatos tecnológicos e na criação de tecnologias de uso, pelos praticantes de currículos. Isto significa que – para além das buscas por processos de recepção, no lugar simplesmente de processos de produção, como nos indicaram autores como Martin-Barbero (1997; 2000), nas pesquisas sobre processos curriculares, com os praticantes dos mesmos, precisamos também estar atentos para esses incessantes movimentos de troca de posição sobre quem *aprendeensina* a quem. As tradicionais posições, há tanto tempo aprendidas na fórmula "a professora ensina, o aluno aprende" estão sendo, constantemente invertidas.

Mas para pesquisar essa questão, nas pesquisas *nos/dos/com* os cotidianos, vemos que precisamos também inverter a ideia sobre quem pesquisa e quem é pesquisado – mas a isso volto ao encerrar.

Nossa vivência cotidiana em múltiplas redes educativas permite compreender nas pesquisas com os cotidianos que desenvolvemos a intrincada rede de relações que os praticantes vão formando com as diversas mídias, nos diversos contextos em que vivemos. No Brasil, hoje, em contato com nossos alunos de cursos de formação de professores, vamos percebendo, os modos como a rede educativa "família", com as crenças religiosas aí desenvolvidas – em especial as novas igrejas transformadas – e na qual só é permitido assistir ou ouvir programas de determinados canais de televisão ou de estação de rádios. As leituras de jornais e outros periódicos são também marcadas por isso. Bem como os votos dados a candidatos aos postos eletivos.

Tudo isto cria, podemos concluir, dificuldades de todo tipo aos processos curriculares a serem desenvolvidos: da compreensão da teoria de Darwin ao uso de desenhos animados para aumentar o vocabulário ou as relações com fatos culturais pelos alunos. A efetiva mediação da família quanto a esses fatos – que nunca deixaram de existir, mas que vamos melhor percebendo e compreendendo quando nos dedicamos a estudar as redes educativas – exige uma atenta identificação dos processos que articulam mídias e currículos. No exemplo dado, vem aumentando, de modo marcante, a impossibilidade de se usar qualquer meio com todos os alunos, pois exigências religiosas familiares vêm tomando espaço em decisões curriculares. Recentemente, em escola do Rio de Janeiro, uma professora de português foi proibida de ler com suas turmas um pequeno livro que contava a história de Exu, "o que abre caminhos".

Pesquisas desenvolvidas com alguns artefatos tecnológicos – em especial televisão e vídeo – têm permitido identificar os diversos modos como as crianças, os jovens e os adultos, com os professores entre eles, vão desenvolvendo relações com as diversas mídias (FILÉ, 2000; ALVES, 2004, 2005). Ao desenvolver algumas pesquisas[9] com os cotidianos para compreender as relações que os docentes estabelecem com as mesmas, em diversas gerações, pudemos perceber essas mediações de outras redes educativas nas memórias que os professores possuem sobre televisão. Alguns exemplos disso: em um primeiro grupo com que conversamos – aqueles que se formavam no momento em que a televisão foi implantada no Brasil, as lembranças de trocas físicas com os que "faziam televisão" eram muito maiores do que as das duas outras gerações consideradas. Já a geração intermediária tinha lembranças ligadas a seriados, produzidos no país, de tal modo comum que ao ser indicado o nome de um deles, todos os participantes do grupo com que conversávamos começavam a cantar a música tema do mesmo. Quanto à geração de formação mais recente se sentia muito mais à vontade com os artefatos tecnológicos que se apresentavam nos momentos das conversas, propondo mesmo que pudéssemos criar "vídeos" e fazendo-o no próprio processo de pesquisa.

Essas relações vão se dando, ampliando, e com elas vamos criando tecnologias, para além de especial insistência em sua compra por secretarias de educação, porque as crianças e os jovens – alunos – em seus fáceis, diversos e duradouros contatos com as chamadas "novas mídias" vêm criando canais inusitados para os conhecimentos e as significações dentro das redes educativas cotidianas e, com isso, exigindo relações de seus professores com as mesmas. Por outro lado, é bom lembrarmos disso, os professores que hoje estão em exercício se "formaram" com o uso da televisão e, crescentemente, vão se formando com a internet.

Na compreensão de que vivemos todos *dentrofora* dos *espaçostempos* reconhecidos como de currículos – as escolas – ao pesquisador com os cotidianos é exigido que a compreensão seja buscada nessas emaranhadas redes de contextos de formação dos docentes porque são, também, de formação de todos os discentes. Podemos pensar, por exemplo, na relação da vivência no urbano. Faço-o citando um trecho do texto que escrevi para o último ENDIPE (ALVES, 2010): "o 'sentimento' de estar, viver e sentir em

---

[9] Podemos lembrar os seguintes projetos por mim coordenados: "Memórias de professoras sobre televisão: o cotidiano escolar e a televisão na reprodução, transmissão e criação de valores" (1999-2002); "O uso da tecnologia, de imagens e de sons por professoras de jovens e adultos e a tessitura de conhecimentos (valores) no cotidiano: a ética e a estética que nos fazem professoras" (2002-2005); "Artefatos tecnológicos relacionados à imagem e ao som na expressão da cultura de afro-brasileiros e seu 'uso' em processos curriculares de formação de professores na Educação Superior – o caso do curso de Pedagogia da UERJ/campus Maracanã" (2005-2008). Todos com financiamento CNPq, FAPERJ e UERJ.

ambiente urbano cria condições de compreender o quanto esse contexto atua na formação de todos os seus moradores, com os professores entre eles, por atuações e frequência em seus múltiplos 'ambientes', incorporando 'paisagens' diferenciadas e se relacionando com diferentes 'praticantes' oriundos de múltiplas 'comunidades'". Faço essa citação aqui chamando a atenção para palavras que usei no texto que foram, de maneira rápida, incorporadas aos modos de comunicação pela internet, em cursos planejados on-line: ambientes, paisagens, comunidades... Saliento mais uma vez que ao entrarmos nos *espaçostempos* escolares, como, aliás, em todas as redes educativas, todos nós – docentes, discentes, pais e responsáveis, outros trabalhadores da educação, comunidade circundante da escola, bem como pesquisadores com os cotidianos escolares – temos "encarnado" em nós os conhecimentos e as significações que criamos em nossas redes de viver, fazer e sentir. Do mesmo modo, carregamos para elas muito do que *aprendemosensinamos* nas escolas e outras redes educativas.

À guisa de conclusão: "fazer pensar" pesquisas com os cotidianos escolares e outras redes educativas

Comecei com algumas imagens e narrativas e termino com mais duas delas. É com desafios e personagens conceituais que vamos pensando essas perigosas relações entre currículos e tecnologias. As narrativas de que faço uso, agora, não foram buscadas nos cotidianos escolares, mas em outras redes educativas: a de nossos contatos com colegas acadêmicos, como os que estamos realizando nesse Colóquio, ou quando lemos um livro de alguém ilustre.

A primeira narrativa, busco-a em um pequeno livro publicado em 2010, na França, de autoria da escritora – ganhadora do Nobel de Literatura, em 2007 – Doris Lessing, que deu à narrativa um grande título: *C'est ainsi qu'un jeune noir du Zimbabwe a volé un manuel de physique supérieure* (Foi assim que um jovem negro do Zimbábue roubou um manual de física superior). No texto, a autora busca mostrar as dificuldades de acesso à leitura, em países africanos, depois da libertação do período colonial. Em um trecho inicial, narra a autora:

> [...] era preciso construir escolas, centenas de escolas, com urgência e dentro de um modelo reproduzido de um lado a outro do país: construções sem ornamentos, no estilo caserna, mais adaptadas a soldados que a crianças cheias de esperança. Os artefatos pedagógicos, como cadernos, livros didáticos, canetas e giz eram mais do que raros. Durante muitos anos, os pais que acariciavam o sonho de ver seus filhos escaparem da pobreza se apresentavam como voluntários para ajudar a construir essas escolas, de mãos nuas, que, com frequência, não possuíam um livro

didático sequer. Era o caso de haver turmas que tendo até sessenta crianças não tinha um livro sequer ou uma escola inteira que contava com um único e velho atlas ultrapassado, doado por um estabelecimento escolar europeu que o havia colocado de lado. As crianças firmes em aprender, custasse o que custasse, para chegar a fazer parte do nosso mundo moderno, escrevendo os cursos sobre folhas de embalagem rasgadas, às vezes papel jornal, e mesmo – eu o vi com meus próprios olhos – se grupando, na poeira, em torno de um quadrado de areia aplainado no qual os professores, que eles mesmos só tinham sido beneficiados com três ou quatro anos de escolaridade, traçavam, com a ajuda de uma varinha, as contas ou as frases, tentando ganhar a corrida contra as rajadas de vento que tentavam levar as palavras e os números (LESSING, 2010, p. 12-13).

Essa narrativa exige que, em nossas pesquisas, não nos esqueçamos que essa é uma realidade vivida, ainda, por milhões de crianças, cujas relações currículos-tecnologias passam por varinhas para escrever no chão ou gravetos que recolhem no caminho da escola para se aquecerem nos países frios, docentes não formados, papéis rasgados, sem livros. Nossas responsabilidades, enquanto pesquisadores dessa relação, não podem nos afastar dos não conectados ou mal conectados, dos que aprendem mais com a televisão do que em bancos escolares, isso porque esse meio se generalizou, como na América Latina. Nesses docentes e discentes temos que pensar e com eles precisamos desenvolver pesquisas. Não acham todos aqui presentes? Então, mãos à obra!

A segunda narrativa, fui buscá-la em uma fala de um de nossos maiores: Bourdieu. Encontrei-a em um pequeno livro publicado, recentemente, na França que traz "conversas" com esse autor, conduzidas por Roger Chartier (BOURDIEU; CHARTIER, 2010), em emissões radiofônicas. Em uma dessas emissões, explicando as diferenças entre sociólogos e historiadores, Bourdieu se detém para explicar porque, algumas vezes, ele era mal compreendido por colegas, dizendo:

> [...] e entre os meus trabalhos, o mais chocante se deu com um artigo que publiquei sob o título "Les catégories de l'entendement professoral" [as categorias do entendimento professoral] que possuía uma grande dose de ironia – e isso é um parêntesis: frequentemente existem coisas que escrevo rindo; mas, infelizmente, não há signo para exprimir o riso por escrito, é uma das grandes lacunas da simbologia gráfica (p. 22).

Mas se usamos internet e se vemos o que jovens escrevem em sites de relacionamento, sabemos que esse novo artefato tecnológico/cultural, com seus novos modos de escrever que vem criando, hoje, não nos permite mais dizer isso. Sabemos, agora, doze anos depois da afirmativa feita por Bourdieu, que são inúmeras as possibilidades gráficas de transmitir o riso: rs rs rs, ou (risos), ou (estou brincando), ou ou ou...

Creio que para além de nos preocuparmos com o que os *docentesdiscentes* não incorporam de tecnologias, talvez devêssemos nos dedicar a criar pontes entre as múltiplas escrituras e simbologias criadas recentemente e com as quais crescentemente estamos sendo obrigados a lidar, para melhor compreendermos o que trazem aos currículos as novas tecnologias... Ou acham que não?

Referências

ALVES, Nilda. Redes educativas "dentrofora" das escolas, exemplificadas pela formação de professores. In: SANTOS, Lucíola; DALBEN, Ângela; LEAL, Júlio Diniz Leiva (Orgs.). *Convergências e tensões no campo da formação e do trabalho docente: currículo, ensino de Educação Física, ensino de Geografia, ensino de História, escola, família e comunidade*. Belo Horizonte: Autêntica, 2010. p. 1-49.

ALVES, Nilda. Questões epistemológicas no uso cotidiano das tecnologias. CONGRESSO BRASILEIRO DE CIÊNCIAS DA COMUNICAÇÃO, 27., set. 2004, Porto Alegre. *Anais...* Porto Alegre: Intercom – Sociedade Brasileira de Estudos Interdisciplinares da Comunicação, 2004.

ALVES, Nilda. Redes urbanas de conhecimentos e tecnologias na escola. CONGRESSO BRASILEIRO DE CIÊNCIAS DA COMUNICAÇÃO, 28., set. 2004, Rio de Janeiro. *Anais...* Rio de Janeiro: Intercom – Sociedade Brasileira de Estudos Interdisciplinares da Comunicação, 2005.

BERTIN, François; COURAULT, Pascal. *Vive la récré!...* Rennes: Ouest-France, 1998.

BOURDIEU, Pierre; CHARTIER, Roger. *Le sociologue et l'historien*. Paris: INA; Agone & Raisons d'Agir, 2010.

CHANET, Jean-François et al. *L'abcdaire de l'école de la France*. Paris: Chalon sur Saône; Flammarion/ANCR, 1999.

DELEUZE, Gilles; GUATARI, Félix. *O que é filosofia?* Rio de Janeiro: Editora 34, 1992.

FILÉ, Valter (Org.). *Batuques, fragmentações e fluxos: zapeando pela linguagem audiovisual no cotidiano escolar*. Rio de Janeiro: DP&A, 2000.

LESSING, Doris. *C'est ainsi qu'un jeune noir du Zimbabwe a volé un manuel de physique supérieure*. Paris: L'Escampette, 2010.

MARTIN-BARBERO, Jesús. Novos regimes de visualidade e descentramentos culturais. In: FILÉ, Valter (Org.). *Batuques, fragmentações e fluxos: zapeando pela linguagem audiovisual no cotidiano escolar*. Rio de Janeiro: DP&A, 2000. p. 83-112.

MARTIN-BARBERO, Jesús. *Dos meios às mediações: comunicação, cultura e hegemonia*. Rio de Janeiro: Ed. da UFRJ, 1997.

OLIVEIRA, Inês Barbosa de. Currículos e pesquisas com os cotidianos: o caráter emancipatório dos currículos "pensadospraticados" pelos "praticantespensantes" dos cotidianos das escolas. In: FERRAÇO, Carlos Eduardo; CARVALHO, Janete Magalhães (Orgs.). *Currículos, pesquisas, conhecimentos e produção de subjetividades*. Petrópolis: DP et Alii, 2012. p. 47-70.

Parte 2 | **Questões teórico-metodológicas** *nas/das/com* **as pesquisas em educação** ■

Decifrando o pergaminho: os cotidianos das escolas nas lógicas das redes cotidianas[1,2]

Nunca acreditei em verdades únicas. Nem nas minhas, nem nas dos outros. Acredito que todas as escolas, todas as teorias podem ser úteis em algum lugar, num determinado momento. Mas descobri que é impossível viver sem uma apaixonada e absoluta identificação com um ponto de vista. No entanto, à medida que o tempo passa, e nós mudamos, e o mundo se modifica, os alvos variam e o ponto de vista se desloca. Num retrospecto de muitos anos de ensaios publicados e ideias proferidas em vários lugares, em tantas ocasiões diferentes, uma coisa me impressiona por sua consistência. Para que um ponto de vista seja útil, temos que assumi-lo totalmente e defendê-lo até a morte. Mas, ao mesmo tempo, uma voz interior nos sussurra: "Não o leve muito a sério. Mantenha-o firmemente, abandone-o sem constrangimento".

(BROOK, 1995, p. 15).

---

[1] Texto publicado originalmente em: OLIVEIRA, Inês B.; ALVES, Nilda (Orgs.). *Pesquisa no/do cotidiano das escolas*: sobre redes de saberes. Rio de Janeiro: DP&A, 2001. p. 13-38. Republicado e atualizado em: OLIVEIRA, Inês B.; ALVES, Nilda (Orgs.). *Pesquisa nos/dos/com os cotidianos das escolas: sobre redes de saberes*. Petrópolis: DP et Alii, 2008. p. 15-38. Nota em 2004: Esta última versão é a usada nesta coletânea. (N. Orgs.)

[2] Boa parte do que aqui vai escrito foi 'pensado' durante as discussões e o conhecimento acumulado nos grupos de pesquisa Conhecimento cotidiano e currículo escolar, com financiamento FAPERJ (1990-1997) e Construção do conhecimento sobre currículo por equipes pedagógicas de secretarias municipais de educação, com financiamento CNPq (1997-1999). Uma primeira versão destas ideias foi apresentada em texto escrito por Inês Barbosa de Oliveira, Joanir Gomes de Azevedo e por mim, para o curso Certeau e as artes de fazer – pensando o cotidiano da escola, XXI Reunião Anual da ANPEd, Caxambu, de 20 a 24 de setembro de 1998. Tal como está, com pequenas mudanças, é um dos capítulos da tese para professor titular que apresentei à UERJ, em 2000.

Defendo, e não estou sozinha, que há modos de fazer e de criar conhecimentos nos cotidianos, diferentes daquele aprendido, na modernidade, especialmente, e não só, com a ciência. Se é isso, para poder estudar esses modos diferentes e variados de *fazerpensar*, nos quais se misturam agir, dizer, criar e lembrar, em um movimento que denomino *práticateoriaprática*, é preciso que me dedique, aqui e agora, um pouco, a questionar os caminhos já sabidos e a indicar a possibilidade de traçar novos caminhos – até aqui só atalhos. Trato de dar conta da trajetória metodológica que venho fazendo para explicar o possível e necessário caminho para *decifrar o pergaminho* (CERTEAU, 1994), buscando compreender o cotidiano escolar.

Do ponto de vista teórico, essa trajetória tem a ver, também, com a escolha feita pelas ideias de *redes de conhecimentos* e de *tessitura do conhecimento em redes* e com a afirmativa de que se são enormes as dificuldades para identificar todas as origens de nossos tantos conhecimentos, pois eles só podem começar a ser explicados se nos dedicarmos a perceber as intrincadas redes nas quais são verdadeiramente enredados.

Aprendemos com todos os setores dominantes, durante os últimos quatro séculos, que os modos como se cria conhecimentos nos cotidianos não têm importância ou estão errados e, por isso mesmo, precisam ser superados. Isso se traduz em uma situação na qual não os notamos, achando que é "assim mesmo". Resulta que não os fixamos, não sabemos como são e menos ainda sabemos como analisar os processos de sua criação ou como analisá-los para melhor compreendê-los. Além disso, esses conhecimentos são criados por nós mesmos em nossas ações cotidianas, o que dificulta uma compreensão de seus processos, pois aprendemos com a ciência moderna que é preciso separar, para estudo, o sujeito do objeto. Esses conhecimentos e as formas como são tecidos exigem que admitamos ser preciso mergulhar inteiramente em outras lógicas para apreendê-los e compreendê-los.

Em relação ao método, tenho que começar por admitir que estou sempre cheia de dúvidas e sobre ele tenho muito que aprender. Mas, como sempre digo aos meus orientandos: "É preciso fazer, para saber". O poeta Antônio Machado é lembrado nessas ocasiões: *Caminhante não há caminho/ Se faz caminho a andar...* Admito, ainda, que como a vida, os cotidianos formam um objeto complexo, o que exige também métodos complexos para conhecê-lo.

São quatro os aspectos que julgo necessário discutir para começar a compreender essa complexidade. O primeiro deles se refere a uma discussão com o modo dominante de "ver" o que foi chamado "a realidade" pelos modernos e que se referia, como bem alerta Latour (1994), ao mundo que hoje chamaríamos "virtual" do laboratório ou das criações abstratas como o *Leviatã*, de Hobbes. A trajetória de um trabalho nos cotidianos precisa ir além do que foi aprendido com essas virtualidades da modernidade, na qual o *sentido da visão* foi exaltado ("ver para crer"; "é preciso uma certa perspectiva", etc.). É preciso executar *um mergulho com todos os sentidos* no que desejo estudar. Pedindo licença ao poeta Drummond, tenho chamado esse movimento de *o sentimento do mundo*.

O segundo movimento a ser feito é compreender que o conjunto de teorias, categorias, conceitos e noções que herdamos das ciências criadas e desenvolvidas na chamada modernidade e que continuam sendo um recurso indispensável, não é só apoio e orientador da rota a ser trilhada, mas, também e cada vez mais, *limite* ao que precisa ser tecido. Para nomear esse processo de compreensão de que é limite aquilo que nos habituamos a ver como apoio, parafraseando o historiador Hill (1987), que estuda momentos anteriores de grandes mudanças, estou usando a ideia de *virar de ponta cabeça*.

Para ampliar os movimentos necessários, creio que o terceiro deles, incorporando a noção de *complexidade* (MORIN, 1977, 1980, 1986, 1991, 1996), vai exigir a ampliação do que é entendido como fonte e a discussão sobre os modos de lidar com a diversidade, o diferente e o heterogêneo. Creio poder chamar a esse movimento *beber em todas as fontes*. Para melhor compreendê-lo será discutida a questão da necessidade de incorporação de fontes variadas, vistas anteriormente como dispensáveis e mesmo suspeitas.

Por fim, vou precisar assumir que para comunicar novas preocupações, novos problemas, novos fatos e novos achados é indispensável uma nova maneira de escrever, que remete a mudanças muito mais profundas. A esse movimento talvez se pudesse chamar *narrar a vida e literaturizar a ciência*.

O sentimento do mundo

Querer saber mais, buscando respeitar aquilo que Lefebvre (1991) chama de *a humilde razão do cotidiano* que se dá nos *lugares ditos difíceis*, como anuncia Bourdieu (1997), incorporando-a como *espaçostempos* de criação de conhecimento válido e vital para os seres humanos, que em nenhum outro poderia ser produzido, exige do pesquisador que se ponha a *sentir o mundo* e não só a olhá-lo, soberbamente, do alto ou de longe. Não há, pois, para mim que a isso me dedico, a postura de isolamento da situação e, ao contrário, é exigida outra postura epistemológica. Para começar, é preciso "notar" que também vivo e produzo conhecimentos nos cotidianos, todos os dias, vivendo minhas "tantas formas de pequenas misérias" (BOURDIEU, 1997). Portanto, não tenho nenhuma garantia de que não vou me iludir e de que não vou "ver" coisas e fatos inexistentes. De certa maneira, nem mesmo meu compromisso principal está aí. A distância científica, pelo menos nesse caso, é, pois, uma solução inexistente. E, não me servirá, assim, de álibi. Apesar disso, é preciso ter claro que não há outra maneira de se compreender as tantas lógicas dos cotidianos senão sabendo que estou inteiramente mergulhada nelas, correndo todos os perigos que isso significa. É preciso, então, buscar saber sempre os meus tantos limites.

Assim, ao contrário da formação aprendida e desenvolvida na maioria das pesquisas do campo educacional, inclusive em muitas sobre os cotidianos escolares, que, de maneira muito frequente, têm assumido uma forma de pensar que os nega como *espaçotempo* de saber e criação, vou reafirmá-lo como sendo de prazer, inteligência, imaginação, memória e solidariedade, precisando ser entendido, também e, sobretudo, como de grande diversidade. Entre outras coisas, confirmando o que disse acima, porque assim o vivo.

Buscar entender, de maneira diferente do aprendido, as atividades dos cotidianos escolares ou dos cotidianos comuns, exige que esteja disposta a ver além daquilo que outros já viram e muito mais: que seja capaz de mergulhar inteiramente em uma determinada realidade, buscando referências de sons, sendo capaz de engolir sentindo a variedade de gostos, caminhar tocando coisas e pessoas e me deixando tocar por elas, cheirando os odores que a realidade coloca a cada ponto do caminho diário. Essas questões podem ser sintetizadas em uma narrativa de pesquisa a seguir.[3] Com todos esses fatos anotados e organizados, percebo que só é possível analisar e começar a entender o cotidiano escolar em suas lógicas, através de um grande *mergulho* na realidade cotidiana da escola e nunca exercitando o tal olhar distante e neutro que me ensinaram e aprendi a usar. É preciso questionar e "entender" o cheiro que vem da cozinha, porque isso terá a ver com o trabalho das professoras e as condições reais de aprender dos alunos. É preciso "comer" um sanduíche feito mais de doze horas antes, "ouvir" e "participar" de conversas entre moças e rapazes para entender alguns "problemas" do noturno e "sentir" o porquê dos alunos o frequentarem, e cada vez mais. Torna-se necessário, se quero trabalhar com o cotidiano escolar, entrar nas

---

[3] Refere-se, de fato, a uma série de anotações feitas quando do desenvolvimento da pesquisa *A formação de professores em curso normal noturno*, que contou com financiamento do CNPq (bolsas de IC e de pesquisador), desenvolvida entre 1986 e 1988, com vários acidentes de percurso, entre eles a suspensão da bolsa pelo CNPq por "falta de verbas". Sempre foi muito difícil fazer pesquisa no Brasil! Esse trecho, com pequenas mudanças, já foi usado em um artigo publicado pela autora sob o título "Compassos e descompassos do fazer pedagógico", na revista *Educação em Revista* (ALVES, 1999). Nota em 2014: achei que poderíamos repetir, na edição deste livro, porque mostra um processo comum entre nós: a repetição. Esse é outro movimento – junto ao acaso e ao caos – que estou me dedicando a estudar, no presente.

salas de baixo desse prédio e sentir a falta de luz e o cheiro de mofo. O que deve sentir uma professora que ano após ano é escolhida para dar aula em uma dessas salas? Viver com (conviver) essas questões, esses cheiros, esses gostos, esses sons, essa luminosidade ou obscuridade, com os sentimentos que aí são vividos não é fácil. Mas é possível realmente compreender o que aí se passa sem isso? Se continuo somente "olhando do alto", como os que têm poder, vou compreendê-lo muito limitadamente, é preciso reconhecer.

Para apreender a "realidade" da vida cotidiana, em qualquer dos *espaçostempos* em que ela se dá, é preciso estar atenta a tudo o que nela se passa, se acredita, se repete, se cria e se inova, ou não. Mas é preciso também reconhecer que isso não é fácil, pois o *aprendidoensinado* me leva, quase sempre, a esquemas bastante estruturados de observação e classificação e é com grande dificuldade que consigo sair da comodidade do que isso significa, inclusive a aceitação pelos chamados "meus pares", para me colocar à disposição para o grande "mergulho" na realidade. Como todo o cotidiano, também as pesquisas *nos/dos/com os cotidianos*, no seu dia a dia, precisam se inventar com "mil maneiras de caça não autorizada" (CERTEAU, 1994, p. 38). Bourdieu (1988), a esse respeito, dá uma grande *lição* quando diz que:

> [...] para romper com a ambição, que é própria das mitologias, de fundar na razão as divisões arbitrárias da ordem social, em primeiro lugar a divisão do trabalho, dando assim uma solução lógica ou cosmológica para o problema da classificação dos homens, a sociologia deve tomar como objeto, ao invés de deixar-se tomar por ela, a luta pelo monopólio da representação legítima do mundo social, essa luta pelas classificações que é uma dimensão de qualquer tipo de luta de classes: classes etárias, classes sexuais ou classes sociais. A classificação antropológica distingue-se das taxionomias zoológicas ou botânicas pelo fato de os objetos que ela põe – ou repõe – em seus lugares serem sujeitos classificantes [...] Em resumo, para grande desespero do filósofo-rei, que, ao lhes atribuir uma essência, pretende obrigá-los a ser e a fazer o que lhes cabe por definição, os classificados e os desclassificados podem recusar o princípio de classificação que lhes reserva o pior lugar. Na verdade, a História o mostra, é quase sempre sob a condução de pretendentes ao monopólio do poder de julgar e de classificar, frequentemente eles próprios desclassificados, ao menos sob certos aspectos, no que diz respeito à classificação dominante, que os dominados podem subtrair-se à classificação legítima e transformar sua visão de mundo, ultrapassando esses limites incorporados que são as categorias sociais de percepção do mundo social (p. 12-13).

Um dos melhores exemplos dessa possibilidade de tomar em suas mãos a classificação, encontrei em Manhães (1999), quando, para "decifrar" as redes de formação de professores em Angra dos Reis assume, para os sujeitos que vai chamar ao texto, a denominação *crescentes*. Como ele mesmo explica ao contar como a mesma surgiu: "O mais apropriado é, então, imaginar esses parceiros e parceiras como 'crescentes' fios que, como me ensinou um pescador, seu Carmozino, tecendo redes, permitem seu crescimento para todos os lados e para a frente" (p. 56).

É por isso que, ao contrário de tantos que se dedicam a perceber, a partir de uma questão e de um certo olhar, como se organizam ou se criam representações e comportamentos sobre os objetos do cotidiano, do estudo de *espaçostempos* cotidianos que fazem parte de questões muito amplas e de um total envolvimento com os sujeitos do cotidiano.[4] Pois só assim conseguirei entender o que o "usuário" desses *espaçostempos* "fabrica" com os objetos de consumo a que tem acesso e que redes vai tecendo no seu viver cotidiano, que inclui pessoas e *artefatos culturais*.

Trabalhar com essa *astúcia* que aprende a se esconder para ser, a se dispersar para ficar invisível, tentar captar essas *maneiras de usar* é muito difícil, pois nunca estão dentro dos padrões: só se deixam ouvir por meio de sons que muitas vezes incomodam os ouvidos acostumados ao suave som da música erudita, pois são gritos, batucadas, etc.; só utilizam cores que também são, quase sempre, muito berrantes e exageradas, fora dos padrões de beleza aceitos e que sempre "vemos" como "esquisitas"; além de se darem por toques nada agradáveis, na maior parte das vezes, e que identificamos como "empurrões, socos e pontapés". É muito difícil buscar compreender esses modos de fazer dos quais se reclama de tudo: do cheiro, da sujeira, das cores mortas ou tristes ou, quando alegres, chamando-as "agressivas" ou "suburbanas", do modo de ser e sentir (sempre "diferente" e visto como marginal). Representando *o outro* – com tudo o que tem de amedrontador e que, para nos tranquilizarmos, classificamos de "más", "esquisitas", "violentas" – essas maneiras de ver, ouvir, sentir, tocar e comer precisam, no entanto, ser compreendidas se efetivamente desejamos desvendar o cotidiano e suas lógicas.

Tudo isso exige, então, *o sentimento do mundo*, para ir muito além do olhar que vê, com o qual aprendemos a trabalhar. É preciso entender, assim, que o trabalho a desenvolver exigirá o estabelecimento de múltiplas redes de relações: entre eu e os problemas específicos que quero enfrentar; entre eu e os sujeitos dos contextos cotidianos referenciados; entre eu, esses sujeitos e outros sujeitos com os quais tecem *espaçostempos* cotidianos.

Tudo isso exige enormes esforços, pois, como nos lembra Certeau (1994), esta é uma pesquisa complexa porque "essas práticas volta e meia

---

[4] Nota em 2014: enfatizando, hoje eu escreveria, a partir de Oliveira (2012), *praticantespensantes*.

exacerbam e desencaminham as nossas lógicas" (p. 43). Além disso, estaremos lutando permanentemente contra o esquecimento, já que elas e seus praticantes são tão pouco importantes que não se percebem e não são percebidas como informantes indispensáveis porque criadores de conhecimentos necessários à vida.

Além de tudo isso, o *sentimento do mundo* terá que incluir o combate permanente a todo o pensamento estruturado anteriormente nos outros, com certeza, mas especialmente dentro de mim mesma, com meus valores, meus preconceitos e minha preguiça.

Virar de ponta-cabeça

Com o aprendido, sei que uma "boa" pesquisa precisa ter uma sólida teoria de apoio que é entendida como a verdade de partida para que possa "construir" uma outra verdade "em nível superior". Trabalhar com o cotidiano e se preocupar como aí se tecem em redes os conhecimentos[5] significa, ao contrário, escolher entre as várias teorias à disposição e muitas vezes usar várias, bem como entendê-las não como apoio e verdade, mas como limites, pois permitem ir só até um ponto, que não foi atingido, até aqui pelo menos, afirmando a criatividade no cotidiano. Isso exige um processo de negação delas mesmas e dos próprios limites anunciados, assumindo-os, no início mesmo do processo e não ao final, quando "outra verdade as substituir". Ou seja, essas teorias precisam ser percebidas, desde o começo do trabalho, como meras hipóteses a serem, necessariamente, negadas e jamais confirmadas, para meu/nosso desespero, com a "bagagem" de teorias e as práticas de pesquisa que antes acumulei.

Nesse caso, a única base aceita é a que indica os *espaçostempos* de práticas como critério e referencial, percebendo, assim, a própria teoria do conhecimento como história da prática social (LEFEBVRE, 1983, p. 88) e não, simplesmente, como história do pensamento científico.

Será, então, necessário fazer uso das lógicas – ditas no plural – de práticas, que trabalham com os *passos perdidos* (CERTEAU, 1994, p. 176), *os que não podem ser contados* e que, para alguns, pouco interessa contar, pois cada um é algo qualitativamente diferente do outro. Para fazer isso, não se pode usar o já sabido, nem as leis, nem as regras e nem os processos (hierarquizar, classificar, separar, recortar, agrupar, etc.). É preciso criar uma nova organização de pensamento e novos processos a partir daquelas lógicas sempre vistas como inferiores ou pouco lógicas, e mesmo não lógicas,

---

[5] Nota em 2014: reforçando: eu hoje diria "conhecimentos e significações".

perguntando até se são ou precisam ser lógicas. Vou, assim, precisar criar a partir da não sequência, de *espaçostempos* vazios ou sem significados lógicos – talvez da falta de tempo e do não lugar (AUGÉ, 1994) – já que essas práticas se estabelecem no próprio alheio, formando tecidos fragilmente trançados (CERTEAU, 1994).

Precisei, assim, aprender com Giard (1997) a voltar à insignificância para romper o cerco, percebendo, em outras vozes, preocupações comuns,

> [...] a mesma vontade de aprender a desligar seu olhar[6] da mesma "cultura cultivada", esse fundo herdado, alojado entre os habitantes dos bairros nobres. A mesma distância em relação àqueles que, nascendo de uma "cultura popular" da qual cantam lindamente as maravilhas primitivas, a enterram ou a desprezam. O mesmo refugo aos que, denegrindo uma "cultura de massa" da qual deploram as mediocridades produzidas em escala industrial, repartem os dividendos que o seu comércio traz. Por isso, (é preciso) voltar o olhar[7] na direção das pessoas e das coisas do presente, na direção da vida comum e sua diferenciação indefinida. Reencontrar "o gosto da germinação anônima inominável" e tudo o que constitui o vivo do sujeito (p. 219-220).

Ser, assim, capaz de "revoltar" em mim o que está pronto e acabado, ganhando força (*práticoteóricoprática*) para organizar os argumentos de apoio à vida na sua passagem cotidiana, nos múltiplos combates que devo travar, tentando superar cada vez mais a tão difícil cotidianidade (LEFEBVRE, 1991) que leva tantos a "entregarem os pontos" porque "nada mais se pode fazer". Percebendo e vivendo *acontecimentos* nos múltiplos cotidianos em que vivo, ser capaz de buscar aproximar os conhecimentos criados em cada um, traçando analogias que melhor me permitam compreender os cotidianos vividos nas escolas para ser capaz de trançar melhor as redes necessárias ao entender.

Partindo do assumido até aqui, vou ter que enfrentar a questão de que é possível iniciar um trabalho *nos/dos/com os cotidianos*, para pensar como aí seus sujeitos tecem conhecimentos, sem as categorias, os conceitos, as noções e as ideias prévias aos quais estou acostumada. Naturalmente, algumas dessas, muito gerais (mais ideias e noções gerais que categorias ou conceitos, em verdade), estarão presentes no início do trabalho. Mas, mais uma vez, ao contrário do aprendido, vou ter que me lançar "no mergulho" sem a "boia" que as categorias e as classificações significam, admitindo que

---

[6] A autora não se dá conta – são assim as marcas que portamos (não se deixam perceber) – que se utiliza, aqui, da metáfora mais cara à ciência moderna.

[7] Mais uma vez, a autora se deixa trair pela longa tradição ocidental.

esse estado de absoluta instabilidade e insegurança é o único "abrigo" que me é concedido.

Santos (1993), a quem tanto gosto de chamar Boaventura, pela beleza do nome, resume de maneira clara o "trabalho" a ser feito e o "espaço" a ser ocupado, dizendo:

> [...] neste claro-escuro de lutas e consensos, mais do que verificar ou falsificar teorias, o nosso trabalho metodológico consiste em avaliar teorias. E nesta avaliação várias teorias divergentes são aprovadas, ainda que raramente com as mesmas classificações. E as classificações não são ferretes que imprimimos nelas a fogo. São olhares[8] que lhes lançamos do ponto movente em que nos encontramos, um ponto situado entre as teorias e as práticas sociais que elas convocam. Mas o "estar entre" não significa "estar fora". Significa tão só "estar" num lugar específico, o do conhecimento científico, na teia de relações entre teorias e práticas. Tinha, pois, razão Neurath, quando dizia que mudar de teoria é o mesmo que reconstituir um barco, tábua a tábua, no alto mar. Temos um lugar específico (e um plano de olhar) mas não um lugar fixo ou fora para ver passar as teorias. Melhores ou piores, as teorias somos nós a passar no espelho da nossa prática científica dentro do espelho maior da nossa prática de cidadãos (p. 108).

Admitir que os fatos a serem analisados e as questões a serem respondidas são complexos, nesse mundo simples que é o cotidiano, vai colocar a necessidade de inverter todo o processo aprendido: ao invés de dividir, para analisar, será preciso multiplicar – as teorias, os conceitos, os fatos, as fontes, os métodos, etc. Mais que isso, será necessário entre eles estabelecer redes de múltiplas e também complexas relações.

Nesse sentido, é necessário estar alerta para a questão de que a variedade – a imensa variedade – com que tenho que me defrontar não é garantia de complexidade. Essa exige uma posição teórico-metodológica, em criação, na qual preciso ser capaz, estando sempre bem acompanhada nisso, de unir noções/conceitos/teorias que se afastam entre si e que estão separados e catalogados em compartimentos estanques (MORIN, 1995, p. 84). Tecer o pensamento em rede, que exige múltiplos caminhos e inexistência de hierarquia, em um mundo de pensamento linear, compartimentado, disciplinarizado e hierarquizado que me formou a mim mesma, na disjunção, na separação e na redução (MORIN, 1995, p. 85), vai exigir um poderoso movimento de superação no qual ainda estou "aprendendo a engatinhar", mas no qual tenho o direito de aprender a andar e a correr. Há algum tempo,

---

[8] Não creio ser aqui necessário discutir com o autor sobre essa marca ocidental em sua escritura/expressão. A nota aparece para lembrar o combate permanente.

entre nós, Burnham (1993) chamou a atenção para a necessidade da *multirreferencialidade*. Essa ideia, desenvolvida especialmente por grupos na Université Paris VIII e "inventada", providencialmente, por Ardoino (1998) ajuda a nomear e explicar o processo necessário a esse movimento. O autor assim explica sua posição:

> [...] a abordagem multirreferencial se propõe a uma leitura plural de seus objetos (práticos ou teóricos), sob diferentes pontos de vista, que implicam tanto visões específicas quanto linguagens apropriadas às descrições exigidas, em função de sistemas de referências distintos, considerados, reconhecidos explicitamente como não redutíveis uns aos outros, ou seja, heterogêneos (p. 25).

Sei que tudo isso exige muita leitura, discutir muito, ouvir o que tantos têm a me dizer. E falar, sempre, exibindo, sobretudo, minhas dúvidas, incertezas e limites. Do conflito e do diálogo dos conhecimentos existentes nas redes formadas é que posso *aprenderensinar*.

Beber em todas as fontes[9]

A formação do pensamento ocidental dominante, que exige "ver para crer", levou à grande dificuldade em se aceitar o múltiplo: os múltiplos sentidos, os múltiplos caminhos, os múltiplos aspectos, as múltiplas regras, as múltiplas fontes. Dessa maneira, pensar "ao contrário", em ciência, tem exigido uma discussão sobre o que pode ser aceito como fonte de conhecimento. Naturalmente, o "exame" do cotidiano, entendido como um nível menor de uma "realidade" maior, por muitos de nossos colegas, é possível com o emprego das mesmas regras usadas para estudar esse mundo maior. Quando, no entanto, se entende que, para além de mero reflexo ou redução de outra realidade, o cotidiano, mantendo múltiplas e complexas relações com o mais amplo, é tecido por caminhos próprios trançados com outros caminhos, começa-se a entender que as fontes usadas para "ver" a totalidade do social não são nem suficientes, nem apropriadas. Ao lidar com o cotidiano preciso, portanto, ir além dos modos de produzir conhecimento do pensamento herdado, me dedicando a buscar outras fontes, todas as fontes, na tessitura de novos saberes necessários. Giard (1997) dá uma grande orientação ao dizer que é preciso

---

[9] Nota em 2014: nesse texto, essa parte exigiria uma discussão maior e diferente, reduzida aqui à seguinte observação: embora concordando, ainda, com a necessidade de compreensão do múltiplo e diverso existente nos cotidianos das redes educativas, hoje, as imagens e narrativas – vistas, anteriormente, como "fontes" de pesquisa – são entendidas como "personagens conceituais", como melhor ficará explicitado em texto mais adiante sob o título "Faz bem trabalhar a memória", partindo de ideias de Deleuze e Guattari (1997).

> [...] aceitar, como dignas de interesse, de análise, de registro, estas práticas comuns tidas como insignificantes. Aprender a olhar[10] estas maneiras de fazer, fugitivas e modestas, que são frequentemente o único lugar possível de inventividade do sujeito: invenções precárias sem nada que as consolide, sem língua que as articule, sem reconhecimento que as eleve; misturas submetidas ao peso das dificuldades econômicas, inscritas na rede das determinações concretas (p. 220).

Isso significa a ampliação e a complexificação do que vamos considerar como fonte de conhecimento. Para além daquilo que pode ser grupado e contado (no sentido de numerado), como antes aprendemos, vai interessar aquilo que é "contado" (pela voz que diz) pela memória: o caso acontecido que parece único (e que por isso o é) a quem o "conta"; o documento (caderno de planejamento, caderno de aluno, prova ou exercício dado ou feito, etc.) raro porque guardado quando tantos iguais foram jogados fora porque "não eram importantes" e sobre o qual se "conta" uma história diferente, dependendo do trecho que se considera; a fotografia que emociona, a cada vez que é olhada, e sobre a qual se "contam" tantas histórias, dos que nela aparecem ou estão ausentes e da situação que mostra ou daquela que "faz lembrar".

A importância de mudar tudo leva, obrigatoriamente, à necessidade de incorporar tanto o diverso como a totalidade de cada expressão individual, assumindo, com decisão, o diferente e o heterogêneo. Assim, aquilo que durante tanto tempo insistimos em ver como repetição – os mesmos exercícios, os mesmos livros, as mesmas leituras – e por isso negativo, precisa ser visto em sua variedade de *uso* (CERTEAU, 1994) quanto às ordens de trabalho, aos vácuos de conteúdo, ao tempo gasto, às exigências feitas à apresentação do pensamento, às notas dadas, às diferentes origens.

Pela existência dessa variedade, sou obrigada a pensar em diferentes formas para captá-la e registrá-la, bem como preciso tratar de maneira diferente os dados que, com uma espécie de *rede de caçar borboletas*, em uma linda imagem de Certeau (1994), for captando. Saber captar as diferenças, superando a indiferença (pelo outro) aprendida, exige um longo processo no qual cada sujeito "conta". Assim, ao contrário do que aprendemos/nos ensinaram, nos *espaçostempos* cotidianos, precisamos entender as manutenções para além da ideia de falta de vontade de mudar, submissão ou incapacidade de criar, como tantos fazem. É necessário olhar/ver/sentir/tocar (e muito mais) as diferentes expressões surgidas nas inumeráveis ações que somente na aparência, muitas vezes utilizada para impressionar alguém postado em lugar superior, são iguais ou repetitivas. Preciso mesmo buscar outro sentido

---

[10] Creio que é preciso ir muito além do "olhar".

para o que é repetição, buscando entendê-la nas suas múltiplas justificativas e necessidades. O que tanto foi visto fazer ou feito que não mais se percebe? O que apesar de tantas condições difíceis e mesmo impeditivas se consegue mudar? O que aquilo tem a ver com uma história coletiva que foi tantas vezes contada? O que se busca mudar em minúsculas ações cotidianas? O que naqueles materiais e objetos tantas vezes usados foi tecido de diferente no seu uso? A tudo isso preciso responder, assumindo que essa complexa realidade só poderá ser percebida se assumo os múltiplos usos dos tantos produtos aí existentes como fontes possíveis de conhecimento.

A multiplicidade das repetições vem acompanhada de atos variados. Aqueles cadernos, aqueles livros, aquele cartaz preso na parede, "produtos" vistos como sempre iguais e repetitivos, que *uso* tiveram e que significado ganharam para cada um de seus *usuários*? Tanto o repetido como o diferente possuem uma história (na escola e em outros *espaçostempos* educativos) que só muito recentemente estamos aprendendo a questionar de modos variados. Seria interessante cada um lembrar uma situação de aula que nunca tinha sido "aprendida" antes, mas para a qual foi encontrada a saída que "sabemos" ser a melhor.[11] Como isso foi possível? Muitas vezes nos esquecemos/nos educam para esquecer que exercemos uma profissão na qual para a ela se chegar foi preciso a vivência de muitas "práticas" escolares, muitos dias e anos sucessivos de "fazer/viver/pensar a escola", não só como aluno/aluna ou professor/professora, mas como irmã/irmão de aluna/aluno, como colega de aluna/aluno, como tio/tia, filho/filha, sobrinho/sobrinha de aluno/aluna, e muito mais. Nesse sentido, é preciso colocar "em quarentena" a grande maioria das leituras sobre os cotidianos – escolares e outros – que o vêm, exclusivamente, como espaço de repetições equivocadas, de ritos dispensáveis e de processos equivocados.

Narrar a vida e literaturizar a ciência

Após todas essas considerações e as ações que delas surgem, é preciso reconhecer que estou, ainda, diante de mais um problema a ser resolvido: é possível transmitir o que for sendo apreendido/aprendido, nesses processos e movimentos, da mesma maneira como transmitia o que acumulava/via/observava em uma pesquisa dentro do paradigma dominante?

Ao colocar a pergunta, do jeito que a fiz, significa que entendo que é preciso outra escrita para além da já aprendida. Há assim, outra escritura a aprender: aquela que talvez se expresse com múltiplas linguagens (de

---

[11] Caberia, aqui, uma discussão sobre o conceito de *habitus*, em Bourdieu.

sons, de imagens, de toques, de cheiros, etc.) e que, talvez, não possa mais ser chamada de "escrita"; que não obedeça à linearidade de exposição, mas que teça, ao ser feita, uma rede de múltiplos, diferentes e diversos fios; que pergunte muito além de dar respostas; que duvide no próprio ato de afirmar, que diga e desdiga, que construa outra rede de comunicação, que indique, talvez, uma *escritafala*, uma *falaescrita* ou uma *falaescritafala*.

Certeau (1994) lembra que nos últimos três séculos, aprender a escrever define a iniciação por excelência em uma sociedade capitalista e conquistadora. É a sua prática iniciática fundamental (p. 227). Como ir além dessa *prática escriturística*, sabendo que está em mim?

Ajudando-me a melhor desenvolver essa ideia, Certeau (1994) dá uma pista importante de como se poderiam desenvolver as *pesquisas nos/dos/com os cotidianos*:

> [...] para explicitar a relação da teoria com os procedimentos dos quais é efeito e com aqueles que aborda, oferece-se uma "possibilidade": um discurso em histórias. A narrativização das práticas seria uma "maneira de fazer" textual, com seus procedimentos e táticas próprios. A partir de Marx e Freud (para não remontar mais acima), não faltam exemplos autorizados. Foucault declara, aliás, que está escrevendo apenas histórias ou "relatos". Por seu lado, Bourdieu toma relatos como a vanguarda e a referência de seu sistema.[12] Em muitos trabalhos, a narratividade se insinua no discurso erudito como o seu indicativo geral (o título), como uma de suas partes ("análises de casos", "histórias de vida" ou de grupos etc.) ou como seu contraponto (fragmentos citados, entrevistas, "ditos" etc.) [...] Não seria necessário reconhecer a legitimidade "científica" supondo que em vez de ser um resto ineliminável ou ainda a eliminar do discurso, a narratividade tem ali uma função necessária, e supondo que "uma teoria do relato é indissociável de uma teoria das práticas", como a sua condição ao mesmo tempo que sua produção? (p. 152-153).

Essas observações levam Certeau a afirmar que isso implicaria em reconhecer o valor teórico do romance, lugar para onde foi "rejeitada" a vida cotidiana desde que surgiu a ciência moderna.[13] Nesse sentido,

> [...] isto seria sobretudo restituir importância "científica" ao gesto tradicional (é também uma gesta) que sempre "narra" as práticas. Neste caso, o conto popular fornece ao discurso científico um modelo, e não somente objetos textuais a tratar. Não tem mais o estatuto de um documento que não

---

[12] Creio que, crescentemente, isso foi ocorrendo com Bourdieu. Remeto o leitor ao livro *A miséria do mundo* (BOURDIEU, 1997).

[13] Essa ideia já tinha sido desenvolvida por Lefebvre (1991), que começa o seu grande livro síntese sobre a vida cotidiana trabalhando com dois importantes romances: *Ulisses*, de James Joyce, e *A estrada de Flandres*, de Claude Simon.

sabe o que diz, citado à frente de e pela análise que o sabe. Pelo contrário, é um "saber-dizer" exatamente ajustado a seu objeto e, a este título, não mais o outro do saber mas uma variante do discurso que sabe e uma autoridade em matéria de teoria. Então se poderiam compreender as alternâncias e cumplicidades, as homologias de procedimentos e as imbricações sociais que ligam as "artes de dizer" às "artes de fazer": as mesmas práticas se produziriam ora num campo verbal ora num campo gestual; elas jogariam de um ao outro, igualmente táticas e sutis cá e lá; fariam uma troca entre si – do trabalho ao serão, da culinária às lendas e às conversas de comadres, das astúcias da história vivida às da história narrada (p. 153).

Duas são as observações necessárias a esse respeito. A primeira, para deixar claro que essa narratividade, a história narrada, não significa um retorno à *descrição* que marcou a historicidade na época clássica, pois, ao contrário dessa, não há na primeira a "obrigação" de se aproximar da "realidade", mas sim de criar um espaço de ficção, aparentemente se subtraindo à conjuntura ao dizer: "era uma vez...".

Para me ajudar a fazer a segunda observação, Certeau traz em seu texto o pensamento do historiador e antropólogo Marcel Detienne,[14] que trabalha com o mundo grego, mostrando que esse autor não

[...] instala as histórias gregas diante de si para tratá-las em nome de outra coisa que não elas mesmas. Recusa o corte que delas faria objetos de saber, mas também objetos a saber, cavernas onde "mistérios" postos em reserva aguardariam da pesquisa científica o seu significado. Ele não supõe, por trás de todas essas histórias, segredos cujo progressivo desvelamento lhe daria, em contrapartida, o seu próprio lugar, o da interpretação. Esses contos, histórias, poemas e tratados para ele já são práticas. Dizem exatamente o que fazem. São gestos que significam [...] Formam uma rede de operações da qual mil personagens esboçam as formalidades e os bons lances. Neste espaço de práticas textuais, como num jogo de xadrez cujas figuras, regras e partidas teriam sido multiplicadas na escala de uma literatura, Detienne conhece como artista mil lances já executados (a memória dos lances antigos é essencial a toda partida de xadrez), mas ele joga com esses lances; deles faz outros com esse repertório: "conta histórias" por sua vez. Re-cita esses gestos táticos. Para dizer o que dizem, não há outro discurso senão eles. Alguém pergunta: mas o que "querem" dizer? Então se responde: vou contá-los de novo. Se alguém lhe perguntasse qual era o sentido de uma sonata, Beethoven, segundo se conta, a tocava de novo. O mesmo acontece com a recitação da tradição oral, assim como a analisa J. Goody:[15] uma maneira de repetir séries e combinações de operações formais, com uma arte de "fazê-las concordar" com as circunstâncias e com o público (CERTEAU, 1994, p. 155).

---

[14] Ver DETIENNE (1972, 1977); DETIENNE *et al* (1979).

[15] Ver GODOY (1977).

É preciso, pois, que eu incorpore a ideia de que ao narrar uma história, eu a faço e sou um *narrador praticante*[16] ao traçar/trançar as redes dos múltiplos relatos que chegaram/chegam até mim, neles inserindo, sempre, o fio do meu modo de contar. Exerço, assim, a *arte de contar histórias*, tão importante para quem vive o cotidiano do *aprenderensinar*. Busco acrescentar ao grande prazer de contar histórias o também prazeroso ato da pertinência do que é científico. É possível? Citando, ainda, o exemplo de Detienne, Certeau (1994) diz que sim, pois esse autor

> [...] faz todas as idas e vindas desse relato, exercendo [...] uma arte de pensar. Como o cavalo, no jogo de xadrez, atravessa o imenso tabuleiro da literatura com as "curvas" dessas histórias, fios de Ariadne, jogos formais das práticas. Justamente aqui, como o pianista, ele "interpreta" essas fábulas. Executa-as privilegiando duas "figuras" onde particularmente se exercia a arte grega de pensar: a dança e a luta, ou seja, as próprias figuras que a escritura do relato aciona (p. 156).

É possível, assim, tratar o cotidiano da escola dentro de sua própria "música", com a inventividade e as repetições que comporta? Mas, para isso, preciso contá-lo a partir de relatos orais que são, em tudo, diferentes das fontes escritas. Que diferenças são essas, que é preciso considerar?

Ong (1998), em seu estudo comparativo dos relatos desenvolvidos por meio da palavra oral e por meio da palavra escrita, mostra-nos as diferenças possíveis entre a que resulta da narrativa baseada na chamada *memória oral* e aquela resultado da escrita. O autor afirma que

> [...] a narrativa, em toda a parte, constitui um gênero capital da arte verbal sempre presente, desde as culturas orais primárias até a alta cultura escrita e o processamento eletrônico da informação. Em um certo sentido, a narrativa é a mais importante de todas as formas artísticas verbais, em virtude do modo como subjaz a tantas outras formas artísticas, muitas vezes até as mais abstratas. Até mesmo por trás das abstrações da ciência está a narrativa das observações com base nas quais essas abstrações foram formuladas [...] tudo isso para dizer que o conhecimento e o discurso nascem da experiência humana e que o modo básico de processar verbalmente essa experiência é explicar mais ou menos como ela nasce e existe, encaixada no fluxo temporal. Desenvolver um enredo é um modo de lidar com esse fluxo (p. 158).

Narrar histórias é, então, uma vasta experiência humana. Vasta tanto no tempo, pois era assim que os gregos contavam a *Ilíada*, como no espaço, já que pode ser encontrada em todos os espaços deste planeta, até hoje. Mas,

---

[16] Nota em 2014: reforçando, mais uma vez: escreveria, hoje, "um narrador *praticantepensante*" (OLIVEIRA, 2012).

ela é bem mais funcional nos *espaçostempos* culturais cotidianos, nos quais "conta" – no sentido de ter importância – tanto a oralidade como a memória oral. Em primeiro lugar, porque como nela não é possível gerar categorias complexas próprias, são usadas as "histórias da ação humana para armazenar, organizar e comunicar boa parte do que sabem" (ONG, 1998, p. 158).[17] Além das culturas orais que já foram bem estudadas por antropólogos de diversas correntes, essas histórias são, também no cotidiano, desde sempre, o repositório amplo do saber das ações humanas nesses contextos: nelas estão desde o reconhecimento psicológico de alguém, quando se conta as respostas rápidas que tinha quando era criança, passando por um chazinho infalível para alguma doença, que encobre um vasto tratamento doméstico ao qual não faltam nem o carinho nem os doces, que *curam* a "alma" e mostram certo conhecimento médico, até o conserto de aparelhos domésticos, exigindo saberes mecânicos e eletrotécnicos, ou a confecção de um prato a ser degustado em um domingo de reunião familiar, que indicam de conhecimentos químicos a estéticos. Na escola, a chamada "sala dos professores" e a conhecida "hora do cafezinho" exercem uma importância capital na troca de experiências vividas, na sala de aula ou em outros *espaçostempos*, para os professores/professoras. Já o "portão da entrada" da escola ou o "pátio de recreio" representam esse mesmo papel para os alunos/alunas.

Nesses viveres cotidianos, a cultura narrativa tem uma grande importância porque garante formas, de certa maneira, duradouras aos conhecimentos, já que podem ser repetidas. Embora, naturalmente, tenham um conteúdo que não garante a sua fixação, permitem uma evolução e uma história, embora diferente das que conhecemos em relação aos conhecimentos científicos ou políticos oficiais, que são, sobretudo, escritos. Assim, por exemplo, as narrativas podem incluir dados que sem nenhuma precisão são fixados e repetidos, tais como: uma "pitada" de sal, "algumas" folhas, "certos" exercícios, uma história "engraçada", a "solução" para um problema, um "modo de fazer" os alunos escreverem um texto maior, uma "indicação" de como ler um livro fazendo anotações e garantindo a escrita a seguir,[18] etc.

Mas há uma diferença sobre a qual é preciso que eu me detenha, pedindo ainda ajuda a Ong: é aquela que tem relação com o enredo, nas duas formas de expressão. É no enredo narrativo que os procedimentos mnemônicos, verdadeiros nós necessários às redes de memória, se manifestam de modo notável (ONG, 1998, p. 41-91). No entanto, ele é diferente ao que

---

[17] Ong faz referência, quanto a isso, à obra de Havelock (1978).
[18] Tenho certeza de que a experiência dos leitores permitirá lembrar inúmeros exemplos.

estamos habituados em uma cultura escrita e, em especial, na tipográfica. Sobre isso Ong (1998) explica que:

> [...] as pessoas das culturas escritas e tipográficas atuais geralmente julgam a narrativa conscientemente inventada, algo tipicamente planejado em um enredo linear progressivo, muitas vezes diagramado como a "pirâmide de Freytag" (isto é, um aclive seguido por um declive): uma ação ascendente constrói a tensão, eleva-a a um clímax, que consiste muitas vezes em um reconhecimento ou outro incidente que cria uma "peripeteia" ou reverso da ação, e é seguida por um final ou desenlace – pois esse padrão linear progressivo tem sido comparado ao atar e desatar de um nó [...] A antiga narrativa grega oral, o poema épico, não foi construído[19] desse modo. Em sua *Arte poética*, Horácio afirma que o poeta épico "acelera a ação e joga o ouvinte no meio das coisas (vv. 148-149)". Horácio tinha em mente principalmente o descaso do poeta épico com a sequência temporal. O poeta irá relatar uma situação e apenas muito mais tarde explicar, muitas vezes detalhadamente, como ela surgiu [...] Na verdade, uma cultura oral não conhece um enredo linear progressivo extenso, do tamanho de um poema épico ou de um romance. Ela não pode organizar nem mesmo narrativas mais curtas da maneira cuidadosa, incessantemente progressiva com que os leitores de literatura, há 200 anos, aprenderam cada vez mais a contar [...] As "coisas" em meio às quais a ação deve iniciar nunca – salvo em trechos curtos – foram ordenadas cronologicamente para construir o "enredo" [...] Não encontramos enredos lineares progressivos já prontos na vida das pessoas, embora as vidas reais possam fornecer material com o qual tal enredo possa ser construído mediante a eliminação brutal de tudo o que não sejam uns poucos incidentes cuidadosamente salientados (p. 160-161).

Trabalhar com a memória cotidiana de tantas ações desenvolvidas nos múltiplos contextos em que vivemos, ao contrário das necessidades da narrativa escrita do romance, exige trazer à tona, de uma narrativa que não é nem linear nem progressiva, tudo o que é considerado "restos". Por outro lado, com analogia aos estudos de Peabody (1975), que conheci através da leitura de Ong (1998), sobre as canções cantadas pelos bardos, de larga tradição oral, ouso afirmar que a narrativa oral de ações pedagógicas múltiplas é, sempre, o resultado da interação entre o que está narrando, o público que ouve e a memória comum que têm sobre outras ações pedagógicas. Sem essa rede, não é possível narrativa compreendida e nem formulação de novos conhecimentos. Nela é muito comum a mudança de "rota" – de assunto, de tom e mesmo de forma, pode-se passar da afirmação à negação, da afirmação

---

[19] Naturalmente, eu teria dito "tecido". A palavra "construído" será usada inúmeras vezes por esse autor.

ao questionamento. Naturalmente, toda a narrativa tem certo enredo; no entanto, uma história pode ser parada e ficar sem conclusão se, de repente, a lembrança de como as pessoas se vestiam ou se penteavam "naquele tempo" ganha importância. É sobre isso que se vai falar então. É possível que em uma afirmativa de como se fazia bem a escola "naquele tempo" seja interrompida por outra história que mostra justamente o contrário.[20]

Uma última, pequena, mas necessária discussão

Todas as vezes que apresento essas ideias, junto a meus alunos e colegas, tenho sempre o cuidado de retomar o texto de Brook que me serviu de epígrafe. Acredito com paixão, hoje, que não posso pesquisar os cotidianos das escolas sem "revolucionar" os modos aprendidos com a ciência moderna. É claro que, como pessoa política, desejo convencer a muitos das ideias acima expostas. No entanto, como sei que essas coisas estão ainda muito em seu começo, pelo menos no que se refere ao campo da educação, entendo que se apresentam como extremamente ameaçadoras. Desejo, pois, terminar citando um poeta carioca, que viveu em Vila Isabel, tão próximo ao campus da UERJ e do Maracanã. Diz Noel Rosa: "a Vila não quer abafar ninguém / só quer mostrar que faz samba também".

Referências

ALVES, Nilda. Decifrando o pergaminho – o cotidiano das escolas nas lógicas das redes cotidianas. In: OLIVEIRA, Inês Barbosa de; ALVES, Nilda (Orgs.). *Pesquisa no/do cotidiano das escolas: sobre redes de saberes.* Rio de Janeiro: DP&A, 2001. p. 13-38.

ALVES, Nilda. Decifrando o pergaminho – o cotidiano das escolas nas lógicas das redes cotidianas. In: OLIVEIRA, Inês Barbosa de; ALVES, Nilda (Orgs.). *Pesquisa no/do cotidiano das escolas: sobre redes de saberes.* 3. ed. Rio de Janeiro: DP et Alli, 2008. p. 15-38.

ALVES, Nilda. Compassos e descompassos do fazer pedagógico. *Educação em Revista,* Belo Horizonte, n. 30, p. 65-76, dez. 1999.

ALVES, Nilda. *O espaço escolar e suas marcas.* Rio de Janeiro: DP&A, 1998.

ARDOINO, Jacques. Abordagem multirreferencial (plural) das situações educativas e formativas. In: BARBOSA, Joaquim Gonçalves (Coord.). *Multirreferencialidade nas ciências e na educação.* São Carlos: UFSCar, 1998. p. 24-41.

ARDOINO, Jacques. Nota a propósito das relações entre a abordagem multirreferencial e a análise institucional. In: BARBOSA, Joaquim Gonçalves (Coord.). *Multirreferencialidade nas ciências e na educação.* São Carlos: UFSCar, 1998. p. 42-49.

---

[20] Remeto ao livro Alves (1998), nas páginas 118 a 126.

AUGÉ, Marc. *Não-lugares: introdução a uma antropologia da supermodernidade.* Campinas: Papirus, 1994.

BOURDIEU, Pierre. *A miséria do mundo.* Petrópolis: Vozes, 1997.

BOURDIEU, Pierre. *Lições da aula.* São Paulo: Ática, 1988.

BROOK, Peter. *O ponto de mudança.* Rio de Janeiro: Civilização Brasileira, 1995.

BURNHAM, Teresinha Fróes. Complexidade, multireferencialidade, subjetividade: três referências polêmicas para a compreensão do currículo escolar. *Em aberto*, Brasília, ano 12, n. 58, p. 3-13, abr.-jun. 1993.

CERTEAU, Michel de. *A invenção do cotidiano.* Petrópolis: Vozes, 1994. v. 1: Artes de fazer.

DELEUZE, Gilles; GUATTARI, Félix. *O que é filosofia?* Rio de Janeiro: Editora 34, 1992.

GIARD, Luce. Cozinhar. In: CERTEAU, Michel de. *A invenção do cotidiano.* Edição e apresentação de Luce Giard. Petrópolis: Vozes, 1997. v. 2: Morar, cozinhar.

HILL, Christopher. *O mundo de ponta-cabeça.* São Paulo: Companhia das Letras, 1987.

LATOUR, Bruno. *Jamais fomos modernos.* Rio de Janeiro: Editora 34, 1994.

LEFEBVRE, Henri. *A vida cotidiana no mundo moderno.* São Paulo: Ática, 1991.

MANHÃES, Luiz Carlos Siqueira. Angra das redes: formação de educadores e educadoras no sul fluminense. 1999. xxx f. Tese (Doutorado em Educação) – Faculdade de Educação, Universidade Federal Fluminense, Niterói, 1999.

MORIN, Edgar. *Ciência com consciência.* Rio de Janeiro: Bertrand Brasil, 1996.

MORIN, Edgar. *La méthode.* Paris: Éditions Du Seuil, 1991. v. 4: Les idées.

MORIN, Edgar. *La méthode.* Paris: Éditions Du Seuil, 1986. v. 3: La connaissance de la connaissance.

MORIN, Edgar. *La méthode.* Paris: Éditions Du Seuil, 1980. v. 2: La vie de la vie.

MORIN, Edgar. *La méthode.* Paris: Éditions Du Seuil, 1977. v. 1: La nature de la nature.

OLIVEIRA, Inês Barbosa de. Currículos e pesquisas com os cotidianos: o caráter emancipatório dos currículos "pensadospraticados" pelos "praticantespensantes" dos cotidianos das escolas. In: FERRAÇO, Carlos Eduardo; CARVALHO, Janete Magalhães (Orgs.). *Currículos, pesquisas, conhecimentos e produção de subjetividades.* Petrópolis: DP et Alii, 2012. p. 47-70.

ONG, Walter. *Oralidade e cultura escrita.* Campinas: Papirus, 1998.

PEABODY, Berkley. *The Winged Word: A Study in the Technique of Ancient Greek Oral Composition as Seen Principally through Hesiod's Works and Days.* Albany: State University of New York Press, 1975.

SANTOS, Boaventura de Sousa. *O social e o político na transição pós-moderna.* São Paulo: CEDEC, 1993. p. 181-207.

Sobre movimentos das pesquisas *nos/dos/com* os cotidianos[1]

Conto, neste texto, a trajetória de algumas ideias minhas em torno de questões teórico-epistemológicas nas *pesquisas dos/nos/com os cotidianos*.[2] Para isso, vou buscar um texto iniciado em 1991, quando da minha volta do pós-doutorado feito na França, quando era outro o grupo de pesquisa e outra a instituição em que trabalhava,[3] e que foi finalizado em uma pesquisa, em 1999,[4] com publicação em 2001;[5] que fez, portanto, um percurso de dez anos. Neste texto, mostro as ideias daquele texto e o amplio com uma crítica ao que nele vai escrito. Esse movimento não é novo para mim, que decidi fazer o mesmo caminho quando publiquei o livro *Trajetórias e redes na formação de professores* (1998), no qual buscava entender e criticar uma trajetória de treze anos pensando a temática indicada no título do livro.

Vou buscar, assim, neste texto, tratar o pensamento dessa autora, que sou eu mesma há alguns anos, como o pensamento do *outro*, assumindo toda a *subjetividade* que esse processo inclui, percorrendo o *caminho*

---

[1] Nota em 2014: a primeira versão deste texto apareceu publicada na revista *Teias*, do ProPEd/UERJ, em sua versão eletrônica, em outubro/2007, correspondendo ao n. 7-8 (2003) Texto republicado e atualizado em Oliveira e Alves (2008). Esta última versão é a usada nesta coletânea.

[2] É preciso dizer que as ideias que vão aqui emitidas surgem nas ótimas discussões que desenvolvemos no grupo de pesquisa "Cotidiano escolar e currículo", especialmente no subgrupo "Redes de conhecimentos em educação e comunicação: questão de cidadania". Nota em 2014: o GRPESq/CNPq é, atualmente, o "Currículos, redes educativas e imagens".

[3] Nesse momento, faziam parte desse grupo somente Inês Barbosa de Oliveira e Verônica Gomes de Aquino e a instituição era a UFF, antes da minha aposentadoria, em 1996.

[4] Essa pesquisa se desenvolveu sob o título *A construção do conhecimento sobre currículos por equipes pedagógicas de secretarias municipais de educação*. Foram subcoordenadoras dessa pesquisa: Inês Barbosa de Oliveira, no município de Nilópolis, e Joanir Gomes de Azevedo, no município de Angra dos Reis. Contou com o apoio do CNPq, com bolsas.

[5] O artigo foi publicado pela DP&A (ALVES, 2001) e é o texto que pode ser encontrado neste livro sobre o título "Decifrando o pergaminho – os cotidianos das escolas nas lógicas das redes cotidianas". Nota em 2014: republicado pela DP et Alli (Alves, 2008).

epistemológico que foi o meu, mas é de outra, na medida em que o busco compreender com o que sou hoje, diferente do que era então, por minhas tantas vivências, minhas leituras, minhas discussões com colegas, no entretanto.

Não faço isso por vaidade ou soberba, mas porque considero que essa é a trajetória necessária ao processo das pesquisas *nos/dos/com os cotidianos*: precisamos nos ver, como pesquisadores, *mergulhados* em nossos próprios cotidianos, nos quais abraçamos ferrenhamente algumas ideias que devemos, desconcertados, deixar para trás ou criticar com força mais adiante, pois a vida se impõe todas as vezes e assim deve ser, em especial nessas pesquisas. Todo esse processo nos mostra em permanente movimento e nos indica que somos e pensamos diferente daquilo que pensávamos algum tempo antes. Por isso mesmo, adotei como minha uma recomendação de Brook (1995), transcrita como epígrafe no texto que publiquei em 2001.

Sobre um texto começado em 1991 e publicado dez anos depois: "Decifrando o pergaminho"

Ao texto publicado em 2001, dei o título "Decifrando o pergaminho – os cotidianos das escolas nas lógicas das redes cotidianas". A segunda parte do título tem a ver com os processos que fomos desenvolvendo nas pesquisas *nos/dos/com os cotidianos*, em diversos grupos pelo Brasil.[6] Com eles, fomos entendendo, em processos individuais e coletivos, as maneiras particulares como se cria conhecimentos[7] nos cotidianos, buscando compreender as diferentes lógicas com que se articulam. Em primeiro lugar, entendemos que essas maneiras incluem, de modo inseparável, o *fazerpensar*,[8] tanto como a *práticateoriaprática*, em movimentos sincrônicos que misturam, sempre, agir, dizer, criar, lembrar, sentir...

Com isso, nessas pesquisas, foi necessário criar, incorporar e desenvolver as ideias de *redes de conhecimentos* e de *tessitura de conhecimentos em redes*,[9] sabendo que estávamos inteiramente "mergulhados" (OLIVEIRA;

---

[6] Creio poder citar, sabendo que faltam alguns, aqueles grupos com os quais mantenho uma proximidade maior: o grupo coordenado por Inês Barbosa de Oliveira, na UERJ; o coordenado por Regina Leite Garcia e Maria Teresa Esteban, na UFF; o coordenado por Carlos Eduardo Ferraço e Janete Magalhães Carvalho, na UFES; o coordenado por Marcos Reigota, na UNISO.

[7] Nota em 2014: lembro, mais uma vez, que escrevo, hoje, conhecimentos e significações.

[8] A escrita conjunta desses termos tem, também, a ver com a busca de superação das marcas que em nós estão devido à formação que tivemos dentro do modo hegemônico de pensar, representado pela ciência moderna, na qual um dos movimentos principais é a dicotomização desses termos, vistos como "pares" mas opondo-se entre si.

[9] Nota em 2014: também aqui trabalho, hoje, com redes de conhecimentos e significações e de tessitura de conhecimentos e significações em redes.

ALVES, 2001) nos *espaçostempos* que pesquisávamos. Isso porque tudo o que tínhamos aprendido e sabíamos sobre o "pensar e fazer ciência" fora criado em um movimento que precisou "superar" e mesmo "negar" os conhecimentos cotidianos, bem como os modos como eram/são criados. Ou seja, para ir além dessas lições aprendidas, tínhamos que lutar contra o que, em nós, estava *encarnado*: a cegueira que em nós instalara a formação recebida; a ideia de separar sujeito de objeto; a ideia de que trabalhávamos com objetos e não com processos; os movimentos que generalizam, abstraem, sintetizam, globalizam. Em resumo: trabalhar com a dúvida em permanência e a incerteza sempre presente, aprendendo a olhar nos olhos dos outros para descobrir nossos pontos cegos, como tão bem nos indicou Von Foerster (1995).

No que se refere à primeira parte do título que dei ao artigo – "Decifrando o pergaminho" – empreguei a metáfora que aprendera com Certeau (1994) quando explicava o processo de pesquisar os cotidianos e dizia que, neles, como histórias se inscreviam sobre outras, permanentemente, era preciso que nos dedicássemos a descobrir debaixo de cada acontecimento que se dava aqueles tantos que ele tinha escondido e que se deram antes ou se davam ao mesmo tempo, como os pergaminhos, da Idade Média, que permitiam e obrigavam aos seus pesquisadores descobrir o que era escrito, em camadas sucessivas. Era isso o que a cada um de nós, pesquisadores *nos/dos/com os cotidianos*, era exigido. Preciso dizer que isso Certeau aprendera com Foucault, quando este dizia: "a genealogia é cinza; ela é meticulosa e pacientemente documentária. Ela trabalha com pergaminhos embaralhados, riscados, várias vezes reescritos" (FOUCAULT, 1999a, p. 15).

No artigo que, com dez anos de formulação, foi publicado em 2001, discuto *quatro movimentos* que caracterizariam os *processos necessários* para o desenvolvimento das pesquisas *nos/dos/com os cotidianos*. O primeiro deles se refere a uma necessária discussão com o modo dominante de "ver" o que foi chamado "a realidade" pelos modernos e que se referia, como alerta Latour (1994), ao mundo que hoje chamaríamos "particular" do laboratório ou das "criações abstratas" como o *Leviatã*, de Hobbes. A trajetória de um trabalho nos cotidianos precisa ir além do que foi aprendido com essas particularidades e abstrações da Modernidade, na qual o *sentido da visão* foi o exaltado ("ver para crer"; "é preciso uma certa perspectiva"; "do meu ponto de vista", etc.). É necessário, por isso, nessas pesquisas, executar *um mergulho com todos os sentidos* no que desejamos estudar. A esse movimento chamei, no artigo, pedindo licença ao poeta Drummond, de *o sentimento do mundo*.

O segundo movimento, discutido no artigo, é aquele que nos leva a compreender que o conjunto de teorias, categorias, conceitos e noções que herdamos das ciências criadas e desenvolvidas na chamada Modernidade, e que continuam sendo um recurso indispensável ao desenvolvimento dessas ciências, não é só apoio e orientador da rota a ser trilhada, mas, também e cada vez mais, *limite* ao que precisa ser tecido para compreendermos as lógicas de tessitura[10] dos conhecimentos nos cotidianos. Para nomear esse processo que nos leva a compreender como limite o que nos habituamos a ver como apoio, pedindo ajuda ao historiador Hill (1987), usei a ideia de *virar de ponta-cabeça*.

No terceiro movimento estudado, indiquei a necessidade de ampliação do que é entendido como fonte, discutindo os modos de lidar com a diversidade, a diferença e a heterogeneidade, dos cotidianos e de seus praticantes, tanto quanto suas múltiplas e diferentes relações. No artigo, a esse movimento dei o nome de *beber em todas as fontes*, discutindo a importância, para essas pesquisas, da incorporação de fontes variadas, vistas anteriormente como dispensáveis e mesmo suspeitas: a voz que conta uma história; os escritos comuns dos *praticantes* (CERTEAU, 1994) dos cotidianos; as fotografias tiradas em *espaçostempos* sem significado especial; os arquivos de secretarias das escolas comuns nos quais estão reunidos papéis nada burocráticos como se tem o hábito de entendê-los (ALVES, 2003); etc.

Por fim, no artigo, assumi como quarto movimento aquele que precisa acontecer quando, para comunicar novas preocupações, novos problemas, novos fatos e novos achados que os *acontecimentos* nos trazem, nos é indispensável uma nova maneira de escrever para chegar a todos a que precisamos falar, em especial os próprios *praticantes* dos cotidianos, para lhes dizer o que vamos compreendendo ao estudar, com eles, suas ações e seus conhecimentos, em um movimento que Santos (1989) chamou de *segunda ruptura epistemológica*.[11] A esse movimento chamei, com algumas dúvidas, *narrar a vida e literaturizar a ciência*.

Por que, estando ainda em acordo com essas ideias, senti necessidade de retomá-las para mostrar o que sob elas pode ser encontrado, se me dedico a *decifrar o pergaminho*, na escritura do artigo a que venho me referindo, no movimento que nele já considerava: a possibilidade de me iludir, de "ver" coisas e fatos inexistentes e, ao mesmo tempo, deixando de compreender e mencionar os *acontecimentos* como se me apresentavam, como "atos" de *praticantes*?

---

[10] O termo tessitura foi buscado na música permitindo compreender o modo como se relacionam as notas músicas para compor uma peça.

[11] Nota em 2014: no momento presente, Alessandra Nunes Caldas termina sua tese de doutoramento na qual trabalha com a ideia de "circulação científica" como o processo central de troca entre os diversos *praticantespensantes* da Educação e de necessárias relações permanentes entre as pesquisas desenvolvidas na Universidade com todos os *espaçostempos* nos quais a Educação se *praticapensa*.

A necessidade da crítica, buscando entender o que não consegui compreender antes

Para desenvolver a crítica necessária ao texto publicado, buscando o que do pergaminho tinha buscado decifrar e não tinha sido compreendido então, vou me referir a uma citação que faço naquele artigo e que se encontra entre as páginas deste livro.

Ao descrever o movimento que faço nessa pesquisa, impressionada pelas ideias que discutia em Certeau (1994), introduzo esse texto dizendo que precisava compreender as coisas que apreendia de modo diferente daquilo que se buscava "ver" nas pesquisas que tinham a escola como *lócus* de trabalho: "mergulhar inteiramente em uma determinada realidade buscando referências de sons, sendo capaz de engolir, sentindo a variedade de gostos, caminhar tocando coisas e pessoas e me deixando tocar por elas, cheirando os cheiros que a realidade vai colocando a cada ponto do caminho diário" (ALVES, 2001, p. 17). Insistia, ainda e então, dizendo que:

> [...] com todos esses fatos anotados e organizados, percebo que só é possível analisar e começar a entender o cotidiano escolar em suas lógicas através de um grande mergulho na realidade cotidiana da escola e nunca exercitando o tal olhar distante e neutro que me ensinaram e que aprendi a usar. É preciso questionar e "entender" o cheiro que vem da cozinha, porque isso terá a ver com o trabalho das professoras e as condições reais de aprender dos alunos. É preciso "comer" um sanduíche feito mais de doze horas antes e "ouvir" e "participar" de conversas entre os alunos, moças e rapazes, para entender alguns "problemas" do noturno e "sentir" o porquê de seus alunos/alunas o frequentarem, e cada vez mais. Torna-se necessário, se quero trabalhar com o cotidiano escolar, que entre nas salas de baixo desse prédio e sinta sua falta de luz e seu cheiro de mofo. O que deve sentir uma professora que ano após ano é escolhida para dar aulas em uma dessas salas? Viver com (conviver) essas questões, esses cheiros, esses gostos, esses sons, essa luminosidade ou obscuridade, com os sentimentos que aí são vividos, não é fácil. Mas é possível realmente compreender o que aí se passa sem isso?

O que deixei de compreender, então, na transcrição feita e aqui mostrada e que se revelou para mim, quando me dediquei a entender os limites dessa pesquisadora, naquele momento? Em primeiro lugar, coloquei-me demais em questão nesse texto – e, hoje, pergunto-me se daqui a algum tempo não estarei percebendo isso também, no texto atual que vou escrevendo. Ao me preocupar com os movimentos que como pesquisadora precisava fazer – compreender todos os *acontecimentos* que meus tantos sentidos permitiam sentir, esqueci o que William Blake poetiza: "Como saber se cada pássaro que cruza os caminhos do ar/ não é um imenso mundo de prazer, vedado por nossos cinco sentidos?" (*apud* MANGUEL, 2001, p. 22)

Mas, em segundo lugar e especialmente, não questionei a existência definidora, em todos os *acontecimentos* narrados, dos *praticantes* desses cotidianos. Não se tratava só do que eu, pesquisadora *mergulhada* neles, precisava trabalhar e sentir. Tratava-se, também e em especial, de trabalhar os sentimentos: de quem comia o sanduíche preparado doze horas antes; da professora que sentia, ano após ano, a discriminação da diretora; dessa própria diretora nas decisões que tomava; dos pais nas escolhas que encaminhavam na alfabetização de seus filhos... E, no entanto, no texto transcrito, todos esses *praticantes* aí estão com seus nomes, com o que fazem e com o que sentem.

Por que, então, não busquei trabalhar um quinto movimento a que poderia, talvez, em uma homenagem a Nietzsche e a Foucault, tão preocupado com ele, chamar de *Ecce homo* ou talvez *Ecce femina*, mais apropriado aos cotidianos de nossas escolas?

Talvez por não ser tão sábia quanto os autores citados ou talvez por ser mulher em uma sociedade na qual quem tem ideias é homem, ou ainda, porque deixo as marcas de meus passos em terrenos pouco conhecidos, vagando por *espaçostempos* ainda não ou impossivelmente revelados, não consegui formular aquilo que no texto estava virtualmente escrito: o que de fato interessa nas pesquisas *nos/dos/com os cotidianos* são as pessoas, os *praticantes*, como as chama Certeau (1994) porque as vê em atos, o tempo todo. Cabe, assim, a pergunta: por que falando sobre isso o tempo todo, não me dei conta disso? E por que consigo fazê-lo agora?

Para poder ensaiar uma resposta, começo por trazer a ideia de Foucault (1999b) de que "a história 'efetiva' faz ressurgir o 'acontecimento' no que tem de único e de agudo". Para esse autor:

> [...] acontecimento – é preciso entendê-lo não como uma decisão, um tratado, um reinado ou uma batalha, mas como uma relação de forças que se inverte, um poder confiscado, um vocabulário retomado e voltado contra seus usuários, uma dominação que se debilita, se distende, se envenena a si mesma, e outra que entra, mascarada. As forças em jogo na história não obedecem nem a um destino, nem a uma mecânica, mas efetivamente ao acaso da luta. Elas não se manifestam como as formas sucessivas de uma intenção primordial; tão pouco assumem o aspecto de um resultado. Aparecem sempre no aleatório singular do acontecimento (p. 145-172).

Assim sendo, é claro que o acontecimento não é o que é ou o que acontece, mas é aquilo que estando ainda não é, seu tempo não é o presente, mas o que vem chegando. Nesse sentido, pois, ao colocar no papel as ideias que vamos tendo a respeito de movimentos vividos e de processos experienciados, vamos introduzindo no texto possíveis expressões que não conseguem se explicitar inteiramente, nem disso conseguimos ter inteira compreensão para expressar em palavras tudo o que pensamos ou queremos expressar. No entanto, de forma "envenenada" ou "mascarada" algo existe "virtualmente" no que está sendo escrito e depois é lido. Ora, se para o possível, como nos ensina Deleuze e Guattari (1995) o que existe é transformar-se em real sem nenhuma criação, ao virtual cabe a atualização, o que pressupõe essa criação. É por isso que Sousa Dias (1995) indica que "o acontecimento virtual possui a estrutura de um problema a resolver e persistente, nas suas condições problemáticas" (p. 92).

Como problema em ato o *Ecce Femina* no texto escrito só apareceria se a criação atualizasse o virtual, se a crítica exercitada no entrecruzamento de todos os diálogos estabelecidos após a publicação, no caos com que se apresentam sempre, criasse, pela *repetição*, a *diferenciação*, como uma música que só se faz especial para nós, depois de ouvida (e executada) muitas vezes.

Só era possível criar o *Ecce Femina* porque ele se repetiu, de modo caótico, uma infinidade de vezes, nas redes tecidas e retecidas, nas diversas formas de dizer e nos tantos sentidos possíveis, afinal se diferenciando do que antes, no já então passado, foi escrito.

O artigo por mim assinado, publicado em 2001, foi assumido, na saída, como uma obra coletiva, remetida aos diversos grupos de pesquisa que coordenei (ALVES, 2001, p. 13). Ou seja, entendi-a como uma obra cuja criação não era devida à subjetividade criadora da autora. Busquei mostrar que, do mesmo modo, se fez um segundo processo de criação, na escritura deste texto. Isso porque foram feitos como ocorre

> [...] com os acontecimentos de uma vida, as coisas, gentes, livros, ideias e experiências que consubstanciam em nós, insensivelmente até com os nossos devires e que traçam a nossa autêntica individualidade. E faz-se com tudo isso não enquanto vivências subjetivas, percepções, afeções e opiniões de um eu, mas como singularidades pré-individuais, infinitivos suprapessoais e, como tal, partilháveis, "comunicáveis", correntes de vida transmissíveis. Escreve-se, pinta-se, compõe-se sempre com a multiplicidade que há em nós, que cada um de nós é, o sujeito criador é sempre coletivo, o nome do autor sempre a assinatura de uma sociedade anônima (SOUSA DIAS, 1995, p. 104-105).

É assim que as coisas acontecem nos cotidianos vividos, assim, também nas pesquisas *nos/dos/com os cotidianos*. Espero, de alguma forma com esse trabalho/exemplo, ter ajudado a entender melhor nossos movimentos que incluem o que poderíamos chamar os nossos erros. Consola-nos a ideia de que também assim ocorrem nossos acertos.

Referências

ALVES, Nilda. *Trajetórias e redes na formação de professores*. Rio de Janeiro: DP&A, 1998.

ALVES, Nilda. Compassos e descompassos do fazer pedagógico. *Educação em Revista*, Belo Horizonte, n. 30, p. 65-76, dez. 1999.

ALVES, Nilda. Decifrando o pergaminho – o cotidiano das escolas nas lógicas das redes cotidianas. In: OLIVEIRA, Inês Barbosa de; ALVES, Nilda (Orgs.). *Pesquisa no/ do cotidiano das escolas: sobre redes de saberes*. Rio de Janeiro: DP&A, 2001. p. 13-38.

ALVES, Nilda. Diário de classe, espaço de diversidade. In: MIGNOT, Ana Chrystina; CUNHA, Maria Teresa Santos (Orgs.). *Prática da memória docente*. São Paulo: Cortez, 2003. p. 63-77.

ALVES, Nilda. Decifrando o pergaminho – o cotidiano das escolas nas lógicas das redes cotidianas. In: OLIVEIRA, Inês Barbosa de; ALVES, Nilda (Orgs.). *Pesquisa no/do cotidiano das escolas: sobre redes de saberes*. 3. ed. Rio de Janeiro: DP et Alli, 2008. p. 15-38.

BROOK, Peter. *O ponto de mudança*. Rio de Janeiro: Civilização Brasileira, 1995.

CERTEAU, Michel de. *A invenção do cotidiano*. Petrópolis: Vozes, 1994. v. 1: Artes de fazer.

DELEUZE, Gilles; GUATTARI, Félix. *Mil platôs*. Rio de Janeiro: Editora 34, 1995. v. 1: Capitalismo e esquizofrenia.

FOUCAULT, Michel. *As palavras e as coisas*. São Paulo: Martins Fontes, 1999a.

FOUCAULT, Michel. Nietzsche, a genealogia e a história. In: _____. *Microfísica do poder*. 14. ed. Rio de Janeiro: Graal, 1999b.

HILL, Christopher. *O mundo de ponta-cabeça*. São Paulo: Companhia das Letras, 1987.

LATOUR, Bruno. *Jamais fomos modernos*. Rio de Janeiro: Editora 34, 1994.

MANGUEL, Alberto. *Lendo imagens*. São Paulo: Companhia das Letras, 2001.

OLIVEIRA, Inês Barbosa de; ALVES, Nilda (Orgs.). *Pesquisa no/do cotidiano das escolas: sobre redes de saberes*. Rio de Janeiro: DP&A, 2001.

SANTOS, Boaventura de Sousa. *Introdução à ciência pós-moderna*. Porto: Afrontamento, 1989.

SOUSA DIAS. *Lógica do acontecimento: Deleuze e a filosofia*. Porto: Afrontamento, 1995.

VON FOERSTER, Heinz. Visión y conocimiento: disfunciones de segundo orden. In: SCHINITMAN, Dora Fried. *Nuevos paradigmas, cultura y subjetividad*. 1. reimp. Buenos Aires: Paidós, 1995. p. 91-113.

Currículos e pesquisas com os cotidianos[1]

Começo por dizer que considero necessário pluralizar todos os termos do título que nos foi dado a desenvolver, já que na corrente de pesquisas em currículos a que pertenço – a das pesquisas *nos/dos/com os cotidianos* – uma das ideias-força com que temos trabalhado é exatamente a necessidade de, ao escrevermos, pluralizar os termos, na compreensão da multiplicidade de soluções que aparecem nos cotidianos das redes educativas que formamos e que nos formam.

Neste texto, vou trabalhar em duas direções básicas. Inicialmente, escrevo sobre como vejo os movimentos que vêm juntando currículos – pensados e realizados nos diversos graus de ensino – e pesquisas com os cotidianos. Ou, em outras palavras, que contribuições as pesquisas em currículos com os cotidianos têm dado ao campo das pesquisas em educação.

Em seguida, destaco o que vou chamar de *"espaçostempos* vazios", ou seja, aquelas temáticas ou questões às quais não demos, ainda, a atenção devida e que se o fizéssemos ajudaria ao melhor entendimento dos processos curriculares *nos/dos/com* os cotidianos. Assim, entendendo a importância de que nossas principais preocupações estejam com os cotidianos de escolas do ensino fundamental, nas ações de seus *praticantes* docentes e discentes, indico que precisamos, com urgência, lançar nossos olhos, ouvidos e outros sentidos para a escola média – em especial por causa da enxurrada de escolas profissionalizantes que vamos ter – e para a universidade, lugar de formação dos docentes que atuam nos diversos graus de ensino (incluindo, talvez, pesquisas sobre processos cotidianos nos cursos de pós-graduação *stricto sensu*).

---

[1] Texto publicado originalmente em: OLIVEIRA, Inês B.; ALVES, Nilda (Orgs.). *Pesquisa no/do cotidiano das escolas: sobre redes de saberes*. Rio de Janeiro: DP&A, 2001. p. 13-38. Republicado e atualizado em: OLIVEIRA, Inês B.; ALVES, Nilda (Orgs.). *Pesquisa nos/dos/com os cotidianos das escolas: sobre redes de saberes*. Petrópolis: DP et Alii, 2008. p. 15-38. Nota em 2004: Esta última versão é a usada nesta coletânea. (N. Orgs.)

Preciso dizer, ainda, que trago para o texto uma inspiradora "conversa" que estou tendo com um livro de Certeau (1987) que ainda não havia lido, que me foi dado por Conceição Soares,[2] em 2009, e cujo título é *Histoire et psychanalyse: entre science et fiction*.[3]

Alguns movimentos em pesquisas com os cotidianos: algumas contribuições ao campo da educação

O primeiro destaque a ser feito quanto às contribuições das pesquisas com os cotidianos ao campo da educação deve ser o trabalho insistente e regular de pensar as metodologias, criando-as para desenvolver processos de pesquisas novos. A necessidade disso apareceu quando compreendeu-se que os métodos propostos pelas ciências na Modernidade tinham sido estruturados para "superarem" o "senso comum", nome genérico que foi dado aos conhecimentos e significações comuns, que são aqueles que surgem nos cotidianos.

Se partíamos da necessidade de compreendermos os modos como esses conhecimentos e significações são criados nas tantas redes que formamos e que nos formam, seria preciso tecer uma infinidade de caminhos para que essa compreensão se desse. Para isso, foi preciso entender que o que já estava posto – que precisávamos conhecer e discutir e nunca ignorar, já que nos formara e marcara em nossa formação de pesquisadores – significava limites a serem enxergados, compreendidos, articulados aos modos de pensar hegemônicos e superados.

E nos pusemos a caminho disso, nos grupos que fomos formando para pesquisar com os cotidianos, fazendo textos e publicando livros em torno do que íamos acumulando em nossas "conversas" sobre os caminhos necessários. Para não me alongar muito, creio que poderia citar, à guisa de exemplo, o livro de Janete Magalhães,[4] de inspirado título: *O cotidiano escolar como comunidade de afetos*, publicado em 2009.

Como todo o percurso, lembremos, teve seus momentos de riso, como aqueles nos quais debatíamos se "o certo" era dizer "*nos/dos/com* os cotidianos" ou se "com os cotidianos" bastava... Para não falar nos debates sem fim entre Regina[5] e eu sobre: "citar ou não citar, eis a questão".

---

[2] Bolsista pós-doutorado FAPERJ/Capes, junto ao ProPEd/UERJ, membro do GRPESQ "Currículos, redes educativas e imagens". Nota em 2014: hoje professora adjunta da UERJ.

[3] Esse livro foi publicado em 2011, pela Autêntica.

[4] Janete Magalhães Carvalho – professora adjunta da UFES, líder dos grupos de pesquisa (GRPESQS) "Currículos, cotidianos, culturas e redes de conhecimentos" e "Formação de professores e práticas pedagógicas".

[5] Regina Leite Garcia, professora emérita da UFF, líder do GRPESQ "Alfabetização dos alunos e alunas das classes populares".

Desse caminho coletivo, sempre em meio a muitas conversas de uns com os outros, pessoalmente ou pelas leituras que realizávamos de nossos textos, surgiram ideias interessantes e cabe lembrar algumas: 1) quando Ferraço[6] nos disse que somos "caçadores de nós mesmos" nos processos de pesquisa que desenvolvemos, lembrando a ideia de "operações de caça", de que Certeau (1994) fala como caracterizando as *táticas* dos *praticantes*, na compreensão de que os pesquisadores de ações de *praticantes* são também *praticantes*; 2) quando Inês[7] e eu indicamos que, nas pesquisas com os cotidianos, precisamos nos saber "mergulhados" nos *espaçostempos* em que trabalhamos, com isso querendo dizer da possibilidade, talvez, de nos afogarmos neles e cuidarmos para que isso não aconteça; 3) quando eu articulei os movimentos necessários às pesquisas com os cotidianos, esquecendo um deles sobre o qual só consegui escrever muitos anos depois, graças ao alerta que me foi dado em "conversas" com outros pesquisadores; 4) quando Regina, organizando o livro *Método: pesquisa com o cotidiano*, abre a obra, dizendo "tudo", na epígrafe, com uma citação de Deleuze: "não há método, não há receita, somente uma grande preparação"; 5) quando Maria Teresa Goudard,[8] nesse mesmo livro, assumindo a ideia de Ezpeleta e Rockwell[9] de "vigilância permanente", como *devir* na entrada de uma escola para pesquisar, nos lembrou, "por sua experiência de professora pesquisadora", que ora isso é possível, ora impossível. Todos buscando nos alertar das incertezas dos caminhos que escolhíamos. Mas a essas incertezas, ainda no mesmo livro, Aldo[10] nos indica que os caminhos são plenos de posições estéticas e podem nos levar a "uma vida bonita". Acrescento uma sexta contribuição teórico-metodológica, para finalizar esse aspecto: quando indico, a partir de Deleuze (1992), a compreensão de que as imagens e narrativas que tanto insistiam em estar em nossas pesquisas, com as quais dialogávamos permanentemente, exercem o papel de "personagens conceituais".

Um segundo aspecto a destacar é que nossas pesquisas se deram em meio a lutas complicadas, mas que nossa capacidade de busca de como

---

[6] Carlos Eduardo Ferraço, professor adjunto da UFES, líder do GRPESQ "Currículos, cotidianos, culturas e redes de conhecimentos".

[7] Inês Barbosa de Oliveira, professora adjunta da UERJ, líder do GRPESQ "Cotidiano escolar e currículo".

[8] Maria Tereza Goudard Tavares, diretora da Faculdade de Formação de Professores/UERJ, líder do GRPESQ "Vozes da Educação: memória(s), história(s) e formação de professores(as)".

[9] Pesquisadoras do CIEA/IPNM-México que, em livro publicado pela Cortez/Autores Associados em 1986, lançam no Brasil, as possibilidades de pesquisas com os cotidianos.

[10] Aldo Victorio Filho, professor adjunto do Instituto de Artes/UERJ, líder do GRPESQ "Estudos culturais em Educação e Arte".

fazê-las – a que me referi anteriormente – nos deram consistência para enfrentar o que veio – e ainda virá. Alguns aspectos dessa luta devem ser lembrados: 1) em um campo no qual as "justas batalhas" eram aquelas das discussões com as "políticas oficiais" – de currículo; de formação de professores; de condições materiais de trabalho, dentro das quais os baixos salários profissionais ganhavam relevo –, buscar mostrar que os docentes e os outros *praticantes* da escola criavam currículos e viviam apesar das condições deletérias de trabalho foi denunciado como "falta de política"; 2) em um campo no qual as posições críticas criaram os métodos hegemônicos, por consequência da escolha que colegas que tinham, como central, a temática anteriormente indicada, nossas escolhas por ter imagens e narrativas como "personagens conceituais", foram entendidas como "contação de historinhas" e "ilustração sem sentido", sem nenhum valor teórico.

Mas fomos à luta, realizando processos de pesquisa que: 1) mostravam escolhas empíricas criteriosas e bem discutidas entre nós, postas em prática com dificuldade, pois eram "novas"; 2) indicavam os *espaçostempos* políticos dos cotidianos – aqueles nos quais se vive a vida, sofrem-se as consequências de más ou mesmo indecentes políticas oficiais, mas se criam saídas às situações vividas, para se continuar vivendo; 3) chamavam os colegas de outras posições para "conversar";[11] 4) indicavam que o apoio de uns aos outros, entre nós, era indispensável, em meio às nossas reconhecidas diferenças que, sempre, provocaram discussões interessantes.

Há um último aspecto de que quero tratar e que foi o de nossa escolha epistemológica pelas redes de conhecimentos e significações. Essa escolha foi, também, um assunto que deu trabalho. Em primeiro lugar, nos diziam que estávamos negando todos os conhecimentos gerados por séculos pelas ciências. Mas não se tratava disso e, sim, de dizer que os conhecimentos comuns – eles sim, negados pelas ciências como válidos – são conhecimentos necessários aos seres humanos e são criados de maneira diferente dos conhecimentos científicos. Precisávamos conhecer essas maneiras e foi nesse processo/necessidade que compreendemos a importância da metáfora das redes. Nele, começamos a entender por que esses conhecimentos não se faziam importantes àqueles processos que se desenvolviam nos conhecimentos das ciências, cuja metáfora era a da árvore. Mas entendemos também que não se tratava de oposição, nem muito menos de complementariedade de uns e outros. Tratava-se/trata-se de dois mundos diferentes, com influência sobre o que se fazia nas escolas e em seus currículos, cuja diversidade precisava

---

[11] Lembro o artigo que Inês e eu (ALVES; OLIVEIRA, 2006) escrevemos, respondendo a artigo publicado por Acácia Kuenzer e Maria Celia Moraes na *Revista Educação & Sociedade*.

ser compreendida e respeitada. Ainda não chegamos lá, mas fazemos força para que muitos compreendam isso.

No bojo dessa discussão, surgiu também a ideia de que pleiteávamos – nós das pesquisas com os cotidianos – que o "currículo por disciplina", hegemônico de Napoleão até os dias de hoje, fosse substituído por um "currículo em redes". Creio que bem esclarecemos que não era nada disso, mas nos demos o direito de discutir o "currículo por disciplinas" como produto histórico de uma época que tinha aparecido por necessidades da burguesia europeia ascendente e que poderia vir a desaparecer em outro momento histórico. E que precisávamos pensar sobre isso, formulando hipóteses e fazendo experiências locais diferentes das disciplinarizadas.[12]

Para nós que trabalhamos com os cotidianos, o que surgiu disso foi alguma coisa interessante e que nos tem feito discutir os currículos escolares na ideia de que as escolas possuem, sempre, intensos contatos com outras redes educativas. Dessa maneira, o *dentrofora* que esses contatos permitem exige que pensemos bem largamente os conhecimentos e conteúdos que formam e conformam os currículos escolares. Nossas vivências, nessas tantas redes, nos marcam e fazem com que transitemos, com nossas tantas marcas, de um a outro contexto. Isso em certo momento nos fez criticar a ideia, tão comum entre nós "da Educação", originada no pensamento do que foi chamado de "Escola Nova", e muito defendida pelos críticos das posições hegemônicas em nosso país, de que a escola precisava incorporar as questões sociais. A compreensão desse *dentrofora* e das marcas que carregávamos nos fez afirmar que é impossível aos processos desenvolvidos nos currículos escolares de não incorporarem os processos sociais mais amplos. As marcas que para as escolas são carregadas por docentes, discentes, outros trabalhadores das escolas, responsáveis e comunidade local foram criadas nessas tantas redes educativas em que vivemos, incluindo as escolas por onde passamos.

Isso nos fez compreender que os valores – e seus negativos, os preconceitos – estavam presentes em nossas tantas redes e era o que nos fazia agir/reagir ao que nos acontecia, aos acontecimentos[13] que se apresentavam

---

[12] Não posso me furtar a lembrar da "experiência de Angra" de formação de professores que indicou possibilidades ricas e que deram frutos.

[13] Repito aqui, mais uma vez, o que Foucault (1971, p. 145-172) nos diz ser "acontecimento": "Acontecimento – é preciso entendê-lo não como uma decisão, um tratado, um reinado ou uma batalha, mas como uma relação de forças que se inverte, um poder confiscado, um vocabulário retomado e voltado contra seus usuários, uma dominação que se debilita, se distende, se envenena a si mesma, e outra que entra, mascarada. As forças em jogo na história não obedecem nem a um destino, nem a uma mecânica, mas efetivamente ao acaso da luta. Elas não se manifestam

nessas redes. Dessa maneira, para os combates necessários aos preconceitos culturais de toda sorte, precisávamos/precisamos compreender como esses conhecimentos e significações se criavam/criam e como eram/são mantidos e manipulados. Estamos dando, entendo, essa contribuição aos currículos escolares, ao acrescentarmos *espaçostempos* com essas ideias nos currículos oficiais, às vezes criando o que é chamado de "disciplina escolar", ora desenvolvendo pesquisas sobre isso.[14] Mas ainda falta muito para chegarmos lá.

Poderia continuar este inventário ainda algum tempo, mas paro por aqui porque quero lançar alguns desafios àqueles que trabalham com os cotidianos.

Pensar questões em currículos nos cotidianos das escolas de nível médio e nas universidades

Entre as contribuições que demos ao campo da educação, e não inventariada no item anterior deste texto, está aquela de nossas ações de pesquisa se preocuparem, quase unanimemente, com os cotidianos das escolas de educação fundamental e seus "praticantes". Com isso, mostramos as possibilidades de criação curricular nesse nível e ajudamos a compreender as ações desses praticantes nos significados possíveis para as repetições e as mudanças com que trabalham em processos curriculares. Começamos a compreender as diferentes tessituras do tecido curricular: suas disciplinas; seus conteúdos; formas de trabalhar com os mesmos; trabalhos *dentrofora* das escolas; apropriação de artefatos culturais novos e criação de tecnologias; etc., exatamente a partir de movimentos de docentes e discentes, bem como outros praticantes das escolas, nesses processos.

Compreendendo a necessidade desse longo período de pesquisas no qual as escolas de ensino fundamental e seus praticantes estiveram no centro de nossas preocupações, creio que precisamos nos perguntar se, no momento atual, isso é o bastante.

Para apoiar as respostas a essa questão, começo por dizer que considero o momento atual extremamente delicado para o campo da educação e dentro dele para as pesquisas em currículos. Há uma compreensão, dominante nos dias de hoje, nas políticas oficiais de que a educação se reduz ao "ensino de"; com isso, as múltiplas áreas do conhecimento, como praticam "ensino de" – engenharias, medicinas, ciências básicas – se consideram entendidas

---

como as formas sucessivas de uma intenção primordial; tão pouco assumem o aspecto de um resultado. Aparecem sempre no aleatório singular do acontecimento".

[14] Lembro as pesquisas desenvolvidas, no ProPEd/UERJ, por Stela Guedes Caputo sobre a educação de crianças nas práticas do candomblé, no Rio de Janeiro.

em educação e que o que sabem chega para formar "melhor" os estudantes e os professores. Nisso está, para começar a disputa de *espaçostempos* políticos e de verbas, não tenhamos dúvidas, mas não pode ser reduzido a isso. Existem ainda, determinando esse movimento, posições hegemônicas de compreensão: do que é mais importante *aprenderensinar*; sobre a importância maior de certos setores que "produzem" mais – estratégicos, é o adjetivo empregado –; sobre o valor desses setores para o país e sua sociedade – para "todos", é como expressam isso. Isso tem significado um questionamento de se nosso trabalho tem dado as contribuições necessárias para a mudança numa ação que visa reduzir o significado da área que está sendo vista como "inoportuna" para estabelecer melhor aqueles que, "no ensino de", sabem o que precisa ser feito, pensam eles.

No entanto, sabemos nós que nossas pesquisas com os cotidianos têm mostrado as forças de movimentos existentes nas escolas de ensino fundamental. Por que não veem isso? Porque, muito provavelmente, isso exigiria dirigir os trabalhos oficiais para lugares não muito convenientes para os que "sabem" e podem organizar projetos especiais. De melhorias das condições materiais de trabalho de docentes e discentes, nem falar...

Esse movimento tem encontrado vivo apoio nas universidades: nelas estão justamente os que pensam serem os únicos a saber e que, herdeiros da divisão disciplinar e de sua hierarquia, não têm nenhuma condição de sair dela e só têm condição de enxergar esse modo de trabalho.

Por isso mesmo, se faz urgente que comecemos a trabalhar com os currículos existentes e implantados, tão solidamente, nas universidades. Estou terminando uma pesquisa em que busquei compreender algumas dessas questões: trata-se da pesquisa a que dei o título "Memórias imagéticas da Universidade do estado do Rio de Janeiro – algumas questões curriculares sobre um acervo fotográfico da UERJ".[15] Ao trabalharmos com essas fotografias, do acervo J. Vitalino, vimos as possibilidades e a sua importância para compreendermos os processos ricos e complexos de implantação e desenvolvimento de currículos postos em ação nessa Universidade, em diversos momentos de sua existência.[16] No início da pesquisa, para analisar o que precisávamos, começamos por organizar as fotografias do acervo em séries temáticas que nos possibilitaram a compreensão de

---

[15] Pesquisa desenvolvida com o apoio UERJ/FAPERJ, entre agosto de 2008 e julho de 2011, e com o apoio do CNPq, entre março de 2009 e fevereiro de 2012.

[16] No caso, trabalhamos particularmente com o acervo de fotografias em preto e branco que corresponde aos primeiros anos de sua institucionalização e a um total de quase 8 mil fotografias. Trabalhamos também com as fotografias em cor do acervo da Faculdade de Educação.

variadas questões relativas aos currículos existentes e que deram origem a monografias diversas, uma dissertação e inúmeros artigos publicados[17]: a presença de militares em atividades de educação física, relacionando-a à predominância dessas atividades para bem formar e conter os movimentos estudantis, no período da ditadura pós-64; o início de movimentos estudantis, organizando processos de exigência quanto às condições materiais de trabalho, que anteriormente não pudemos perceber; quanto aos servidores técnicos-administrativos é espantoso o número de fotografias de festas grandiosas realizadas no período, ocupando os espaços teatrais – concha acústica, Teatro Odilo Costa Filho, etc. – com shows com artistas populares e manifestações culturais diversas; a presença marcante feminina em alguns cursos e as questões curriculares do significado disso; a existência de jovens negros ligados aos desportos, mas não aparecendo em outros *espaçostempos* curriculares; a presença da primeira professora negra e do primeiro professor negro da UERJ, com os questionamentos possíveis às opções curriculares feitas nos cursos a que pertenciam, etc.

As possibilidades de pesquisas quanto aos cotidianos de processos curriculares e seus tantos *praticantes* estão aí nos esperando. Vamos a eles?

Por fim, sem nenhuma experiência pessoal a discutir, creio que as possibilidades de compreender os processos curriculares nos cotidianos das escolas de ensino médio, nas ações de seus *praticantes*, estão exigindo nossa presença nesses *espaçostempos*. Quem se candidata?

Referências

ALVES, Nilda; OLIVEIRA, Inês Barbosa de. A pesquisa e a criação de conhecimentos na pós-graduação em educação no Brasil: conversas com Maria Célia Moraes e Acácia Kuenzer. *Educação e Sociedade*, Campinas, v. 27, n. 95, p. 577-599, maio-ago. 2006.

---

[17] As monografias foram: 1) a de Simone Gomes da Costa, sobre questões de currículo com a presença de mulheres nas fotografias (relativo a questões curriculares na Faculdade de Educação); 2) a de Rebeca Silva Brandão Rosa e Thais Barcelos Dias da Silva, sobre o significado de movimentos estudantis como integrante dos currículos de formação profissional; 3) A dissertação é a de Isabel Cristina Silva Machado, com o título *Professoras negras na UERJ e cotidianos curriculares, a partir dos primeiros tempos do acervo fotográfico de J. Vitalino*. Foram inúmeros os textos publicados sobre essas questões em anais de congressos, livros e revistas. Entre eles, na preocupação de registrar e analisar os processos metodológicos, foram publicados artigos sobre o significado de uso de fotografias em pesquisas em currículos, por Nívea Andrade, Conceição Soares e Nilda Alves, como aquele apresentado na Anpedinha Sudeste, entre 10-13 de julho de 2011, sob o título "Acervo fotográfico e possibilidades de pesquisa em educação".

CARVALHO, Janete Magalhães. *O cotidiano escolar como comunidade de afetos.* Brasília: CNPq; Petrópolis: DP et Alii, 2009.

CERTEAU, Michel de. *Histoire et psychanalyse: entre science et fiction.* Paris: Gallimard, 1987.

DELEUZE, Gilles; GUATTARI, Félix. Os personagens conceituais. In: _____. *O que é filosofia?* Rio de Janeiro: Editora 34, 1992. p. 81-109.EZPELETA, Justa; ROCKWELL, Elsie. *Pesquisa participante.* São Paulo: Cortez; Autores Associados, 1986.

FOUCAULT, Michel. Nietzsche, la généalogie, l'histoire. In: BACHELARD, Suzanne (Org.). *Hommage à Jean Hyppolite.* Paris: Presses Universitaires de France, 1971. p. 145-172.

GARCIA, Regina Leite (Org.). *Método: pesquisa com o cotidiano.* Rio de Janeiro: DP&A, 2003.

Parte 3 | **Narrativas e imagens** ■

Imagens das escolas: sobre redes de conhecimentos e significações[1] em currículos escolares

Imagens da aula:
sobre *espaçostempos*[2] de *aprenderensinar*[3]

Por muito tempo, em uma sociedade que foi formada em torno do sentido da visão e da perspectiva, não se teve clareza da importância da imagem para a compreensão e o conhecimento da realidade, em especial porque isso exigiria, junto à crítica da mesma, a indicação da possibilidade de superação da própria lógica dominante, que tinha aquele sentido e aquele parâmetro como definidor da realidade e da veracidade. Essa posição começa, hoje, a ser invertida, e estamos colocando sob suspeita o que poderíamos chamar "o império da imagem". É preciso reconhecer, no entanto, que esse movimento se dá sob esse mesmo "império" crescente, ainda, quanto ao *espaçotempo* que ocupa em nossas vidas. Com isso, é quase impossível falar de algo sem usar imagens – sejam literárias, sejam visuais. Mais do que isso, a própria crítica só pode existir na medida em que dominemos, pelo uso e pelas teorias, todo esse vasto campo.

Pronta para dialogar com essa tendência dominante colocando-me no campo da crítica, decidi assumir a possibilidade/necessidade de falar da escola e mais exatamente do *espaçotempo* escolar, entendendo-o como dimensão material do currículo (ALVES, 1998) e assumindo sua multiplicidade e complexidade. Parto, assim, da ideia de que se a "escola", singularizada

---

[1] Texto publicado originalmente em: OLIVEIRA, Inês B.; ALVES, Nilda (Orgs.). *Pesquisa no/do cotidiano das escolas*: sobre redes de saberes. Rio de Janeiro: DP&A, 2001. p. 13-38. Republicado e atualizado em: OLIVEIRA, Inês B.; ALVES, Nilda (Orgs.). *Pesquisa nos/dos/com os cotidianos das escolas: sobre redes de saberes*. Petrópolis: DP et Alii, 2008. p. 15-38. Nota em 2004: Esta última versão é a usada nesta coletânea. (N. Orgs.)

[2] Para mostrar a única possibilidade de existência desses termos – um tem relação com o outro e só existe nessa relação –, eu os juntei em uma única palavra.

[3] O mesmo vale para esses termos. Neles, no entanto, além de juntá-los em um só, inverti a ordem em que são ditos.

e concretizada em um edifício, é uma criação da burguesia ascendente (séculos XIV, XV, XVI e XVII), são incontáveis os *espaçostempos* nos quais se *aprendeensina*, em múltiplas redes educativas cotidianas nas quais conhecimentos e significações são criados e trocados (ALVES, 1999). Isso, de certa maneira, é proclamado, hoje, como uma grande "invenção" atual pela burguesia "antiestatista", com pompa e circunstância: "é possível aprender por toda parte e de muitas maneiras!" No entanto, hoje, essa afirmativa tem o perigoso sentido de permitir uma possível negação da "escola pública, universal, gratuita e laica", que tão pouco interessa, no presente, aos que desejam criar a "nova ordem econômica e social". Muito antes, porém dessa afirmativa "oficial", *aprendemosensinamos* nos múltiplos cotidianos em que vivemos (SANTOS, 1995) e, entre eles, o da escola, no qual não conseguimos "ver" que esse é um *espaçotempo* de relações múltiplas entre múltiplos *praticantes*[4] com saberes múltiplos, que *aprendemensinam*, o tempo todo, múltiplos conteúdos de múltiplas maneiras.

Busco mostrar isso, neste texto, usando imagens criadas por um artista/fotógrafo francês de quem gosto muito: Robert Doisneau.

Quero lembrar, no entanto, desde já que ao usar imagens escolhidas/selecionadas por mim estou mostrando "uma" escola: aquela que o artista quis mostrar, naquele *espaçotempo*.[5] Dependendo do interesse de quem mostra e de quem criou a imagem, em um determinado momento histórico, vale a pena mostrar a correção, a igualdade reinante, a disciplina, a calma, a colaboração, a professora tranquila ou cheia de autoridade. Em outros, a tristeza, a desordem, o castigo, as escaramuças ou as disputas. Precisamos entender, assim, que em uma obra vão aparecer tanto as emoções que o artista desejou transmitir como a sintonia que ele tem, mesmo que disso não se dê conta, com um determinado momento da história, aquele no qual vive. Mas nela existem também os tantos sentidos daquele que, com sua história, suas emoções e suas memórias, vê a imagem.

Assim, é preciso ter presente que se as imagens têm um significado para mim, podem mostrar outras coisas para quem as vai "ver", ao ler este trabalho. Isso porque, como nos lembra Samain (1996), citando Gombrich (1983), "a significação de uma imagem permanece em grande parte tributária da experiência e do saber que a pessoa que a contempla adquiriu anteriormente. Nesse tocante, a imagem visual não é uma simples representação da 'realidade' e sim um sistema simbólico" (p. 11). Dessa maneira, toda a

---

[4] Nota em 2014: lembro mais uma vez que hoje diria *praticantespensantes*, conforme indicado por Oliveira (2012).

[5] Nota em 2014: que era a França do pós-guerra.

análise que fizer estará, necessariamente, dentro das redes de conhecimentos e significações de minhas experiências, mas precisará contar com a possibilidade de estabelecer relações, formar redes, com os significados que aquele/aquela que a for ler, neste texto, tiver com os *espaçostempos* da escola e da sala de aula. De um certo modo, isso me é garantido, já que esse – se é leitor/leitora – deve ter ido à escola e frequentado salas de aula.

Por fim, preciso observar, ainda, que o uso de imagens no que se refere ao estudo do cotidiano pode ajudar no trabalho teórico-epistemológico no/do mesmo, já que estamos, segundo Maffesoli (1996), em um momento em que é necessário discutir e criar a ética da estética. Esse autor nos traz um exemplo para possibilitar a compreensão dessa expressão:

> [...] na Viena "fin de siècle", uma cultura plástica, sensual, amante da natureza opunha-se ao espírito burguês, laborioso, moralista, que tinha por única ambição dominar a natureza e explorá-la. O burguesismo é essencialmente distintivo, tem por valor último o indivíduo e suas particularidades. Por outro lado, a cultura alternativa é uma cultura de grupo, é, como diz Schorske [1983], uma "Gefühlkultur" (cultura dos sentimentos); perfeitamente amoral, repousa sobre o prazer e o desejo de estar junto, sem objetivo particular e sem objetivo específico [...] Será que Viena "fin de siècle", que viu essas duas culturas se defrontarem, não foi, de certa forma, um exemplo premonitório? É verdade que a moral burguesa foi triunfante, mas é possível que a cultura dos sentimentos, um tempo desfeito, tenha continuado a importunar a civilização e, por meio de algumas vanguardas, não tenha deixado de se difundir de múltiplas maneiras [...] Sabe-se, é sempre com discrição, às vezes até secretamente, que se difundem as mudanças de importância, até que um dia tornam-se evidências que é difícil negar, mesmo se não são compreendidas, nem aprovadas [...] É essa sinergia, ainda bem misteriosa, bem pouco teórica, que, com muita certeza, serve de terreno às diversas agregações afetivas, que, aliás, designei pela metáfora de "neotribalismo" (p. 56).

Por isso tudo, senti necessidade de usar a imagem, como *espaçotempo*, para a discussão sobre o cotidiano da escola e os múltiplos currículos que aí são criados e estão em permanente disputa.

E mais ainda: entendo que, neste momento de tantas dificuldades e de descrições tão sombrias sobre seu cotidiano, as escolas e seus sujeitos precisam ser vistos em sua potência histórica e sua beleza, que só a arte sabe nos apresentar.

Mas o diabo do tambor!...

No seu "Conto de escola", cujas últimas palavras trouxe para o título desta seção, Machado de Assis nos narra como um aluno aprende em um só dia, com seus colegas, a corrupção e a delação. Mas muitas e complexas outras coisas também se aprende na escola, entre elas valores positivos como a solidariedade. Um dos grandes "problemas" da "escola", singularizada e apropriada pela burguesia, criada estimulando a competição em situações nas quais "vencem os mais fortes" e eliminando os que não sabem ou os que incomodam porque são diferentes, é a "cola". Esse processo inerente a esse tipo de escola, que é o dominante em nossa sociedade, é considerado, assim, um absurdo inaceitável e, por isso mesmo perseguido, e os alunos que nessa situação se "deixam pegar" são, em geral, punidos. Há professores/professoras que, assumindo significados mais complexos sobre isso, tentam discutir as situações que geram tantas dificuldades para os alunos/alunas, como as de avaliação, e assumem que a cola é um momento importante de *aprendizagemensino*.[6]

Sobre "cola" e solidariedade

Da grande coleção de fotografias sobre a escola feita por Doisneau,[7] vou buscar quatro para discutir alguns dos tipos de *aprendizagemensino* que vivemos no cotidiano escolar, inclusive, e principalmente, a tessitura da solidariedade entre alunos através de momentos propícios ao "exercício" da cola. Eis a primeira:

Não adianta o colega implorar, tentar subornar, prometer mundos e fundos... o aluno que, com todo o seu corpo cobre o "exercício" - e quantos

---

[6] O profissional que mais criativamente atacou esse problema, entre os que conheço, é Dirceu Castilho Pacheco, meu colega de Faculdade, que agora prepara sua dissertação de mestrado sobre o tema, sob a minha orientação. Nota em 2014: Dirceu já completou seu doutorado. Sua dissertação, sobre provas escolares (*Avaliação tropical: prova que gosto tens?*), pode ser acessada em <http://www.proped.pro.br>, dissertações e teses.

[7] Nota em 2014: essas fotografias estão em Doisneau e Cavanna (1989).

significados essa palavra pode ter – já aprendeu que não pode ajudar o outro. Como aprendeu? O que significa ter aprendido isso? Em seu corpo retorcido, na cabeça baixa, nas duas mãos que cobrem o que escreve – que posição mais difícil! – esse aluno mostra que aprendeu bem essa "lição". O olhar do colega ao lado que interroga – sobre o quê? – não o "toca" ou talvez o faça esconder, ainda mais, aquilo que "já aprendeu" ser sua propriedade: a resposta que sabe sobre o que a professora ensinou e perguntou. Essa situação, no entanto, é bem diferente daquela que é mostrada na imagem seguinte, talvez a mais famosa fotografia de Doisneau, na qual um "distraído", não está "nem aí" para o que o colega que está a seu lado está fazendo:

Minhas redes de significação, tecidas em meus múltiplos contextos cotidianos e no caso em questão com minhas experiências no cotidiano da escola, permitem-me dizer que se esses meninos se sentam juntos, talvez sejam amigos e brinquem um com o outro. Aquele que está pensando é reconhecido pelo outro, na situação fotografada, como sabendo a lição. Entende, por isso, que a lousa sobre a qual seu colega escreveu já tantas coisas deve conter a "revelação" do problema (contas?) que a professora "passou". Este último, que parece tanto saber e que em seus pensamentos está tão absorto, não tem nenhuma preocupação em esconder seu trabalho. Quem sabe, sempre fazem trabalhos juntos e gostam muito? Se a professora "não criar caso", a ação se completa: o que olhou entendeu o que havia, aprendeu, e vai escrever também na sua lousa. Talvez seja necessária ainda uma pequena pergunta e uma breve resposta esclarecedora, quem sabe? Nessas trocas, conhecimentos são passados, criados, reproduzidos, sem que ninguém perceba, algumas vezes, ou com "trágicas" consequências, outras vezes, como acontece no conto de Machado a que fiz referência. Há momentos, ainda, em que as ações de ambos são bem mais explícitas. Eis um exemplo:

Pela tranquilidade que reina na sala, nada nos faz crer que o momento é o de tensão de uma prova. Mas a imagem pode me servir para mostrar o que seria uma terceira etapa da *aprendizagemensino*, da colaboração e da solidariedade. O aluno que está sentado atrás se ajoelhou para melhor poder olhar alguma coisa que o colega, sentado à sua frente, lhe quer mostrar. Este, para facilitar a visão do outro, escorregou o corpo para a frente. E se fosse uma resposta de prova? A maioria de nós já viveu situação semelhante: como aluno e como professor/professora. Como reagimos nessas situações? Que consequências presenciamos em situações parecidas?

Por fim, vejamos uma situação em que o "jogo" é mais claro e a solidariedade mais ativa no que se refere ao colega que "dá a cola":

Aqui sim, a situação é mesmo de tensão! O olhar ansioso dos três alunos no fundo da sala e as mãos sobre a boca de um deles nos mostram a aflição que percorre o ambiente. Um aluno de pé tem que responder a uma questão formulada pela professora. O mexer na orelha, às vezes o coçar a cabeça, mostra que ele não sabe a resposta. Um colega seu, sentado na carteira seguinte, que já aprendeu que para isso precisa se esconder atrás do corpo do que está em pé, abriu o livro ou o caderno, procurou rapidamente a resposta e a está "soprando" para o colega, escondendo a boca, mas sem medo aparente das consequências. Seu rosto é, sem dúvida, o mais tranquilo da fotografia. Por quê? Por que a professora não fica zangada e até mesmo estimula essas ações? Por que, apesar das possíveis consequências, é mais importante ajudar o amigo nas horas de dificuldades? Por que se sabe que é para dizer ao colega que, em momento de grande aflição, precisa dar a resposta em voz alta?

Quatro imagens de um mesmo artista que mostram as inúmeras redes de conhecimentos e significações que vão, a cada instante, sendo organizadas em um fluir que não foi previamente planejado, mas que marcam, de forma indelével, os que nelas vivem e as organizam.

Aquele olhar de lado que se repete, ainda hoje e sempre, se uma situação de prova se apresenta, continua levando a posições de corpos muito parecidas às vistas nas imagens mostradas. Vale a pena prestar atenção, observar, estudar, analisar e compreender situações iguais a essas para entender melhor nossas redes cotidianas de *aprenderensinar* e as maneiras como são tecidos os currículos no dia a dia das escolas e das salas de aula.

Além disso, o bom ou mau sucesso desse olhar tem sequência nos resultados das avaliações realizadas através de provas e exames e que, sempre, são tornados públicos. Muitas vezes, são expostos em quadros e paredes sem comentários e sem se preocupar em como os alunos/alunas que os recebem se sentem. No entanto, no momento de olhar esses resultados, para se garantir de surpresas, cada um se faz acompanhar, com frequência, por um colega que, solidariamente, vai trazer seu apoio no caso de insucesso ou vai vibrar junto em caso de sucesso.

Sucesso ou insucesso proclamado, depois de um apoio particular, todos, porque são jovens e "tribais" (Maffesoli, 1998), se reúnem à saída da escola, dentro ou fora dela, para comemorar... a vida!

Referências

ALVES, Nilda. Tecer conhecimento em rede. In: ALVES, Nilda; GARCIA, Regina Leite (Orgs.). *O sentido da escola*. Rio de Janeiro: DP&A, 1999. p. 111-120.

ALVES, Nilda. *O espaço escolar e suas marcas: o espaço escolar como dimensão material do currículo.* Rio de Janeiro: DP&A, 1998.

ASSIS, Machado de. Conto de escola. Disponível em: <http://www.dominiopublico.gov.br/pesquisa/DetalheObraForm.do?select_action=&co_obra=16928>. Acesso em: 25 jun. 2014.

DOISNEAU, Robert; CAVANNA, François. *Les doigts pleins d'encre.* [S.l.]: Hoebeke, 1989.

GOMBRICH, Ernst. *L'Écologie des images.* Paris: Flammarion, 1983.

MAFFESOLI, Michel. *No fundo das aparências.* Petrópolis: Vozes, 1996.

MAFFESOLI, Michel. *O tempo das tribos: o declínio do individualismo nas sociedades de massa.* Rio de Janeiro: Forense, 1998.

OLIVEIRA, Inês Barbosa de. Currículos e pesquisas com os cotidianos: o caráter emancipatório dos currículos "pensadospraticados" pelos "praticantespensantes" dos cotidianos das escolas. In: FERRAÇO, Carlos Eduardo; CARVALHO, Janete Magalhães (Orgs.). *Currículos, pesquisas, conhecimentos e produção de subjetividades.* 1. ed. Petrópolis: DP et Alli, 2012. p. 47-70.

SAMAIN, Etienne. Questões heurísticas em torno do uso das imagens nas ciências sociais. In: BARROS, Armando Martins (Org.). *Anais do Seminário Pedagogia da Imagem, Imagem da Pedagogia.* Niterói: Faculdade de Educação/UFF, 1996. p. 7-17.

SANTOS, Boaventura de Sousa. *Pela mão de Alice: o social e o político na pós-modernidade.* São Paulo: Cortez, 1995.

SCHORSKE, Carl E. *Vienne fin de siècle: politique et culture.* Paris: Seuil, 1983.

Interrogando uma ideia a partir de diálogos com Coutinho[1]

A história de uma ideia

Começo essa conversa, entre tantas que mantenho no meu dia a dia de professora, contando uma história. Aquela em que vendo uma história contada por Eduardo Coutinho,[2] pensei em discutir, no grupo de pesquisa, uma ideia/história muito usada, durante muito tempo no campo educacional, como verdade científica e repetida *ad naseum* a nossos alunos e alunas em nossos cursos de formação de professores/ professoras. Dessas três histórias: a que contavam a nossos alunos, como verdade, a que Coutinho a mim e a tantos contou e continua a contar, já que seu filme está disponível, e a minha ao ver o filme – por qual delas começar?

Há algum tempo, uma colega de quem gosto muito, Maria Eliana Novaes, escreveu uma dissertação que foi publicada sob o título *Professora primária: mestra ou tia?* (NOVAES, 1984). Nesse trabalho, utilizando dados que recolheu em Minas Gerais – e quem o lê vê que ela deixa isso bem claro – a autora busca compreender as transformações do trabalho da professora e, em especial, algo que naquele momento era muito discutido, a especialização do trabalho docente, com a introdução dos chamados "especialistas" na escola. A importância do trabalho para as professoras e professores que buscavam entender o que estava acontecendo com o seu fazer é inquestionável: várias edições do mesmo foram feitas e, como já indiquei, era referência necessária nos cursos de formação de professores, em especial, nos cursos

---

[1] ALVES, Nilda. Interrogando uma ideia a partir de diálogos com Coutinho. In: CONDURU, R.; SIQUEIRA, V. B. (Orgs.). *Políticas Públicas de Cultura do Estado do Rio de Janeiro*. 1. ed. Rio de Janeiro: Rede Sirius/FAPERJ, 2003, v. 1. p. 135-144.

[2] O Coutinho a que me refiro é o cineasta Eduardo Coutinho, diretor de tantos filmes importantes: *Cabra marcado para morrer*, *O fio da memória* (com o qual vou trabalhar a seguir), *Santo forte* e, mais recentemente, *Edifício Master*. Naturalmente, o diálogo não é só com ele, mas ele está no começo do raciocínio que desenvolvo.

de Pedagogia. A grande questão é que a autora, ao ter seu livro publicado e sem ter buscado pesquisar exatamente isso, emprega como título uma síntese de uma discussão que alguns estavam tendo: por que, de repente, os alunos, de maneira crescente, passaram a chamar a professora de tia? A conclusão que todos os leitores do livro foram tirando, e esta se generalizou de maneira mais rápida que o próprio termo "tia", era que os alunos estavam chamando a professora dessa maneira porque esse processo estava incluído no processo maior que era o da deterioração profissional. E todos nós assumimos isso e nisso acreditamos e fizemos com que turmas e turmas que por nós passavam nisso acreditassem. Eu, é verdade, nunca gostei muito dessa relação meio rápida do trabalho produzido com essa nova maneira de chamar a professora. Assim, quando eventualmente adotei o livro, sempre discutia com meus alunos e alunas o seu título, não o achando apropriado. Mas é preciso lembrar que até nosso maior – Paulo Freire (1997) – caiu nessa armadilha, quando escreveu *Professora sim, tia não*.

Mas alguns anos se passaram. Em 1988/1989, Coutinho, sem nada saber dessa história, faz o seu *O fio da memória*. No filme, tomando como organizadora a história de Gabriel Joaquim dos Santos que fizera a *Casa Flor*, perto de Cabo Frio, o cineasta vai recuperando a memória dos negros no Brasil, em todas as suas contradições e em sua riqueza, variedade e beleza. Em 1989, eu estava fora fazendo meu pós-doutorado e levei muitos anos até que em 1998, por estímulo de um orientando meu, na UERJ, Valter Filé,[3] pude ver o filme, com o grupo de pesquisa que coordeno. Como tudo o que Coutinho faz, o filme me encantou e a todo o grupo. Vivemos a partir dele uma experiência pedagógica particular, que estamos repetindo desde então: a tessitura de um texto coletivo. Mas essa é uma outra história, que conto outro dia.

Para essa conversa interessa que, em um determinado momento, o cineasta apresenta uma personagem, de personalidade muito forte e com uma maravilhosa voz, informando que tinha sido esposa de um sambista e que era uma das últimas *tias baianas* vivas das que vendiam quitutes pelas ruas do Rio de Janeiro.

Para mim, esse momento foi de uma forte descoberta. Tão forte que precisei ficar em pé e respirar fundo para não interromper o filme e contar o que havia descoberto aos alunos/colegas reunidos vendo o filme. O que descobrira? Que novo conhecimento formara? Da leitura do livro ao maravilhamento com o filme, quinze anos se passaram; que

---

[3] Nota em 2014: José Valter Pereira (Valter Filé) é hoje professor da UFRRJ (Universidade Federal Rural do Rio de Janeiro), no *campus* Nova Iguaçu.

nós, nas redes de tantos conhecimentos aprendidos, reproduzidos, produzidos, criados, eu dera para entender "de repente" e produzir aquele conhecimento específico?

Eu me explico e acabo com a curiosidade de vocês: a professora foi chamada de *tia* não porque sua vida profissional se deteriorara, mas porque ela entrara em contato com um grupo social diferente, no mesmo período, aquele que nossas sociologias chamam, no coletivo – pois só assim elas conseguem analisar a sociedade –, de *camadas populares*. Qualquer autor que analise, no que se refere à escola, esse período (de metade da década de 1950 à metade da de 1960), em sociologia, história ou política, vai nos indicar que é de abertura para esses grupos sociais, muito diferenciados, mas que são englobados nesse nome genérico.

Sabendo disso, naquele dia do filme de Coutinho descobri que tinham *jogado o bebê fora junto com a água do banho*. Desde sempre, esses grupos chamam, também genericamente, às pessoas que não sendo da família de cada um merecem o seu respeito, em especial pela sua sabedoria – em referência aos conhecimentos que possuem sobre religião, boa cozinha, história ou cultura de seu grupo – de *tia* e *tio*. Dessa maneira, naquela sala escura do 11º andar que a Faculdade de Letras tinha nos cedido descobri que a professora foi sendo chamada de *tia* não porque as pessoas deixaram de ter respeito por elas, mas porque, ao contrário, elas passaram a ter contato com grupos sociais que respeitavam a sua sabedoria específica, como respeitava a de seus maiores. Se ao escrever sobre esse período, buscando mostrar a todos e todas que aqueles alunos/alunas e seus pais tinham respeito pela escola e por suas professoras e seus professores, talvez muitas frustações e equívocos poderíamos ter evitado, bem como, se da potência dessa relação, então nova, tirássemos melhores energias para trabalhar.

Ao invés disso resolvemos que tínhamos *alunos carentes, professores mal formados e desrespeitados* – e, em consequência, os únicos que se salvavam eram os que viam a escola do alto (CERTEAU, 1994): as autoridades educacionais, que produziam documentos propondo ações que deveriam ser desenvolvidas na escola, "para melhorá-la", e a academia, que produzia análises sobre ela, para melhor compreendê-la. Tudo isso se dando pela incapacidade de perceber o que efetivamente se passa na escola, pensando que os modelos práticos ou teóricos que produzíamos era a verdade.

Eu trouxe para nossa conversa essa história por três razões: 1) porque por ela se podem ver os caminhos e descaminhos por onde seguimos em ciência – erros e acertos, em igual proporção, fazem parte da nossa trajetória como cientistas, e disso precisamos ter plena consciência e tirar lições;

2) porque muito do conhecimento usado pelas chamadas autoridades educacionais deve ser posto sob suspeita; 3) porque é um exemplo interessante da perspectiva que entendo ser aquela que venho estudando, há uma década: como se cria/tece conhecimento no cotidiano.

Mas para não cair na mesma armadilha de pensar que falo a verdade, vou buscar um autor muito especial, que não sendo cientista nos dá uma linda lição sobre a própria ciência, embora quando escreveu o que vou transcrever não pensasse nela. Refiro-me a Peter Brook, inglês, diretor de teatro, que na França monta peças que falam das diferenças e das proximidades entre os seres humanos, suas tantas possibilidades de relações e de conhecimentos entre eles e a natureza, seus mitos, suas crenças. Pois Brook (1995) nos diz na introdução de um de seus livros:

> Nunca acreditei em verdades únicas. Nem nas minhas, nem nas dos outros. Acredito que todas as escolas, todas as teorias podem ser úteis em algum lugar, num determinado momento. Mas descobri que é impossível viver sem uma apaixonada e absoluta identificação com um ponto de vista.
> No entanto, à medida que o tempo passa, e nós mudamos, e o mundo se modifica, os alvos variam e o ponto de vista se desloca. Num retrospecto de muitos anos de ensaios publicados e ideias proferidas em vários lugares, em tantas ocasiões diferentes, uma coisa me impressiona por sua consistência. Para que um ponto de vista seja útil, temos que assumi-lo totalmente e defendê-lo até a morte. Mas, ao mesmo tempo, uma voz interior nos sussurra: "Não o leve muito a sério. Mantenha-o firmemente, abandone-o sem constrangimento" (p. 15).

É dessa maneira que quero falar e ser ouvida. É ainda como desejo discutir, como venho discutindo, a tessitura do conhecimento e dos valores, esses conhecimentos tão especiais que integramos como verdades e que dão rumos às nossas ações cotidianas, sem que muitas vezes nos apercebamos disso.

A tessitura do conhecimento cotidiano: nossas tantas redes de conhecer

Parto, então, da ideia de que se há um modo de fazer e de criar conhecimento[4] no cotidiano, diferente daquele aprendido, na modernidade, especialmente, mas não só, com a ciência, é preciso que para estudá-lo nos dediquemos a questionar os caminhos já sabidos e nos coloquemos na busca de outros atalhos, também caminhos.

---

[4] Nota em 2014: reiterando: hoje eu escreveria "conhecimentos e significações".

A multiplicidade e a complexidade de relações cotidianas, no caso da escola, mas não só aí, nos indica a necessidade de incorporar a ideia de que somos uma rede de subjetividades formada em inúmeros contextos cotidianos, como nos indica Boaventura (SANTOS, 1995). Nesse sentido, em *redes de conhecimentos* e em um processo a que poderíamos chamar de *tessitura de conhecimentos em redes* tecemos nossos conhecimentos com os conhecimentos de outros seres humanos, permitindo, assim, a produção/criação de novos conhecimentos. Por isso mesmo, não só não podemos identificar todas as origens de nossos tantos conhecimentos como todos eles só podem começar a ser explicados se nos dedicarmos a perceber as intrincadas redes nas quais são verdadeiramente tecidos, enredados.

Se vamos investigar, por exemplo, os valores, muitas vezes em seu aspecto negativo – os preconceitos –, quase que com certeza não conseguiremos (e mais comumente, não poderemos, pelas mesmas múltiplas questões que lhes facilitaram o aparecimento) identificar, com facilidade, as redes de relações cotidianas nas quais os fomos criando e firmando, transformando-os em "verdades" orientadoras. Por isso mesmo é que para identificar, caracterizar, analisar e, no exemplo dado, superar esses conhecimentos "verdadeiros", será preciso trabalhar com suas próprias lógicas, o que nos exige muito trabalho, já que tão pouco delas conhecemos.

Durante os últimos três séculos, nos quais se definiu e organizou aquilo que foi chamado "sociedade moderna", aprendemos com todos os setores dominantes que o modo como se cria/tece conhecimento no cotidiano não tem importância ou está errado e, por isso mesmo, precisa ser superado. Aprendemos, assim, em um processo contínuo, a não notá-lo, embora com ele convivamos todo o dia, a todas as horas, ou a naturalizá-lo, "sabendo" que é assim mesmo. Com isso não o fixamos, como fazemos nos processos da ciência, não sabemos como é e menos ainda sabemos como analisá-lo para compreendê-lo e às formas como subsistem ou como se modificam. Alguns autores, entre eles Boulier (1992), chamam a esses conhecimentos, que têm sempre muito de *fazer,* de "tecnologias mudas", pois não nos contam sobre os modos, os momentos e as ocasiões de sua criação e por que caminhos se desenvolvem. Além disso, é preciso lembrar que esses conhecimentos são criados por nós mesmos em nossas ações cotidianas, o que dificulta uma compreensão de seus processos, já que não contamos com a famosa separação entre sujeito e objeto, necessária ao desenvolvimento da ciência moderna, embora hoje esteja sendo tão contestada. Sendo assim, é preciso admitir que precisamos mergulhar, inteiramente, nessa "outra" lógica para apreendê-la, se é que podemos tratá-la no singular e se é que a podemos chamar de "lógica", como fazemos com tranquilidade com os processos do pensamento na ciência, acrescentando, é verdade, diversos adjetivos – formal, dialética, dialógica, etc.

Dessa maneira, ao contrário de resolver um problema, venho trazer um desafio que a história contada exemplificou: só podemos descobrir em conjunto como se tecem, em nossos tantos cotidianos vividos, os conhecimentos e os valores que sabemos e que temos como orientadores de ações, em um processo realmente coletivo a que se dediquem todos os que sinceramente desejam "mudar a vida", com a escola dentro dela. Só indico que, para começar esse processo de mudar a vida, precisamos assumir que todos nós agimos nessas redes de conhecimentos e valores/preconceitos: quando damos uma aula, quando fazemos uma pesquisa, quando botamos um documento em circulação, quando fazemos uma lei...

Com certeza, colocarmo-nos sobre suspeita no que se refere ao que sabemos e achamos saber como verdade é muito difícil, pois não aprendemos a discutir, com afinco e carinho, nossas próprias ideias, conhecimentos e crenças.

Sobre visão e processos

Passa a ser necessário discutir, talvez, por exemplo, o sentido que nos fez moderno – a visão. A própria ciência vem dando contribuições para essa superação, quando nos indica, como o faz Von Foerster (1995), que possuímos, quanto à visão, *disfunções de segunda ordem*, ou seja, que somos, sempre, parcialmente cegos, ou dito de outro modo, que não percebemos que não vemos (p. 94). Nesse sentido, o autor nos alerta o quanto temos que compreender dessa situação, já que vamos, no mesmo movimento, ter que contrariar a lógica ensinada/aprendida. Diz ele:

> [...] a lógica da percepção é muito diferente da lógica ortodoxa. Na lógica ortodoxa, uma dupla negação produz uma afirmação (se em um enunciado introduzimos duas negações sucessivas, convertêmo-lo em um enunciado afirmativo); ao contrário, é evidente que uma disfunção perceptual como a cegueira da cegueira não nos outorgará a visão. Dessa maneira, na lógica perceptual a dupla negação não produz o mesmo efeito que na lógica ortodoxa (p. 94).

Trabalhando com essa mesma questão, mas sobre outro objeto – a questão do ver a obra de arte –, no seu livro de título tão instigante (*O que vemos, o que nos olha*), Didi-Huberman (1998) trabalha com o romance *Ulisses*, de Joyce (2012), no qual se pode ler: "Se se pode pôr os cinco dedos através, é porque é grade, se não é porta. Fecha os olhos e vê". A partir desse trecho, Didi-Huberman nos diz que

> [Nesse trecho, seu autor] primeiro nos ensina, ao reapresentar e inverter ironicamente velhíssimas proposições metafísicas ou mesmo místicas, que "ver" só se pensa e só se experimenta em última instância numa experiência de "tocar". Joyce não fazia aqui senão pôr antecipadamente o dedo no que constituirá no fundo o testamento de toda a fenomenologia da percepção [...] Como se o ato de ver acabasse sempre pela experimentação tátil de um obstáculo erguido diante de nós, obstáculo talvez perfurado, feito de vazios [...] Mas esse texto admirável propõe um outro ensinamento: devemos fechar os olhos para ver quando o ato de "ver" nos remete, nos abre a um "vazio" que nos olha, nos concerne e, em certo sentido, nos constitui (p. 30-31).

Esse vazio referido é, no romance de Joyce, para o seu personagem principal (Stephen Dedalus) os olhos da mãe moribunda e, em seguida, morta, que continuam a fixá-lo mesmo depois de sua morte. É "como se tivesse sido preciso fechar os olhos da mãe para que sua mãe começasse a olhá-lo verdadeiramente", conclui Didi-Huberman (p. 32). Para nós, a partir de Von Foerster, como veremos mais abaixo, esses olhos são os do *outro*.

No artigo já referido, esse último autor, no desenvolvimento de seu pensamento, ajuda na compreensão de dois fatos muito importantes para quem deseja estudar o cotidiano e compreender os processos de tessitura dos conhecimentos em seus *espaçostempos*.[5] Em primeiro lugar, discutindo a questão da linguagem, ele explica que é um equívoco pensarmos que a linguagem é predominantemente denotativa, ou seja, que nomeia coisas, quando, na compreensão de muitos psicolinguistas, ela é dominantemente conotativa, ou seja, exige uma relação entre os envolvidos no processo comunicativo, pois esses devem dominar o sentido do que está sendo enunciado, para que exista linguagem. Para explicitar melhor isso, Von Foerster conta uma divertida história de Margaret Mead, a importante antropóloga, dizendo que ela:

> [...] no curso de uma de suas pesquisas sobre a linguagem de uma população aborígene buscou aprender essa linguagem através de um procedimento denotativo. Assinalava um objeto e pedia que pronunciassem o nome; em seguida, outro objeto, e assim sucessivamente; em todos os casos recebeu a mesma resposta: "Chemombo". Tudo era "chemombo". Pensou para si mesma: "Meu Deus! Que língua enjoada! Tudo é designado com a mesma palavra!" Finalmente, depois de algum tempo, conseguiu perceber o significado de "chemombo"; essa palavra queria dizer... "assinalar com o dedo!" (p. 95).

---

[5] Na tentativa de superar a estrutura dicotomizada da sociedade moderna, tenho buscado escrever, sempre juntos, termos que, tradicionalmente, são vistos como opostos e, por isso, separados um do outro.

Ainda em relação à linguagem, Von Foerster mostra que para estudarmos algo em ciência utilizamos um recurso de linguagem no processo de criação de um objeto, a sua substantivação. Para explicar isso, o autor traz o exemplo de uma figura de cabeça dividida em muitas partes (p. 97). Esse "modelo" era usado no início do século XX, quando estava em moda a frenologia.[6] Nela é possível perceber que se buscou localizar, "com precisão", todas as funções mentais. No entanto, como observa Von Foerster, essa é uma localização funcional "desbaratada". Vejamos isso na fala do autor que a explica, sempre de modo divertido, em seu artigo:

> [...] por exemplo, no setor 65-A temos o "movimento ondulatório", no setor 149 o "republicanismo" e entre seus vizinhos imediatos, o 148 é o "amor fiel" e o 149-A é a "responsabilidade". O incrível é que não abandonamos, ainda, essa maneira de pensar; continua intocada. Por exemplo: se eu perguntasse onde está a mente, mais de um me diria que talvez no setor B ou algo similar. Existem pessoas que buscam identificar onde se encontra a memória e abrem o crânio para buscar as "micropastilhas", os "chips", as "fitas magnéticas", etc. e não os encontram. Não estão nas sinapses, não estão nos neurônios... Onde estão? Onde foram parar as lentes que usava a vovó? Não estão ali (VON FOERSTER, 1995, p. 96).

Esse autor mostra, então, que a questão da qual foi útil fugir durante algum tempo, mas que hoje vem se colocando de maneira reincidente, exigindo uma resposta, é a de que tratamos como objetos o que, em verdade, são processos. Mas, como explica, essa situação se instalou, por um lado, porque a ciência moderna precisou de objetos para tratar, o que hoje dificulta captar o conceito mesmo de "processo", pois esse se perde no meio de coisas. Por outro lado, porque permitiu que o conhecimento se transformasse em mercadoria: a informação pode ser comprada como qualquer outra matéria-prima, "pode ser cortada em pedaços, elaborada e vendida em 'bites' por dois dólares o quilo" (p. 96), enquanto que os processos não o podem.

Buscando discutir algo parecido – a facilidade com que as teorias e os esquemas são importados/exportados enquanto as práticas não o são –, Morley (1996) diz:

> [...] ainda que pareça um assunto trivial, no fundo é decisivo, porque, cruamente, um nível mais elevado de abstração ("teoria") se pode vender em um mercado mais amplo (e não nacional), com o qual aumentam

---

[6] Nota em 2014: frenologia é uma teoria que reivindica ser capaz de determinar o caráter, características da personalidade e grau de criminalidade pela forma da cabeça (lendo "caroços ou protuberâncias"). Desenvolvido pelo médico alemão Franz Joseph Gall por volta de 1800, e muito popular no século XIX, está agora desacreditada e classificada como uma pseudociência (<http://pt.wikipedia.org/wiki/Frenologia>. Acesso em: 25 jun. 2014).

não só os benefícios dos editores, mas também o prestígio do teórico. Em suma: a "teoria" viaja melhor (p. 17).

Trabalhando sobre seus próprios experimentos/histórias Von Foerster indica, ainda, que em um determinado momento do complexo processo a que poderíamos chamar "ver", referente a certo movimento da mão, por exemplo, existe como um "fechamento do circuito" que tem algumas consequências. Nas próprias palavras de Von Foerster:

> [...] as consequências se relacionam, centralmente, com um deslizamento da noção de "propriedades" de um objeto, que deixam de ser concebidas como pertencentes ao objeto e passam a sê-lo como pertencentes ao observador. Dou alguns exemplos: não há relatos aborrecidos, há escutas aborrecidas; não há velhos relatos, mas sim velhos ouvidos; se a alguém é mostrada um fotografia e se lhe pergunta se ela lhe parece obscena e a resposta for afirmativa, você saberá muitas coisas sobre a pessoa que deu a resposta e poucas sobre a fotografia (p. 111).

Para concluir suas ideias, reafirmando que vemos aquilo que cremos, Von Foerster conta uma história relacionada com o famoso experimento de Pavlov com o cachorro. Não resisto e vou contá-la com as próprias palavras do nosso grande narrador, pois é deliciosa:

> [...] como se recordam, Pavlov estudou respostas reflexas que se pode produzir em cachorros quando se lhes apresenta pedaços de carne acompanhados de um badalo de sino: o cachorro saliva, etc. Depois de algum tempo, não se dá mais a carne, se faz o sino badalar e o cachorro igualmente saliva: "reflexo condicionado". Pois bem, Konorski, um famoso psicólogo experimental, quis reproduzir a experiência de Pavlov e pode fazê-lo com muita exatidão porque Pavlov, em seu excelente livro, especificou todos os detalhes: como se devia atar o cachorro, de que cor deveria ser a roupa do experimentador, etc. Konorski reproduziu o experimento ao pé da letra: seu assistente se situou na frente do cachorro, badalou o sino, apresentou a carne, o cachorro salivou e todo mundo ficou contente. Até que, na última vez, sem que seu assistente soubesse, Konorski retirou o badalo do sino. O assistente se colocou na frente do cachorro, quis badalar o sino... silêncio... e o cachorro salivou! Konorski chegou, então, à conclusão de que "o som do sino era um estímulo para Pavlov, e não para o cachorro!" (p. 111).

Como bem diz Von Foerster: é conveniente lembrar dessas coisas. Tudo isso porque é indispensável após tantas histórias que nos lembremos que precisamos nos colocar sob suspeita naquilo que descobrimos/inventamos, o que nos leva, portanto, a termos que nos observar. Nosso autor vai dizer, então, que isso é muito, muito difícil e dá uma sugestão: "a única maneira de nos vermos a nós mesmos que posso sugerir é vermo-nos através dos olhos dos demais" (p. 112). Com isso, o autor nos permite identificar uma rede necessária à nossa vida enquanto cientistas, pois já a sabemos necessária em nossos outros cotidianos: a troca de olhares.

É só no que os outros nos dizem com suas formas de ver o que fazemos que podemos começar por estabelecer a possibilidade de nos superarmos a nós mesmos. Sem essa ajuda, fica impossível prosseguir nossa trajetória. O que acontece em nossa vivência cotidiana é que, quando queremos ouvir a voz que diz o que o olhar acompanha, recebemos o "toque" necessário e até mesmo expressões como "isso não está cheirando bem!" vão nos fazer "cheirar" melhor uma situação em que nos metemos. E a mudança ou correção da rota ocorre. Pensando bem, se acreditamos encontrar criação de alternativas no cotidiano, pode ser que as encontremos. Se não acreditamos, nunca as vamos ver, ouvir, sentir, cheirar, tocar, sem dúvida!

Mas essa posição só pode ser efetivamente assumida quando compreendemos, com Prigogine (1995), o Nobel das nuvens e da irreversibilidade do tempo, que mais do que nunca a história é nossa única esperança (p. 409). Se a Modernidade foi/é um tempo em que se pôde/pode pensar no progresso permanente e em uma ação inconsequente frente à Natureza e ao Homem/Mulher, com o apoio da ciência que chegou a "inventar" que era possível uma viagem ao próprio passado, crescentemente, hoje, vamos percebendo que precisamos estabelecer com o tempo a consciência da sua irreversibilidade. Prigogine lembra que para Einstein, em nome de quem, pela sua Teoria da Relatividade, tanto se quis justificar: "qualquer que fosse a tentação do eterno, aceitar que se podia viajar para trás no tempo era 'negar a realidade do mundo'" (p. 408). Como tantos cientistas, Prigogine vai também ter um diálogo com a literatura através de um formoso texto de Borges, que tem, como nota o cientista com quem estou dialogando, uma reação similar a de Einstein. Escreve Borges, transcreve Prigogine e eu copio:

> [...] negar a sucessão temporal, negar o eu, negar o universo astronômico, são desesperos aparentes e consolos secretos. Nosso destino [...] não é espantoso porque irreal: é espantoso porque é irreversível e de ferro. O tempo é a substância de que estou feito. O tempo é um rio que me arrebata, mas sou eu o rio; é um tigre que me destrói, mas sou eu o tigre; é um fogo que me consome, mas sou eu o fogo. O mundo, desgraçadamente, é real; eu, desgraçadamente, sou Borges (p. 409).

Nesse sentido, uma das preocupações muito fortes que pode ser percebida quanto ao campo educacional refere-se à recuperação dos processos históricos de proposição, criação e vivência de ações educativas – em currículos, em didática, em avaliação, a partir do local e do próximo, do cotidiano em uma palavra, contrapondo-se à tendência ainda hegemônica que é a da "importação" de modelos e ideias, porque mais "baratas", segundo a justificativa dos funcionários dessa tendência, porque mais fácil de vender, como nos indicava Morley antes.

Santos (1996) chega a afirmar que nessa recuperação "reside o cerne de um projeto educativo emancipatório, adequado ao tempo presente". Essa tendência tem a ver com a discussão de como chegamos onde estamos, analisando os erros cometidos e buscando as opções abandonadas, o que, segundo alguns (SANTOS, 1996; PRIGOGINE, 1995; NAJMANOVICH, 1995; 2001), é o caminho necessário, hoje, para a extensão de nossa humanidade. Isso, sabemos todos, não é/não pode ser uma empreitada individual, só pode ser coletiva. Mudar formas de pensar e de agir, para tecer o novo conhecimento necessário, exige o conflito e o confronto, exige uma forte crítica ao passado, aos múltiplos erros que isolaram parcelas significativas (a maioria) da humanidade, dando-lhes o mínimo dos bens criados e produzidos, negando-lhes o direito de terem reconhecidos os conhecimentos que produziam.

Referências

ALVES, Nilda. *O espaço escolar e suas marcas: o espaço escolar como dimensão material do currículo*. Rio de Janeiro: DP&A, 1998.

BOULIER, Dominique. Modes d'emploi: réinvention et traduction des techniques par l'usager. In: GRAS, Alain *et al.* (Orgs.). *Sociologie des techniques de la vie quotidienne*. Paris: L'Harmattan, 1992.

BROOK, Peter. *O ponto de mudança*. Rio de Janeiro: Civilização Brasileira, 1995.

CERTEAU, Michel de. *A invenção do cotidiano*. Petrópolis: Vozes, 1994. v. 1: Artes de fazer.

DIDI-HUBERMAN, Georges. *O que vemos, o que nos olha*. São Paulo: Editora 34, 1998.

FREIRE, Paulo. *Professora sim, tia não: cartas para quem ousa ensinar*. São Paulo: Olho d'Água, 1997.

JOYCE, James. *Ulysses*. São Paulo: Penguin, 2012.

MORLEY, David. *Televisión, audiencias y estudios culturales*. Buenos Aires: Amorrortu, 1996.

NAJMANOVICH, Denise. *O sujeito encarnado*. Rio de Janeiro: DP&A, 2001.

NAJMANOVICH, Denise. El lenguaje de los vínculos. De la independencia absoluta a la autonomía relativa. In: DABAS, Elina; NAJMANOVICH, Denise (Orgs.). *Redes: el lenguaje de los vínculos*. Buenos Aires: Paidós, 1995.

PRIGOGINE, Ilya. De los relojes a las nubes. In: SCHNITMAN, Dora Fried. *Nuevos paradigmas, cultura y subjetividad*. Buenos Aires: Paidós, 1995. p. 395-413.

SANTOS, Boaventura de Sousa. Para uma pedagogia do conflito. In: SILVA, Luiz Heron da et al. *Novos mapas culturais: novas perspectivas educacionais.* Porto Alegre: Sulina, 1996.

SANTOS, Boaventura de Sousa. *Pela mão de Alice: o social e o político na pósmodernidade.* São Paulo: Cortez, 1995.

VON FOERSTER, Heinz. Visión y conocimiento: disfunciones de segundo orden. In: SCHINITMAN, Dora Fried. *Nuevos paradigmas, cultura y subjetividad.* 1. reimp. Buenos Aires: Paidós, 1995. p. 91-113.

O "espaço-tempo" escolar como artefato cultural nas histórias dos fatos e das ideias[1]

Os diferentes e necessários caminhos

O trabalho de buscar compreender a história – de um povo, de um país, de uma instituição, de uma cultura – tem seguido múltiplos caminhos. Neste texto, vou indicar um deles: aquele que relaciona imagens, no caso, fotografias, e narrativas, aceitando que umas remetem às outras, incessantemente (MANGUEL, 2001).

Ao lado do iconoclasmo de muitos, tão bem estudado por Machado (2001), vemos uma sociedade que se entende e se forma, crescentemente, pelo uso das imagens. Nesse sentido, as imagens são necessárias no mundo contemporâneo para dele falarmos do seu presente, tanto como o é para lembrar como foi "construído" em seu passado quanto se queremos pensar suas mudanças no futuro. Assim, a própria crítica a esse estado de coisas só será possível na medida em que dominemos, pelo uso e pelas teorias, todo esse vasto campo e não, simplesmente, por sua negativa simples ou pelo seu "endemoniamento".

Admitindo esse ponto de partida, decidi assumir a possibilidade/necessidade de falar da escola e mais exatamente de *espaçostempos*[2] escolares, a partir do uso de imagens de uma série de fotografias de um álbum do Instituto de Educação do Rio de Janeiro, de 1959. Para aí chegar, parto da ideia de que se a "escola", singularizada e concretizada em um edifício, é uma criação da burguesia ascendente (do século XV ao XVIII), sua realização

---

[1] Publicado originalmente na *Revista Acervo*, Rio de Janeiro: Arquivo Nacional, v. 18, n. 1-2, p. 15-34, jan.-dez. 2005. (N. Orgs.)

[2] A necessidade de superar as dicotomias herdadas do desenvolvimento das ciências modernas exigiu a busca de formas de escritura que indicassem os limites que as mesmas significam para as pesquisas que desenvolvo, bem acompanhadas por muitos colegas, e tenho chamado de "pesquisas *nos/dos/com* os cotidianos" e que têm indicado os caminhos teórico-metodológicos expostos neste texto.

só foi possível em *espaçostempos* múltiplos e variados, tomando por base concepções e ideários diferenciados e realizando práticas diversas. Dessa maneira, os processos curriculares e pedagógicos que nesses *espaçostempos* aconteciam foram sendo organizados, por um longo tempo, em múltiplos processos exercidos dentro de relações múltiplas, entre diferentes sujeitos com saberes múltiplos, que *aprendemensinam*, o tempo todo, complexos conteúdos de diferenciadas maneiras.

É por isso que o uso dos plurais nas pesquisas com os cotidianos escolares é indispensável aos seus pesquisadores/pesquisadoras.

Mostrar o que é cada escola usando imagens significa indicar, de saída, "muitas escolas". Para começar: aquela que a autoridade, que permitiu que a fotografia fosse feita, quis mostrar e aquela outra que o fotógrafo quer e consegue mostrar com as técnicas que possui. Encontramos, assim, nas fotografias, tanto as crenças sobre o que é a escola, para aquela sociedade, no que diz respeito à autoridade referida, como para o fotógrafo. Encontramos, ainda, as emoções vividas no momento em que foi criada ou aquelas lembradas nos momentos posteriores em que são mostradas e vistas. E mais: os valores[3] que esses praticantes (CERTEAU, 1994) desejam ver mostrados e com os quais se movem.

Mas nas imagens feitas existem, ainda, os tantos sentidos dos que as veem com sua história, suas emoções e suas memórias. No caso específico de fotografias, existem também "expostas" as emoções daqueles que nela foram fotografados, que ao revê-las, muitos anos depois, vão organizar narrativas sobre os que nelas estão presentes ou ausentes, sobre fatos ocorridos durante (antes ou depois de) sua criação.

Tudo isso nos permite afirmar, assim, as diferenças tanto das escolas e dos processos que nela são desenvolvidos como entender o porquê das diversas interpretações possíveis ao pesquisador que as vai usar em seu trabalho.

E, nesse sentido, das tantas possibilidades que se apresentavam para discutir os *espaçostempos de escolas*, optei por trazer, nos limites deste trabalho, a memória de uma das pessoas que se encontram fotografadas, na fotografia principal do álbum analisado. O recurso à narrativa é comum a quem tem uma imagem na mão, sob os olhos, pois esta desperta, sempre, a memória de histórias passadas, com suas tramas e personagens, permitindo estabelecer comparações com o presente e pensando um possível futuro.

Nos processos curriculares e pedagógicos, para além disso, é interessante observar que o(a) professor(a) envolvido(a), apesar de achar, muitas

---

[3] Tenho trabalhado com a ideia de que os "valores" são conhecimentos de tipo especial que nos levam a ações.

vezes, que está unicamente ensinando conteúdos disciplinares com os quais lida e trabalha com seus alunos/alunas, coloca em ação processos formadores que têm a ver com crenças, valores, atitudes corporais, etc. Só recentemente os pesquisadores da área começaram a compreender e a trabalhar essas questões (NÓVOA, 1992), permitindo que compreendêssemos a influência que tantos professores/professoras tiveram sobre os professores/professoras de todas as gerações.

Os trabalhos que desenvolvi e desenvolvo usando imagens como possibilidade de discutir e melhor conhecer os cotidianos das escolas têm a ver com a compreensão que sustento de que, em meio a tantas dificuldades e descrições tão sombrias sobre seu dia a dia, as escolas e seus praticantes (CERTEAU, 1994) precisam ser vistos em sua potência histórica e sua beleza, para o que pesquisas desenvolvidas com imagens e narrativas vêm contribuindo, permitindo a tessitura[4] de uma história para além da chamada "oficial".

Da mesma maneira que aquilo que ouvimos ou lemos, em pesquisa, nos marca de maneira clara, do que nossos textos acadêmicos é uma prova, pelas tantas referências que incluem, será o caso aqui de buscarmos compreender como a forma do que é dito deixa também suas marcas: dirigir-se a um aluno/aluna usando diminutivo, se enervar ou não com sua mobilidade ou passividade, mover as mãos e todo o corpo de certa maneira, são "modos" aprendidos tanto como certos conteúdos. E, na profissão docente, o modo de ser tem influência decisiva no seu exercício, para o bem ou para o mal. Como isso se passa na pesquisa? Os diálogos teóricos que vamos desenvolvendo para compreender aquilo que em pesquisa vamos tendo que resolver praticamente nos deixam marcas, relacionadas às diversas dimensões da vida e aos contextos nos quais vivemos. Bourdieu fala dessa questão ao dizer que

> [...] na origem, as diferentes escolhas teóricas foram certamente mais negativas do que positivas, e é provável que elas também tivessem por princípio a busca de soluções para problemas que se poderia considerar pessoais, como a preocupação de apreender, com rigor, problemas politicamente candentes [...] ou essas espécies de pulsões profundas e parcialmente conscientes que nos levam a sentir afinidade ou aversão em relação a essa ou àquela maneira de viver a vida intelectual e, portanto, a

---

[4] A palavra "tessitura" vem sendo usada por mim e outros pesquisadores (ZALUAR, 1997; LOPES, 1998; ONG, 1998). Serve para discutir as dificuldades teórico-práticas existentes para assumir a ideia de "construção", comum nas ciências, quando precisamos falar da criação de conhecimentos nos cotidianos. Tenho preferido usar, assim, os termos "tessitura", "tecer", "trançado", etc. A palavra "tessitura" se refere à composição musical, na articulação de sons.

> sustentar ou a combater essa ou aquela tomada de posição filosófica ou científica [...] Foi a preocupação de reagir contra as pretensões da grande crítica que me levou a "dissolver" as grandes questões remetendo-as a objetos socialmente menores ou mesmo insignificantes, mas, em todo caso, bem circunscritos, logo, passíveis de serem apreendidos empiricamente, como as práticas fotográficas. Mas eu também reagia contra o empirismo microfrênico de Lazarsfeld e seus epígonos europeus, cuja falsa impecabilidade tecnológica escondia a ausência de uma autêntica problemática teórica, gerando erros empíricos, às vezes, absolutamente elementares (BOURDIEU, 1990, p. 32).

Por tudo o que foi exposto até aqui, comparando e buscando aproximar práticas diversas, entendo, com muitos companheiros de viagem, que há modos de fazer e de criar conhecimentos e significações nos cotidianos diferentes daqueles aprendidos na Modernidade, especialmente, mas não só, com a ciência. Se for isso, para poder estudar esses modos diferentes e variados de *fazerpensar*, nos quais se misturam agir, dizer, criar, sentir, lembrar, decidir, fazer, em um movimento que venho denominando *práticateoriaprática*, é preciso questionar os caminhos já sabidos e indicar, todo o tempo, a possibilidade de traçar novos caminhos dando conta da necessária trajetória metodológica das ideias a serem expostas.

Do ponto de vista teórico, essa trajetória tem a ver com a escolha feita pelas ideias de redes de conhecimentos e significações e de tessitura em redes para a compreensão do que é criado nos tantos cotidianos em que vivemos. Resulta que não os fixamos, pois sabemos muito pouco como analisar os processos de sua criação, ainda.

Em relação ao método, reconhecendo que muitas são, também, as dúvidas sobre os caminhos a seguir e que o reconhecimento dos limites existentes para nossas ações são ponto de partida para qualquer discussão, admito que, como a vida, os cotidianos e as pesquisas *nos/dos/com* eles formam uma "tarefa" complexa, o que exige também métodos complexos para conhecê-los. Nesse sentido, é necessário discutir alguns aspectos para começar a compreender essa complexidade. O primeiro desses aspectos se refere à discussão com o modo dominante de "ver" o que foi chamado "a realidade" pelos modernos e que diz respeito, como bem nos alerta Latour (1994), ao mundo que hoje chamaríamos "virtual" do laboratório ou das criações abstratas como o *Leviatã*, de Hobbes. É necessário executar, assim, um mergulho com todos os sentidos no que se quer estudar (OLIVEIRA; ALVES, 2001). O segundo movimento é o de compreender que o conjunto de teorias, categorias, conceitos e noções que herdamos das ciências criadas e desenvolvidas na chamada Modernidade são, também, limites ao que precisa ser tecido quanto aos estudos *nos/dos/com os cotidianos*. Ampliando essa ideia, o terceiro movimento necessário, incorporando a noção de complexidade (MORIN, 1986), vai exigir a discussão sobre os modos de lidar com a diversidade, o diferente e o heterogêneo. Por fim, é preciso assumir que para comunicar novas preocupações, novos problemas, novos fatos e novos achados, é indispensável uma nova maneira de escrever, o que remete a mudanças muito mais profundas. Tudo isso, tendo centralmente colocada a impossibilidade de separação entre sujeito e objeto, já que praticantes e condições materiais de uso formam uma articulação sempre presente nos *espaçostempos* cotidianos, mesmo quando aos primeiros é negado o uso direto.

Dessa maneira, é preciso ampliar e complexificar o que vamos considerar como possibilidades de criação de conhecimentos. Para além daquilo que pode ser grupado e contado (no sentido de numerado), como antes aprendemos, vai interessar aquilo que é "contado" (pela voz que diz) pela memória e encontrado nos cotidianos. A importância de buscar outros caminhos para compreender nos leva, obrigatoriamente, à necessidade de incorporar tanto o diverso como a totalidade de cada expressão individual, assumindo com decisão o diferente e o heterogêneo.

Pela existência dessa variedade, é preciso pensar tanto em diferentes formas para captá-la e registrá-la como nas diferentes maneiras para tratar o que se vai recolhendo, com uma espécie de "rede de caçar borboletas", em uma linda imagem de Certeau (1994). Saber captar as diferenças, superando a indiferença pelo outro, entendendo-o como "legítimo outro" (MATURANA, 1991). Assim, ao contrário do que aprendemos (nos ensinaram) na prática da ciência dominante, precisamos entender, nos *espaçostempos* cotidianos, as manutenções para além da ideia de falta de vontade de mudar, submissão ou incapacidade de criar, como tantos fazem: a repetição tem um sentido, na música e nas escolas. Assim, é preciso buscar outro sentido para o que é repetição, buscando entendê-la nas suas múltiplas justificativas e necessidades.

Assim, a multiplicidade das repetições vem acompanhada de atos variados, com cadernos, livros, cartazes – artefatos culturais lembrados e que continuam a ser usados. Desse modo, tanto o repetido como o diferente possuem uma história que só recentemente estamos aprendendo a questionar de modos variados.

Lembrando com Certeau (1994) que, nos últimos três séculos, aprender a escrever define a iniciação por excelência em uma sociedade capitalista e conquistadora, sendo a sua prática iniciática fundamental (p. 277), precisamos saber: como ir além dessa prática escriturística, sabendo que está em cada um de nós que nos dedicamos à pesquisa? Esse autor nos dá uma pista importante ao nos dizer que devemos prestar atenção à "narrativização das práticas" que são usadas desde sempre, a partir de Marx e Freud.

Essas observações levam Certeau a afirmar também que isso implicaria reconhecer o valor teórico do romance, lugar para onde foi "rejeitada" a vida cotidiana desde que surgiu a ciência moderna, indicando que é preciso "restituir importância 'científica' ao gesto tradicional (é também uma gesta) que sempre 'narra' as práticas" (p. 153).

Devemos, então, considerar que narrar histórias é a mais vasta experiência humana, exercida nas ciências e de modo exemplar em nossas diversas redes cotidianas. Ong (1998) nos indica que essas narrativas formam um repositório amplo dos saberes das ações humanas nessas redes. Também nas escolas e em seus cotidianos elas estão presentes, em seus tantos *espaçostempos*.

Nesses *espaçostempos* cotidianos, a cultura narrativa tem uma grande importância porque garante formas, de certa maneira, duradouras aos conhecimentos, já que podem ser repetidas. Embora, naturalmente, tenham um conteúdo que não garante a sua fixação, permitem uma evolução e uma história, embora diferente das que conhecemos em relação aos conhecimentos científicos ou políticos oficiais, que são, sobretudo, escritos.

Assim, trabalhar com a memória cotidiana das tantas ações desenvolvidas nos múltiplos contextos em que vivemos, ao contrário das necessidades da narrativa escrita do romance, exige trazer à tona uma narrativa que não é nem linear nem progressiva, tudo o que é considerado "restos", portanto. Nela, é muito comum a mudança de "rota" – de assunto, de tom e mesmo de forma. Pode-se passar da afirmação à negação, da afirmação ao questionamento, de um fato acontecido ontem a outro acontecido há muitos anos, da fala pessoal à fala de alguém que se "introduz" na história chamada por quem narra (ALVES, 1998).

Portelli (1997) desenvolve essa ideia ao dizer que nessa forma de fazer história a realidade vai ser compreendida não como um tabuleiro de xadrez que tem todos os quadrados iguais, mas muito mais como uma "colcha de retalhos, em que os pedaços são diferentes, porém formam um todo coerente depois de reunidos".

Assim, no caso do praticante da docência, cada um de nós, antes de ter o direito legal de ser professor/professora, "aprende o ofício" em centenas de aulas assistidas durante toda a trajetória que nos levou a "escolher a profissão", em múltiplos contextos cotidianos. Nessa trajetória, aprendemos gestos, expressões, maneiras, movimentação de corpo, como o professor/ professora deve se vestir ou falar, como encaminhar o trabalho com os alunos/alunas, como se dirigir às autoridades educacionais ou como receber os pais, como fazer uso de múltiplas linguagens, enfim.

Com essas ideias, podemos compreender o quanto as ações docentes não são, exclusivamente, racionais, no sentido de planejadas e planificadas, mas correspondem a "aprendizagens" que em nós foram penetrando e nos marcando em situações diferentes, em qualidade, em quantidade, em *espaçostempos* de realização variados. Por outro lado, as ações que são produzidas no exercício da docência, embora aprendidas socialmente, são sempre únicas, porque organizam o todo sabido de acordo com cada situação concreta. Ou seja, considerando o praticante docente, podemos dizer que suas ações invocam todas as aulas assistidas e dadas – consequentemente vividas – e para serem "compreendidas" precisam de outros que as tenham vivido também.

Recordar o que foi praticado permite o aparecimento de tons e sons dissonantes dentro de uma história. A análise dessas dissonâncias permite detectar omissões, mudança de direções e a renovação permanente dos fatos vividos em diferentes épocas e situações, já que "a experiência nunca termina, é constantemente relembrada e retrabalhada" (THOMSON, 1987, p. 63). Quando o professor/professora decide contar uma história a um pesquisador/pesquisadora, provavelmente já a contou a outros companheiros/ companheiras: aquele conto faz parte do seu repertório pessoal, mesmo que seja um caso que se passou com outro colega.

Nesse autor, entendemos que tecemos "nossa identidade através do processo de contar histórias para nós mesmos – como histórias secretas ou fantasias – ou para outras pessoas, no convívio social [...] Ao narrar uma história, identificamos o que pensamos que éramos no passado, quem pensamos ser no presente e o que gostaríamos de ser (no futuro)" (THOMSON, 1987, p. 57).

Memórias de "normalistas": dos currículos idealizados aos currículos praticados

Todos os anos, as turmas se reuniam em torno de um chafariz, sem água desde sempre, no centro do pátio central do Instituto de Educação do Rio de Janeiro, belíssima construção anacrônica, porque de colonial espanhol construída no início do século XX. No centro da fotografia, um ou dois professores, mais ou menos "convidados" pela turma a ser fotografada. Cercando-os, podíamos ver as "representantes" da turma.

Fachada e pátio interno do Instituto de Educação do Rio de Janeiro

Em um pequeno álbum, no qual se colocou a fotografia de uma dessas turmas do ano de 1959, encontramos dezesseis fotografias de diversos espaços do Instituto de Educação, em uma série organizada pelo fotógrafo e não pela autora deste artigo. Incorporando narrativas surgidas dessas imagens, na metodologia usada por Detienne (1972, 1977, 1979) e descrita por Certeau (1994), buscamos compreender a importância dos *espaçostempos* escolares como artefato cultural definidor de ideias sobre escola, a partir de um caso particular.

Nesse processo, tentamos identificar o que vamos chamar de "currículo ideal", a partir das pistas encontradas nessas fotografias, em oposição aos "currículos praticados", narrados a partir de memórias de "acontecimentos" que vão marcar a formação de professoras nas redes educativas em que ela se desenvolve.[5]

Era um tempo que foi chamado, depois de uma novela passada na cadeia de televisão mais importante do Brasil, na década de 1990, de "anos dourados", especialmente pelas professoras já aposentadas e que se formaram naquele momento e que incorporaram essa denominação para "demonstrar" a excelência de sua formação. A ideia de fundo é sempre aquela de que a "escola antes era melhor", em razão dos momentos difíceis da atualidade que enfrentam, seja pela redução salarial, pela queda de prestígio social, pela deterioração das condições materiais de trabalho, frente ao desenvolvimento das tecnologias e dos artefatos culturais possíveis de serem usados na escola ou pela aposentadoria e o necessário afastamento da prática pedagógica.

As fotografias mostram uma ideia que se aproxima dessa de que "a escola antes era melhor", indicando o "currículo ideal" pensado para essa escola de formação: largos corredores, laboratórios bem equipados, piscina, quadras enormes de esportes, gabinete dentário, espaços que eram usados muito raramente

---

[5] Sobre as tantas possibilidades teórico-metodológicas, ver Ginzburg (1989); Manguel (2001); Belting (2004); Oliveira (2003); Deleuze (1976) e muitos outros.

porque: 1) a passagem de alunas era interditada; 2) as "fórmulas" pedagógicas incluíam muito pouco os "experimentos" e muito mais as aulas nas quais o professor "ditava o ponto" e escrevia no quadro-negro; 3) o custo de conservação era grande e já então a verba destinada era pequena e esporádica; 4) médicos e dentistas apareciam por períodos pequenos e nunca com frequência.

Corredor para auditório e laboratório

No entanto, quando a memória da antiga normalista se liga a essa série de fotografias, ela lembra, para começar, das aulas que teve com um professor de Geografia em um desses laboratórios e que a levaram a escolher esse curso na universidade, graças à promulgação da LDB de 1961, que permitia que todos os alunos do "secundário" pudessem escolher o curso que fariam no ensino superior, longe do "destino" da pedagogia que lhe estava reservado pela lei anterior. E que veio a cursar, pois escolheu permanecer na docência quando todos aconselhavam a pesquisa, o que veio a fazer muitos anos depois, no campo da educação.

Ela lembra, também, do único período em que teve prazer nas atividades físicas, realizadas nos vastos pátios externos ou na quadra coberta, quando usava os arcos, as bolas e as fitas, ou quando, apesar de baixa, ela era aceita nos jogos de vôlei, o único no qual sempre achava algum interesse de ver. Ou, ainda, do prazer imenso nas idas à biblioteca, que achava enorme, porque ainda não conhecia nem a Biblioteca Nacional, que só viria a conhecer quando fez seu curso na universidade, nem a Bibliothèque François Mitterrand, que conheceu nas suas tantas viagens a Paris, muito depois. Ou as fugidas das aulas "curriculares" para ouvir música clássica em uma salinha no fundo da biblioteca, na qual uma professora de que não lembra sequer o nome a iniciava na beleza dos sons. Ou, ainda, a apertada sala, na qual, à tarde, depois das aulas, ia para fazer parte do grupo do "canto orfeônico", em que fazia com mais duas colegas a rara terceira voz, "de belo timbre", segundo a professora, que nunca mais "teve tempo" de usar!

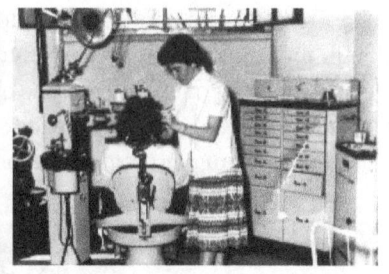

Piscina e gabinete dentário

Quando os olhos chegam ao gabinete do diretor, se desviam para a fotografia principal com o grupo organizado em torno do chafariz, e a memória sobre tudo o que de bom aconteceu nesses *espaçostempos*, com essa materialidade que busca expressar a ideia de excelência dessa escola, vai, ainda uma vez, ser confrontada com um acontecimento que indica outras coisas.

No centro da fotografia, os dois professores "escolhidos" pela turma. Ladeando-os as "representantes", que podem ser identificadas pela faixa na manga da blusa do uniforme – a azul-marinho e branca indica a titular (à esquerda do professor) e a azul-marinho (à direita da professora) indica a suplente. Ao lado da primeira está a única aluna negra da turma, que era, também, a mais pobre. Ao lado desta está a mais rica, cujo pai era dono de diversas companhias de ônibus no Rio de Janeiro.

Biblioteca e ginástica no pátio externo

Gabinete da direção e turma 1 do 1º ano normal, de 1959

Sobre a professora presente, um "acontecimento" marcante pode ser lembrado: ela chegara de volta nesse ano e só "pegara" uma turma: a que tinha o número 1 (1.001), porque como catedrática tinha esse direito. Como tinha passado anos sem trabalhar e só quis essa turma, não conseguiu coordenar os professores das outras turmas,[6] que continuaram a dar o que tinham o costume de dar, enquanto ela dava o que queria. Quando chegou o momento da primeira prova parcial,[7] ela decidiu que organizaria a prova sozinha para todas as turmas. Nessa prova, ela colocou o que tinha dado na turma 1: as alunas dessa turma se saíram muito bem e as das outras vinte turmas, muito mal. Uma grande discussão na sala do diretor fez com que ela tivesse que concordar que a segunda prova seria feita pelos outros professores. Mas ela continuou dando o que queria. Resultado? As alunas dessa turma foram muito mal, enquanto as alunas das outras turmas se saíram dentro do esperado? Não!... As outras alunas tiveram suas notas no tempo devido, mas as notas dessa turma 1 não saíram. Depois de algum tempo, a representante da turma, com uma comissão de três alunas, foi procurar o diretor que, em tom misterioso, as mandou procurar o professor que era o presidente de uma "comissão de sindicância", cuja existência desconheciam. Esse professor, muito grosseiro como sempre, começou a falar com as alunas aos gritos dizendo que, por ele, elas "não serviam para serem nem lavadeiras e que deveriam ser expulsas pelo que tinham feito". Com cara de espanto, mas sempre enfrentando essas situações sem medo, a representante indagou sobre o que ele estava se referindo. O professor, sempre aos berros, disse que as provas da turma 1 tinham sido "falsificadas" e que tinham sido submetidas à perícia. As alunas iriam prestar depoimento à tal comissão que ele presidia. A representante disse, então, que se a comissão ainda estava apurando, ele não podia saber o resultado e, portanto, não sabia quem era o culpado da fraude, não podendo acusar as alunas. Ela disse, ainda, que a partir daquele momento, como todas eram menores, a comissão trataria com os pais delas e com os advogados que trouxessem. O tom com que o professor tratava as alunas baixou, na hora.

Os pais de diversas alunas, em especial os da representante, assumiram a situação a partir dali. O que acontecera? A professora de Química apanhara as provas e completara todas as respostas que estavam em branco, fraudando, realmente, cada prova com uma letra que nada tinha a ver com a das alunas. Como as provas eram corrigidas por dois professores, ela as passou para outro professor, que denunciou a situação. Formaram a tal

---

[6] Eram ao todo 21 turmas, com 40 alunas cada (na foto só estão 36; quem faltou nesse dia?).
[7] Vivíamos um regime com apenas três provas parciais (não havia as mensais).

comissão e decidiram, de início, que as alunas tinham "culpa no cartório". Quando tudo se esclareceu, a professora nada sofreu e as alunas não receberam nenhum pedido de desculpas – repetiram as notas da primeira prova, para que a questão burocrática fosse resolvida.

Lembrando isso, quem será capaz de repetir o que tantas vezes se repete: "a escola antes era melhor". Era mesmo? Para quem? Em que circunstâncias? Assim, ao lado de um "currículo ideal" representado por espaços estruturados de modo excelente, desenvolvia-se um "currículo praticado" que não incluía, necessariamente, o uso da maioria desses espaços, por longo tempo, e incluía ações pedagógicas e de outro tipo que formavam, em conjunto, nas alunas de então, as professoras que seriam mais tarde, incluindo os valores pela sua incorporação ou pela negativa dos atos "estranhos" que presenciavam ou viviam.

Referências

ALVES, Nilda. Diário de classe, espaço de diversidade. In: MIGNOT, Ana Chrystina; CUNHA, Maria Teresa Santos (Orgs.). *Prática da memória docente*. São Paulo: Cortez, 2003. p. 63-77.

ALVES, Nilda. *O espaço escolar e suas marcas: o espaço como dimensão material do currículo*. Rio de Janeiro: DP&A, 1998.

BELTING, Hans. *Pour une anthropologie des images*. Paris: Gallimard, 2004.

BOURDIEU, Pierre. *Coisas ditas*. São Paulo: Brasiliense, 1990.

BROOK, Peter. *O ponto de mudança*. Rio de Janeiro: Civilização Brasileira, 1995.

CERTEAU, Michel de. *A invenção do cotidiano*. Petrópolis: Vozes, 1994. v. 1: Artes de fazer.

CERTEAU, Michel de. *A invenção do cotidiano*. Edição e apresentação de Luce Giard. Petrópolis: Vozes, 1997. v. 2: Morar, cozinhar.

DELEUZE, Gilles. *Proust et les signes*. Paris: Presses Universitaires de France, 1976.

DETIENNE, Marcel. *Les jardins d'Adonis*. Paris: Gallimard, 1972.

DETIENNE, Marcel. *Dionysos mis à mort*. Paris: Gallimard, 1977.

DETIENNE, Marcel; VERNANT, Jean-Pierre. *La cuisine du sacrifice en pays grec*. Paris: Gallimard, 1979.

FOUCAULT, Michel. *L'Ordre du discours: leçon inaugurale au Collège de France prononcé, 2 décembre 1970*. Paris: Gallimard, 1971.

GINZBURG, Carlo. *Mitos, emblemas e sinais: morfologia e história*. São Paulo: Companhia das Letras, 1989.

HILL, Christopher. *O mundo de ponta-cabeça*. São Paulo: Companhia das Letras, 1987.

LATOUR, Bruno. *Jamais fomos modernos*. Rio de Janeiro: Editora 34, 1994.

LEFEBVRE, Henri. *A vida cotidiana no mundo moderno*. São Paulo: Ática, 1992.

LOPES, Alice Ribeiro Casimiro. Currículo, conhecimento e cultura: construindo tessituras plurais. In: CHASSOT, Attico; OLIVEIRA, José Renato de. *Ciência, ética e cultura na educação*. São Leopoldo: Unisinos, 1998.

MACHADO, Arlindo. *O quarto iconoclasmo e outros ensaios hereges*. Rio de Janeiro: Marca d'Água, 2001.

MANGUEL, Alberto. *Lendo imagens*. São Paulo: Companhia das Letras, 2001.

MATURANA, Humberto. *Cognição, ciência e vida cotidiana*. Belo Horizonte: Ed. da UFMG, 2001.

MORIN, Edgar. *Ciência com consciência*. Rio de Janeiro: Bertrand Brasil, 1996.

NÓVOA, António (Org.). *Vidas de professores*. Porto: Porto, 1992.

OLIVEIRA, Inês Barbosa de. *Currículos praticados: entre a regulação e a emancipação*. Rio de Janeiro: DP&A, 2003.

OLIVEIRA, Inês Barbosa de; ALVES, Nilda. Contar o passado, analisar o presente e sonhar o futuro. In: OLIVEIRA, Inês Barbosa de; ALVES, Nilda (Orgs.). *Pesquisa no/ do cotidiano das escolas: sobre redes de saberes*. Rio de Janeiro: DP&A, 2001. p. 7-12.

ONG, Walter. *Oralidade e cultura escrita*. Campinas: Papirus, 1998.

PORTELLI, Alessandro. Tentando aprender um pouquinho – algumas reflexões sobre a ética na História Oral. *Projeto História*, São Paulo, n. 15: Ética e História Oral, p. 13-33, abr. 1997.

THOMSON, Alistair. Recompondo a memória: questões sobre a relação entre a história oral e as memórias. *Projeto História*, São Paulo, n. 15: Ética e História Oral, p. 51-84, abr. 1997.

WILLIAMS, Raymond. *Cultura*. Rio de Janeiro: Paz e Terra, 1992.

ZALUAR, Alba. As imagens da e na cidade: a superação da obscuridade. *Cadernos de Antropologia – Cidade em imagens*, Rio de Janeiro, n. 4, p. 107-119, 1997.

Faz bem trabalhar a memória:[1] criação de currículos nos cotidianos, em imagens e narrativas[2]

> Dizem que os jornais dos anos 50 eram melhores do que os de hoje. Era a saúde do mundo que estava melhor.
> Hoje nos pedem que vivamos em segunda mão.
> Alguns dias atrás eu estava no TGV [o trem de alta velocidade].
> À minha frente, uma mulher lia uma revista de psicologia.
> Eu disse a ela que, no meu tempo, as pessoas se falavam nos trens e aprendiam psicologia dessa maneira.
> Ela riu. Concordou comigo.
> Ter tempo, tomar tempo para fazer as coisas, foi o único luxo de minha vida.
>
> (Henri Cartier-Bresson)

A intenção deste trabalho, com base em preocupações e conhecimentos desenvolvidos em sucessivas pesquisas, é discutir a importância da *memória* em pesquisas *nos/dos/com os cotidianos*.[3] Busco, então, compreender e escrever uma história dos currículos, diferente daquela das práticas oficiais, incluindo a compreensão dos modos como os *praticantes*[4] tecem suas redes cotidianas de conhecimentos e significados, dentro e fora das escolas, na busca para entender como, historicamente, as práticas cotidianas criaram e criam os currículos.

Essa discussão se dará relacionada à compreensão do *uso de imagens e narrativas* que vem sendo feito nessas pesquisas há muitos anos, como

---

[1] Era o que dizia a jornalistas o fotógrafo Henri Cartier-Bresson, quando, em entrevista, se recusava a usar o gravador.

[2] Publicado em *Cadernos de pesquisa em Educação*, Vitória, v. 13, n. 26, p. 37- 53, jul.-dez. 2007.

[3] Essa é a "fórmula" que encontramos para identificar as pesquisas que grupos de pesquisadores desenvolvem nos cotidianos, *dentrofora* dos *espaçostempos* escolares, mas com esses mantendo inúmeras relações, devido às *redes de conhecimentos e significados* a que seus *praticantes* pertencem.

[4] Esse é o modo pelo qual Certeau (1994) chama os sujeitos das práticas cotidianas.

personagens conceitos – como indicam Deleuze e Guattari (1991) e Sousa Dias (1995), ao estudar o primeiro – já que considero esse uso uma necessidade imposta ao pesquisador desses *espaçostempos*.[5]

Significa, ainda, incorporar a ideia de que nesse *uso* se faz mais do que "consumir" o que é posto à disposição pelos que fizeram desse *espaçotempo* um "lugar" de imposições e escolhas determinadas. Significa compreender que no *uso* há escolhas que são feitas – mesmo que algumas possam ser aquelas que não consideramos as "melhores" ou as "mais apropriadas" – aproveitando os *temposespaços* comuns, cotidianos, para trocas e para a criação de conhecimentos e significados. Esse processo indica que, em cada instante, o encontro de seres humanos com imagens de todo tipo, nos diversos cotidianos em que vivem suas redes de relações, se dá seja na reprodução do que é determinado, seja na criação do novo, em um mesmo movimento. A *memória* desses processos vai aparecer em *narrativas*, em momentos posteriores, quando o vivido é lembrado, sempre com formas e conteúdos diferentes, mas dentro do que tem significado nas redes em que foram produzidas e lembradas.

Dessa maneira, aquilo a que poderíamos chamar de "o direito lúcido à imagem" se dá em um embate permanente entre o que se quer impor e o que os seres humanos criam em sua infinita condição de fazer acontecer o novo, tanto quanto em versões dos *acontecimentos*, atualizadas pela memória contida em narrativas, diversas e diferentes.

Conhecer uma história que se deu, também, naquela das ciências: o "uso" de imagens para criar conhecimentos

Partimos, assim, ao contrário do que muitos pensam, dizem e escrevem, da ideia de que nos cotidianos, em suas múltiplas redes, são desenvolvidos processos permanentes de criação de conhecimentos e significados, no qual as imagens e as narrativas têm tido papel relevante.

Nesse sentido, em sua análise sobre o porquê do horror à imagem que vemos hoje em tantos intelectuais que desde sempre centraram o fogo de suas críticas nas mídias atuais e, mais especialmente, na televisão – de Debord (1997) a Baudrillard (1995, 1985) –, Machado (2001) conduz seu

---

[5] Esse modo de escrever tem a ver com o que explicávamos em nossa tese de titular: essa foi a melhor forma que encontrei, depois de usar outras, para dizer da unidade indissociável de seus dois componentes, que [...] precisam ser entendidos como um só, na tentativa de superar a visão dicotomizada que herdamos da Modernidade (ALVES, 2000). A inversão dos termos, logo em seguida no texto, tem o sentido de mostrar aquela dimensão considerada a principal no viver cotidiano – o tempo, já que o espaço foi todo apropriado – sendo dito em primeiro lugar.

pensamento em duas direções que nos ajudam a compreender o momento presente e aprofundar a relação que devemos desenvolver nas pesquisas com os cotidianos.

A primeira delas é sobre os *iconoclasmos* periódicos que apareceram na história da humanidade. A segunda é como a ciência, desde o seu surgimento, lançou mão da *imagem* para explicar e criar conhecimento. Essas duas questões examinadas permitem, talvez, entender porque se aceitou que o *uso da imagem* se estendesse à escola em um certo período e por que esse uso foi negado, quando fugiu ao controle e caiu em "mãos bárbaras", tanto pelo desenvolvimento dos artefatos culturais, que barateou os produtos e facilitou sua compra, como pelas lutas dos movimentos sociais que foram muito além do seu consumo e lhe deram sentidos políticos particulares.

Assim, após lembrar três longos períodos, distantes uns dos outros, de iconoclasmos – o primeiro, nas culturas judaico-cristã e islâmica e na tradição filosófica grega; o segundo, no Império Bizantino, entre os séculos VIII e IX; e o terceiro, no século XVI, com a Reforma Protestante –, Machado (2001) indica que

> [...] esses três ciclos icoloclastas se ancoraram numa crença inabalável no poder, na superioridade e na transcendência da "palavra", sobretudo da palavra escrita e, nesse sentido, não é inteiramente descabido caracterizar o iconoclasmo como uma espécie de "literolatria": o culto do livro e da letra. Para o iconoclasta, a verdade está nos Escritos; Deus só pode ser representado por meio da Sua Palavra; Deus é Verbo – "No princípio era o Verbo e o Verbo estava com Deus e o Verbo era Deus" (João, 1, 1) (p. 11-12).

Por isso mesmo, a palavra é buscada para representar a verdade na ciência, chegando a ser entendida como "a própria 'substância' do pensamento [pois] pensa-se 'com' palavras e 'apenas' com palavras" (MACHADO, 2001, p. 12), enquanto a imagem "permanece condenada à epiderme das coisas: ela sempre é a representação das singularidades e nunca pode atingir os níveis de abstração e generalização alcançados pela palavra escrita" (p. 12),[6] como entendem tantos, que conferem à imagem um estatuto menor, por essa razão. Machado (2001), vendo que hoje "a repulsa às imagens retorna com furor e intolerância", propõe que entendamos essa nova "onda" como o *quarto iconoclasmo*.

Mas será que sempre foi assim, que essa ideia prevaleceu sempre ou tivemos períodos com modos diferentes de entender tudo isso?

---

[6] Machado (2001) lembra também que os filósofos identificam a "razão" com a palavra grega "logos", mas "logos" [...] é "verbo", "palavra", do que resulta a ideia de que a razão só pode ser "verbal" ou, pior ainda, que "razão" e "palavra" são a mesma coisa (p. 12).

Antes de mais nada, do lado dos que podem e dominam pelas palavras, por que dominam os espaços de decisão, fazendo-os *lugar* (CERTEAU, 1994), através de *estratégias*, a aceitação da imagem tem sido assumida dentro de certos limites: como algo que se deve manter para chegar aos que não sabem ler com os "saberes" dos que dominam e sabem. Isso vem ocorrendo desde o papa Gregório I, que disse: "aquilo que a escrita fornece às pessoas que leem a pintura fornece aos analfabetos (*"idiotis"*) que a contemplam, pois esses ignorantes podem ver aquilo que eles devem imitar; as pinturas são a leitura daqueles que não conhecem as letras, portanto, elas ocupam o papel da leitura, sobretudo para os pagãos" (*apud* MACHADO, 2001, p. 15). Essa tendência passa pelos escritos de Comenius (1685), que entende ser necessário ensinar as *coisas* (como nadar, por exemplo) através de quatro línguas e de imagens (*apud* CHALMEL, 2004), chegando em nossos dias ao pastor que, na televisão, resolveu "agredir", fisicamente, uma imagem da Virgem Maria, discorrendo sobre a necessidade de se negar os ídolos, e os autores acima citados.

Ainda com Machado (2001), vamos lembrar que

> [...] essa querela milenar, contudo, se baseia em dicotomias falsas (já que) a escrita não pode se opor às imagens porque nasceu dentro das próprias artes visuais, como um desenvolvimento intelectual da iconografia. Em algum momento do segundo milênio a.C., alguma civilização teve a ideia de "rasgar" as imagens, a fim de abrir a visão para os processos invisíveis que se passam no seu interior, bem como de desmembrar cada uma de suas partes em unidades separadas, para reutilizá-las como signo em outros contextos e num sentido mais geral (FLUSSER, 1985, p. 15). O rasgamento das imagens permitiu desfiá-las em "linhas sequenciais" (nascia assim o processo de linearização da escrita), enquanto o desmembramento de suas partes compreendeu cada elemento da imagem (pictograma) como um conceito [...] Portanto, a primeira forma de escrita que se conhece é "iconográfica" e deriva diretamente de uma técnica de "recorte" de imagem (MACHADO, 2001, p. 22).

Esse autor lembra, também, que "a imagem é uma forma de construção do pensamento tão sofisticada que sem ela provavelmente não teria sido possível o desenvolvimento de ciências como a biologia, a geografia, a geometria, a astronomia e a medicina".[7]

No desenvolvimento dessas ideias, Machado (2001) lembra que Dagognet (1986; 1973) considera que a imagem é propedêutica ao desenvolvimento

---

[7] Por isso mesmo, cientistas das chamadas ciências de ponta se espantam com a quantidade de papel que gastamos para escrever nossos artigos, nas chamadas ciências humanas e sociais – pois são sempre muito maiores que os deles, que contêm esquemas, desenhos, fórmulas...

da ciência, indicando que "no trabalho iconográfico dos cientistas 'semióticos' [...] o registro gráfico desempenha papel heurístico e metodológico (quando não ontológico)" (MACHADO, 2001, p. 24). Assim, no processo de criarem as ciências, a partir do século XV, os cientistas "usaram" imagens de várias formas e para diversos fins, por um lado, "buscando superar as imprecisões e os excessos retóricos do discurso verbal, e por outro lado, descobrindo o imenso potencial simbólico do 'diagrama', a imagem que organiza e esclarece, a imagem lógica, a imagem-conceito, a imagem-rigor", em especial após o século XVIII (MACHADO, 2001, p. 25). Dagognet (1973), sobre essas imagens usadas tão fartamente por cientistas de tão diferentes áreas, alerta que é um grande erro tomar essas figuras como "meros auxiliares didáticos ou ilustrações cômodas, pois, ao contrário, elas constituem um instrumento heurístico privilegiado: não um embelezamento, uma simplificação ou ainda um recurso pedagógico de difusão facilitada, mas uma verdadeira re-escritura, capaz, ela própria, de transformar o universo e de reinventá-lo" (*apud* MACHADO, 2001, p. 25).

Considerando tudo isso, podemos afirmar que o *uso* de imagens nas/pelas chamadas ciências sociais e humanas vai assim entrar com algum retardo nos processos de pesquisa. Nesse mundo pictórico, vamos assumindo, lentamente, a possibilidade de incorporar imagens e narrativas como *fonte* e como *espaçotempo* de conhecimento acumulado. Mas, nesse texto, queremos ir um pouco mais longe: vamos assumi-las como *personagens conceituais* (DELEUZE, 1991; SOUZA DIAS, 1995), para as pesquisas com os cotidianos, no *uso* que os *praticantes* (CERTEAU, 1994) fazem delas.

Entendemos, assim, que a necessidade desses estudos e pesquisas se impuseram porque, se

> [...] parte considerável do mundo intelectual ainda se encontra petrificada na tradição milenar do iconoclasmo, parte também considerável do mundo artístico, científico e militante vem descobrindo que a cultura, a ciência e a civilização dos séculos XIX e XX são impensáveis sem o papel estrutural e constitutivo nelas desempenhado pelas imagens (da iconografia científica, da fotografia, do cinema, da televisão e dos novos meios digitais). Essa segunda parte da humanidade aprendeu não apenas a conviver com as imagens, mas também a "pensar com as imagens" e a construir com elas uma civilização complexa e instigante. Na verdade, hoje estamos realmente em condições de avaliar a extensão e a profundidade de todo o acervo iconográfico construído e acumulado pela humanidade, apesar de todos os interditos, pois somente agora nos é possível compreender a natureza mais profunda do discurso iconográfico, isso que poderíamos chamar de "linguagem das imagens", capaz de expressar realidades diferentes, historicamente abafadas pelo tacão do iconoclasmo (MACHADO, 2001, p. 32).

Falta perguntar, então: como fica essa possibilidade para aqueles/aquelas que, como nós, criam ciência na educação? Ficamos à margem dessas possibilidades ou nelas nos engajamos, participando das discussões travadas e das possibilidades criadas?

As narrativas que, em movimento, criam redes de conhecimentos e significados

Do mesmo modo que as imagens, as *narrativas*, nessas pesquisas, precisam ser entendidas como *personagens conceitos*. Nesse sentido, se fez necessário o recurso à chamada história oral que permite alguma organização às memórias dos cotidianos. Essas "histórias" que surgem em "conversas" entre participantes dos cotidianos e pesquisadores vão ocupando, como nos indicou Foucault (1992), o *espaçotempo* de *exempla*.

Por isso mesmo, Portelli (1997) diz que

> [...] exatamente por dizer respeito a pessoas "comuns", a "indivíduos isolados e obscuros", que podem, "além disso serem estranhos", a História Oral não se concentra nas pessoas médias, mas não raro considera mais "representativas" aquelas que são extraordinárias ou incomparáveis [...] [Assim], o escravo que foi punido com cem chibatadas pode esclarecer mais a instituição da escravatura do que aqueles que foram chicoteados 0,7 vezes por ano. O número extremamente reduzido de toxicômanos, em uma cidadezinha industrial, pode fornecer indicações inestimáveis sobre a experiência dos jovens como um todo. Além disso, um contador de histórias criativo ou um brilhante artista da palavra constituem fonte de conhecimento tão rica quanto qualquer conjunto de estatísticas (p. 17).

Entende-se, pois, que, se todos têm o que falar, certos praticantes graças a experiências agudas porque passaram, por ações muito bem sucedidas – ou ao contrário – dentro de processos curriculares, por certa dinâmica especial que imprimiram a uma atividade pedagógica, se colocam como "personagens" que têm muito a dizer sobre os cotidianos escolares vividos.

Sem a ilusão de estar ouvindo "a verdade", o pesquisador com os cotidianos deve se colocar disponível para ouvir o que vai ser dito, entendendo os significados do que é narrado para quem o faz, dentro das redes a que o mesmo pertence.

Nesse sentido, precisamos compreender, ainda, como indica Thomson (1997), que

> [...] as imagens e linguagens disponíveis usadas [no relato] público nunca se encaixam perfeitamente às experiências pessoais e há sempre uma tensão que pode ser manifestada através de um desconforto latente,

da comparação ou da avaliação. [No entanto], os relatos coletivos que usamos para narrar e relembrar experiências não, necessariamente, apagam experiências que não fazem sentido para a coletividade. Incoerentes, desestruturadas e, na verdade, "não-relembradas", essas experiências podem permanecer na memória e se manifestar em outras épocas e lugares – sustentadas talvez por relatos alternativos – ou através de imagens menos conscientes. Experiências novas ampliam constantemente as imagens antigas e no final exigem e geram novas formas de compreensão. A memória "gira em torno da relação passado-presente, e envolve um processo contínuo de reconstrução e transformação de experiências relembradas", em função das mudanças nos relatos públicos sobre o passado. Que memórias escolhemos para recordar e relatar (e portanto, relembrar) e como damos sentido a elas são coisas que mudam com o passar do tempo (p. 56-57).

Assim, por exemplo, ao pensar em sua infância uma professora pode dizer em um primeiro momento, olhando uma fotografia que tem em mãos, na qual porta um acordeão:

Nessa época, eu era obrigada a tocar acordeão... Na foto se pode ver minha cara de alegria! Meu professor era o Agostinho Ferreira da Silva, que tocava no Clube do Guri, na extinta TV Tupi. Hoje dizem que a criança tem muitas atividades, mas também se tinha naquela época... Eu tocava piano, também. Era uma certa tendência de moda...Até que, hoje em dia, está retornando, um pouco, o acordeão, mas houve um tempo em que ninguém queria ver esse instrumento. Era "cafona". Naquele tempo tinha uma atriz de cinema que eu adorava e que o tocava: Adelaide Quiozzo! Toda mãe queria que a filha tocasse. Minha mãe dizia: "Canta, canta!" Eu dizia: "Tocar, eu me animo, mas cantar, não". Vestidinho rodado e fazendo assim e cantando. "Beijinho doce", de preferência. Eu até me formei em música, teoria musical, que fiz paralelo com o acordeão. Foi com 14 anos, na mesma época em que eu terminei o ginásio. Aí, a minha mãe deixou eu começar a estudar piano, pois eu só podia estudar piano se primeiro terminasse acordeão. Porque ela não podia comprar o piano, só podia comprar o acordeão. Eu pedi uma bicicleta e ganhei "isso" de presente!

Mas, olhando outra fotografia, na qual aparece com um grupo de alunos, a professora começa, imediatamente, a lembrar como lidava com as questões curriculares e pedagógicas, em uma escola na qual os alunos eram provenientes de uma favela próxima:

Eu me perguntava, o tempo todo: como é que eu vou fazer com essas crianças que têm dificuldades de aprender? Onde vou buscar resposta para isso? Por que me diziam que o conhecimento tinha que ser construído linearmente? Por que é que eu não posso mudar essa matemática? Porque, eu achava, a matemática tem que ser trabalhada junto com a realidade, senão o aluno não vai entender [como aprendi com minhas professoras]. Foi aí, lembrando da Aparecida que me levava à realidade, da Léa que me ensinou a usar o ábaco... Fiz um resgate da minha vida passada. Talvez só aqui, eu tenha parado para me encontrar em educação. Bonito, hein? Nem a Secretaria sabe disso! Nem a Secretaria sabe disso. Nem eu sabia até agora! Mas, foi!

Pensava, assim, como devia trabalhar com os alunos em sua disciplina específica. Mas, olhando outra fotografia, começa a pensar muito mais: a como ampliar o universo cultural daquelas crianças e a como melhorar o trabalho de todos. Conta isso de uma forma muito natural, se divertindo mesmo:

[...] levava os alunos para andar de helicóptero, no Bateau Mouche, antes de afundar... O pior é que as crianças faziam xixi nas calças, quando andavam de helicóptero. Era muito engraçado! Era medo. Eu era diretora, mas eu sempre fui meio louca. Tanto é que eu fiz uma festa pra arrumar dinheiro... Vendia laranjas na porta da escola aos taxistas que faziam ponto ali perto... Tudo para arrumar dinheiro para fazer obra na escola. Era muito engraçado... Foi muito divertido. Essas crianças queriam passear. Moravam todas na favela próxima... Eu pegava os mais pobrezinhos, que eu sabia que nunca iam fazer nada disso... tinha o Supermercado Disco que fazia aquela promoção: "Disco: o caminho certo!" Realizavam um sorteio para passear de helicóptero ou no Bateau Mouche... Eu fui no Disco e conversei com o gerente de promoção. Tenho até uma foto dele com o microfone na mão. Disse assim: "Escuta aqui, como é que é essa história de passeio? É o seguinte: eu tenho uma escola que só tem criança pobrezinha, então, eu quero levá-las para passear." "Faz uma coisa: essa promoção não existe não, entendeu? A gente bota um ou dois, que a gente sorteia, mas o resto a gente tem que ficar fotografando". "Então está ótimo, você vai fotografar a minha escola inteira e fazer propaganda com ela. Agora, tem uma coisa..." E nós passamos quase três meses, toda semana ia uma turma da escola passear, ou de helicóptero ou de barco. A escola inteira passeou.

Com esse modo de agir e pensar, ela vai organizando as *táticas* (CERTEAU, 1994) com que vai intervindo nos processos curriculares e pedagógicos daquelas crianças e daquela escola, fazendo com que mudanças aconteçam.

Nesse sentido, vamos podendo compreender que essas ações e as mudanças que permitem, bem como os conhecimentos e significados que vão criando, não podem estar imediatamente explicitados, pois são *acontecimentos*, ou seja, *conhecimentos virtuais* que, com suas possibilidades, só serão compreendidos e incorporados algum tempo depois, nos diálogos estabelecidos, nas múltiplas redes cotidianas de pertencimento daqueles *praticantes*. E, no caso de uma pesquisa *nos/dos/com os cotidianos*, tornados compreensão somente com a presença dos diálogos que estabelecemos com as inúmeras narrativas que vão sendo feitas e pela presença de imagens que as despertam. É por isso que Foucault (1999) lembra que:

> Acontecimento – é preciso entendê-lo não como uma decisão, um tratado, um reinado ou uma batalha, mas como uma relação de forças que se inverte, um poder confiscado, um vocabulário retomado e voltado contra seus usuários, uma dominação que se debilita, se distende, se envenena a si mesma, e outra que entra, mascarada. As forças em jogo na história não obedecem nem a um destino, nem a uma mecânica, mas efetivamente ao acaso da luta. Elas não se manifestam como as formas sucessivas de uma intenção primordial; tão pouco assumem o aspecto de um resultado. Aparecem sempre no aleatório singular do acontecimento (p. 145-172).

Assim sendo, é claro que o *acontecimento* não é o que é ou o que acontece, mas é aquilo que estando ainda não é, seu tempo não é o presente, mas o futuro. Nesse sentido, pois, ao colocar no papel as ideias que vamos tendo a respeito de movimentos vividos e de processos experienciados, vamos introduzindo, no texto, possíveis expressões ou pensamentos que não conseguem se explicitar inteiramente, nem disso conseguimos ter inteira compreensão para expressar em palavras tudo o que pensamos ou queremos expressar.

No entanto, de forma "envenenada" ou "mascarada" algo existe "virtualmente" em cada história narrada, em cada reconhecimento de personagens nas imagens vistas, em cada texto que vamos escrevendo durante uma pesquisa. Ora, se para o *possível*, como nos ensina Deleuze e Guattari (1995) o que existe é transformar-se em *real* sem nenhuma criação, ao *virtual* cabe a *atualização*, o que pressupõe a *criação*. É por isso que Sousa Dias (1995) indica que "o acontecimento virtual possui a estrutura de um problema a resolver e persistente, nas suas condições problemáticas" (p 92), mostrando nossa vivência coletiva, não só pela organização de grupos/forças sociais, mas principalmente porque os outros estão em nós encarnados, pelos diálogos travados com textos, pelas conversas tidas com *praticantes* dos cotidianos. Esse mesmo autor conclui, assim, que

> [...] com os acontecimentos de uma vida, as coisas, gentes, livros, ideias e experiências que consubstanciam em nós, insensivelmente até com os

nossos devires e que traçam a nossa autêntica individualidade. E faz-se com tudo isso não enquanto vivências subjetivas, percepções, afeições e opiniões de um eu, mas como singularidades pré-individuais, infinitivos suprapessoais e, como tal, partilháveis, "comunicáveis", correntes de vida transmissíveis. Escreve-se, pinta-se, compõe-se sempre com a multiplicidade que há em nós, que cada um de nós é, o sujeito criador é sempre coletivo, o nome do autor sempre a assinatura de uma sociedade anônima (SOUSA DIAS, 1995, p. 104-105).

É preciso, então, considerar que as *narrativas* são todas assim. É preciso considerá-las como *acontecimentos* e, como tal, permanentemente, *mundos possíveis conceituais*.

Que *espaçostempos* ocupam as imagens e as narrativas nas pesquisas *nos/dos/com os cotidianos*?

A partir de uma ideia de Deleuze foi possível compreender uma questão importante para as pesquisas *nos/dos/com os cotidianos*: o *espaçotempo* das imagens e das narrativas para esse conjunto de pesquisas.

Refiro-me à ideia de *personagens conceituais*.

Sousa Dias (1995), a respeito dessa ideia, diz que os personagens conceituais [...] designam [...] elementos íntimos da atividade filosófica, condições dessa atividade, os "intercessores" do pensador, as figuras ideais de intercessão sem as quais não há pensamento, filosofia, criação de conceitos (p. 61-62), baseando-se em estudo desenvolvido sobre o pensamento de Deleuze (1991) que afirma que os personagens conceituais são os "heterônimos" do filósofo, e o nome do filósofo, o simples pseudônimo dos seus personagens (p. 62)

No desenvolvimento dessas ideias, Sousa Dias vai lembrar alguns *personagens conceitos*, para autores tão distintos, mas que deles necessitaram todos. Assim, podemos entender como *personagens conceitos*:

> [...] o "demônio" para Sócrates; "Sócrates" para Platão; o "Homem simples" ou o "Senhor-toda-a-gente" para Descartes; o "Advogado de Deus" para Leibniz; o "Inquiridor" do empirista; o "Juiz" em Kant; o "Nômada" em Deleuze; o "Funcionário da Humanidade" para Husserl; o "Observador" para Einstein (p. 53).

Os *personagens conceitos* são, assim, aquelas figuras, argumentos ou artefatos que entram como o *outro* – aquele com que se dialoga e que permanece presente muito tempo para se acumular ideias. Aí têm que estar, para que o pensamento se desenvolva e para que se criem conhecimentos.

É nessa direção que preciso afirmar que para as *pesquisas nos/dos/com os cotidianos*, as narrativas e as imagens de professoras e todos os *praticantes* dos *espaçostempos cotidianos* não podem ser somente entendidas, exclusivamente, como "fontes" ou como "recursos metodológicos". Elas ganham o estatuto, e nisso está sua necessidade, de *personagens conceitos*. Sem narrativas (sons de todo o tipo) e imagens não existe a possibilidade dessas pesquisas. Assim, ao contrário de vê-las como um resto rejeitável, dispensável do que buscamos, é preciso tê-las, respeitosamente, como *personagens conceitos* necessários.

Referências

BAUDRILLARD, Jean. *Simulacres et simulation*. Paris: Galilée, 1985.

BAUDRILLARD, Jean. *O crime perfeito*. Lisboa: Relógio d'Água, 1995.

CARTIER-BRESSON, Henri. Exercícios da memória. Entrevistas concedidas a Michel Guerrin. *Folha de S. Paulo*, São Paulo, 8 ago. 2004. Ilustrada, p. E4.

CERTEAU, Michel de. *A invenção do cotidiano*. Petrópolis: Vozes, 1994. v. 1: Artes de fazer.

CHALMEL, Loïc. Imagens de crianças e crianças nas imagens: representações da infância na iconografia pedagógica nos séculos XVII e XVIII. *Educação e Sociedade*, Campinas, v. 25, n. 86, p. 55-74, jan.-abr. 2004.

COMENIUS, João Amós. *Orbis sensualium pictus quadrilinguis*. Leutschovle: Samuel Brewer, 1685.

DAGOGNET, François. *Philosophie de l'image*. Paris: J. Vrin, 1986.

DAGOGNET, François. Écriture et iconographie. Paris: J. Vrin, 1973.

DEBORD, Guy. *A sociedade do espetáculo*. Rio de Janeiro: Contraponto, 1997.

DELEUZE, Gilles; GUATTARI, Félix. *Qu'est-ce que la philosophie?* Paris: Minuit, 1991.

DELEUZE, Gilles; GUATTARI, Félix. *Mil platôs*. Rio de Janeiro: Editora 34, 1992

FLÜSSER, Vilém. *Filosofia da caixa preta*. São Paulo: Hucitec, 1985.

FOUCAULT, Michel. Nietzsche, a genealogia e a história. In: FOUCAULT, Michel. *Microfísica do poder*. 14. ed. Rio de Janeiro: Graal, 1999.

DELEUZE, Gilles; GUATTARI, Félix. *O que é um autor?* Lisboa: VEJA, 1992.

MACHADO, Arlindo. *O quarto iconoclasmo e outros ensaios hereges*. Rio de Janeiro: Rios Ambiciosos, 2001.

PORTELLI, Alessandro. Tentando aprender um pouquinho – algumas reflexões sobre a ética na História Oral. *Projeto História*, São Paulo, n. 15: Ética e História Oral, p. 13-33, abr. 1997.

SOUSA DIAS. *Lógica do acontecimento*. Porto: Afrontamento, 1995.

THOMSON, Alistair. Recompondo a memória: questões sobre a relação entre a história oral e as memórias. *Projeto História*, São Paulo, n. 15: Ética e História Oral, p. 51-84, abr. 1997.

Produção bibliográfica

Artigos completos publicados em periódicos

1- ALVES, Nilda. Compassos e descompassos do fazer pedagógico. *Educação em Revista*, Belo Horizonte, n. 30, p. 65-76, dez. 1999.

2- ALVES, Nilda. Imagens das escolas: sobre redes de conhecimentos e currículos escolares. *Educar em Revista*, Curitiba, n. 17, p. 53-62, 2001.

3- ALVES, Nilda; GARCIA, Regina Leite. A necessidade da orientação coletiva nos estudos sobre cotidiano – duas experiências. *Revista Portuguesa de Educação*, v. 14, n. 2, p. 27-62, 2001.

4- ALVES, Nilda; OLIVEIRA, Inês Barbosa de. Research on Everyday Life of Schools in Brazil. *Taboo*, New York, v. 6, p. 55-62, 2002.

5- ALVES, Nilda. Cultura e cotidiano escolar. *Revista Brasileira de Educação*, Campinas, n. 23, p. 62-74, maio-ago. 2003.

6- ALVES, Nilda. Images des écoles-sur les réseaux de connaissances et les cursus scolaires. *Penser l'Éducation*, Mont-Saint-Aignan, n. 14, p. 5-13, 2003.

7- ALVES, Nilda; OLIVEIRA, Inês Barbosa de. Imagens de escolas– 'espaçostempos' de diferenças no cotidiano. *Educação & Sociedade*, Campinas: CEDES, v. 25, n. 86, p. 17-36, abr. 2004.

8- ALVES, Nilda. Imagens de professoras e redes cotidianas de conhecimento. *Educar em Revista*, Curitiba, n. 24, p. 19-36, 2004.

9- ALVES, Nilda. Les romans. *Penser l'Éducation*, Mont-Saint-Aignan, n. 15, p. 5-32, 2004.

10- ALVES, Nilda. O "Espaço-tempo" escolar como artefato cultural nas histórias dos fatos e das ideias. *Revista Acervo*, Rio de Janeiro, n. 18, p. 15-34, 2005.

11- ALVES, Nilda; OLIVEIRA, Inês Barbosa de; SGARBI, Paulo; FILÉ, Valter. Pensar as culturas *nas/das/com* as periferias dos centros. *Itinerários de Filosofia da Educação*, Porto, n. 2, p. 69-84, jul.-dez. 2005.

12- ALVES, Nilda; OLIVEIRA, Inês Barbosa de. A importância do diálogo entre as múltiplas formas de fazer pesquisa em Educação: sobre as relações possíveis entre práticas e teorias. *Educação & Linguagem*, São Paulo, n. 14, p. 59-89, 2006.

13- ALVES, Nilda; OLIVEIRA, Inês Barbosa de. A pesquisa e a criação de conhecimentos na pós-graduação em educação no Brasil: conversas com Maria Célia Moraes e Acácia Kuenzer. *Educação e Sociedade*, Campinas, v. 27, n. 95, p. 577-599, maio-ago. 2006.

14- ALVES, Nilda. Sobre movimentos das pesquisas *nos/dos/com* os cotidianos. *Revista Teias*, Rio de Janeiro, v. 4, n. 7, p. 1-8, 2007.

15- ALVES, Nilda; VARGAS, Maja; FILÉ, Valter. Tecnologias, imagens, sons e currículos nos cotidianos. *Currículo sem Fronteiras*, Campinas, v. 7, n. 2, p. 38-70, jul.-dez. 2007.

16- ALVES, Nilda; HOUSSAYE, Jean. Eclats. *Penser l'Éducation*, Mont-Saint-Aignan, n. 21, p. 5-22, 2007.

17- ALVES, Nilda. As culturas de afro-descendentes em currículos. *ETD – Educação Temática Digital*, Campinas, v. 9, n. esp., p. 126-148, out. 2008.

18- ALVES, Nilda. Currículo, docência e escola. *Revista Espaço do Currículo*, João Pessoa, v. 1, n. 2, p. 1-4, set. 2008-mar. 2009.

19- ALVES, Nilda. Les réseaux de connaissances et de significations dans la formation du corps enseignant: autour de l'idée de l'enseignant apprenant. *Penser l'Éducation*, Mont-Saint-Aignan, n. 26, p. 5-17, dez. 2009.

20- ALVES, Nilda. A compreensão de políticas nas pesquisas com os cotidianos: para além dos processos de regulação. *Educação & Sociedade*, Campinas, v. 31, n. 113, p. 1195-1212, dez. 2010.

21- ALVES, Nilda; HOUSSAYE, Jean. Editorial – Conversas... *Revista Teias*, Rio de Janeiro, v. 11, n. 21, p. 1-10, jan.-abr. 2010.

22- PINAR, William; LOPES, Alice Casimiro; AMORIM, Antonio Carlos; MACEDO, Elizabeth; OLIVEIRA, Inês Barbosa de; ALVES, Nilda. William Pinar Entrevista. *Revista Teias*, Rio de Janeiro, v. 11, n. 22, p. 187-208, maio-ago. 2010.

23- ALVES, Nilda; BERINO, Aristóteles; SOARES, Maria da Conceição Silva. Como e até onde é possível pensar diferente? Micropolíticas de currículos, poéticas, cotidianos e escolas. *Revista Teias*, Rio de Janeiro, v. 13, n. 27, p. 49-66, jan.-abr. 2012.

24- ALVES, Nilda; SOARES, Maria da Conceição Silva; ANDRADE, Nivea Maria da Silva. Um acervo fotográfico e suas possibilidades de pesquisa em currículos. *Revista E-Curriculum*, São Paulo, v. 9, n. 2, p. 1-19, 2012.

25- ALVES, Nilda; SOARES, Maria da Conceição Silva. Educando o cidadão do futuro e do presente – pensando a formação de docentes necessária. *Educação em Foco*, Juiz de Fora, v. 18, n. 1, p. 17-42, mar.-jun. 2013.

26- ALVES, Nilda. Possibilidades de "uso" de fotografias nas pesquisas de "espaçostempos" de escolas. *Revista Brasileira de Educação em Geografia*, Campinas, v. 3, n. 6, p. 158-176, jul.-dez. 2013.

Livros publicados/organizados ou edições

1- ALVES, Nilda. *Supervisão educacional: novos caminhos.* São Paulo: Cortez; CEDES, 1982.

2- ALVES, Nilda (Coord.). *Anais do V Encontro Nacional de Supervisores de Educação.* Rio de Janeiro: ASSEERJ, 1982.

3- ALVES, Nilda (Org.). *Currículos e programas: como vê-los hoje?* São Paulo: Cortez; CEDES, 1989. (Cadernos CEDES, 13).

4- ALVES, Nilda; GARCIA, Regina Leite (Orgs.). *O fazer e o pensar dos supervisores e orientadores educacionais.* São Paulo: Loyola, 1991.

5- ALVES, Nilda (Org.). *Formação de professores: pensar e fazer.* São Paulo: Cortez, 1995.

6- ALVES, Nilda; VILLARDI, Raquel (Orgs.). *Múltiplas leituras da nova LDB.* Rio de Janeiro: Dunya, 1997.

7- ALVES, Nilda. *O espaço escolar e suas marcas – o espaço como dimensão material do currículo.* Rio de Janeiro: DP&A, 1998.

8- ALVES, Nilda. *Trajetórias e redes na formação de professores.* Rio de Janeiro: DP&A, 1998.

9- ALVES, Nilda; GARCIA, Regina Leite (Orgs.). *O sentido da escola.* Rio de Janeiro: DP&A, 1999.

10- ALVES, Nilda; GARCIA, Regina Leite (Orgs.). *A invenção da escola a cada dia.* Rio de Janeiro: DP&A, 2000.

11- ALVES, Nilda (Coord.). *Educação e supervisão: o trabalho coletivo na escola.* São Paulo: Cortez, 2000.

12- OLIVEIRA, Inês Barbosa de; ALVES, Nilda (Orgs.). *Pesquisa no/do cotidiano das escolas: sobre redes de saberes.* Rio de Janeiro: DP&A, 2001.

13- ALVES, Nilda; SGARBI, Paulo (Orgs.). *Espaços e imagens na escola.* Rio de Janeiro: DP&A, 2001.

14- ALVES, Nilda (Org.); MACEDO, Elizabeth; OLIVEIRA, Inês Barbosa de; MANHÃES, Luiz Carlos. *Criar currículo no cotidiano.* São Paulo: Cortez, 2002.

15- CIAVATTA, Maria; ALVES, Nilda (Orgs.). *A leitura de imagens na pesquisa social: História, Comunicação e Educação.* São Paulo: Cortez, 2004.

16- ALVES, Nilda; OLIVEIRA, Inês Barbosa de; BARRETO, Raquel Goulart (Orgs.). *Pesquisa em educação: métodos, temas e linguagens.* Rio de Janeiro: DP&A, 2005.

17- BARRETO, Raquel Goulart (Coord.); LEHER, Elizabeth; GUIMARÃES, Gláucia; MAGALHÃES, Ligia Karam Corrêa de; ALVES, Nilda. *Educação e Tecnologia (1996-2002).* Brasília: MEC/INEP, 2006.

18- ALVES, Nilda. *Redes educativas e currículos locais.* Rio de Janeiro: Laboratório de Educação e Imagem, 2008.

19- ALVES, Nilda; GARCIA, Regina Leite (Orgs.). *O sentido da escola*. Petrópolis: DP et Alii, 2008.

20- ALVES, Nilda; OLIVEIRA, Inês Barbosa de (Orgs.). *Pesquisa nos/dos/com os cotidianos das escolas: sobre redes de saberes*. 3. ed. Petrópolis: DP et Alii, 2008.

21- ALVES, Nilda. *Uma memória imagética da UERJ: os primeiros anos*. Rio de Janeiro: Laboratório de Educação e Imagem, 2009. v. 1.

22- ALVES, Nilda (Org.). *Bolsistas de IC registram e pensam as reuniões da ANPEd*. Rio de Janeiro: Laboratório Educação e Imagem/UERJ, 2010.

23- ALVES, Nilda (Org.). *Histórias de praticantes de uma universidade pública: o acervo fotográfico J. Vitalino*. Rio de Janeiro: Laboratório de Educação e Imagem/UERJ, 2012.

24- ALVES, Nilda; LIBÂNEO, José Carlos (Orgs.). *Temas de Pedagogia: diálogos entre didática e currículo*. São Paulo: Cortez, 2012.

Edições

1- ALVES, Nilda; GARCIA, Regina Leite (Orgs.). *O Sentido da Escola (Coleção)*. Rio de Janeiro: DP&A, 1998-2004. Trinta volumes publicados.

2- ALVES, Nilda (Org.). *Metodologia e Pesquisa do Cotidiano (Coleção)*. Rio de Janeiro: DP&A, 2001-2004. Cinco volumes publicados.

3- ALVES, Nilda (Org.). *Cultura, Memória e Currículo (Série)*. São Paulo: Cortez, 2002, 2007. Oito volumes publicados.

4- ALVES, Nilda; GARCIA, Regina Leita (Orgs.). *Pedagogias em Ação (Coleção)*. Petrópolis: DP et Alli, 2008-2014. Seis volumes publicados.

5- ALVES, Nilda (Org.). *Imagens e Pesquisas em Educação (Série)*. Petrópolis: DP et Alli, 2011-2014. Quatro volumes publicados.

Capítulos de livros publicados

1- ALVES, Nilda. Introdução à sociologia no Bennett: o aluno se visualiza como sujeito coletivo de múltiplos processos. In: SOUSA, Marcondes Rosa de (Org.). *A pedagogia dos 80 na universidade*. Fortaleza: UFC, 1985. p. 31-38.

2- ALVES, Nilda. A avaliação na Universidade Federal Fluminense – lições da experiência da pós-graduação stricto-sensu. In: VIEIRA, Sofia Lerche (Org.). *Tema: avaliação universitária*. Niterói: UFF, 1993. p. 35-40.

3- ALVES, Nilda; GARCIA, Regina Leite. A construção do conhecimento e o currículo dos cursos de formação de professores na vivência de um processo. In: ALVES, Nilda (Org.). *Formação de professores: pensar e fazer*. São Paulo: Cortez, 1995. p. 73-78.

4- ALVES, Nilda. Participação política: socialismo, democracia e currículo. In: SILVA JÚNIOR, Celestino Alves da (Org.). *Dermeval Saviani e a educação brasileira: o Simpósio de Marília*. São Paulo: Cortez, 1995. p. 195-215.

5- ALVES, Nilda. Procesos de concertación en Brasil: el espacio del conflicto. In: CASASSUS, Juan (Org.). *Es posible concertar las políticas educativas?* Buenos Aires: Miño y Dávila, 1995. p. 271-299.

6- ALVES, Nilda. Uma nova formação de conhecimento e a formação do professor. In: _____ (Org.). *Novos rumos para uma política de formação de professores.* Rio de Janeiro: Faculdade de Educação/UFRJ, 1995. p. 22-29.

7- ALVES, Nilda. Organização do trabalho na escola: formas convencionais e alternativas. In: *Formação do educador.* São Paulo: UNESP, 1996. p. 143-152.

8- ALVES, Nilda. Diversidade e currículo: questão ou solução? In: *Múltiplas leituras da nova LDB.* Rio de Janeiro: Dunya, 1997. p. 1-16.

9- ALVES, Nilda. Eu avalio, tu avalias, ele (ela) avalia, nós avaliamos. In: *Confluências e divergências entre didática e currículo.* Campinas: Papirus, 1998. p. 131-152.

10- ALVES, Nilda. A formação de professores na lei e para além dela. In: *Formação dos profissionais da educação – o novo contexto legal e os labirintos do real.* Niterói: EdUFF, 1998. p. 75-91.

11- ALVES, Nilda; GARCIA, Regina Leite. Atravessando fronteiras e descobrindo (mais uma vez) a complexidade do mundo. In: ALVES, Nilda; GARCIA, Regina Leite (Orgs.). *O sentido da escola.* Rio de Janeiro: DP&A, 1999. p. 81-110.

12- ALVES, Nilda; GARCIA, Regina Leite. Pra começo de conversa. In: ALVES, Nilda; GARCIA, Regina Leite (Orgs.). *O sentido da escola.* Rio de Janeiro: DP&A, 1999. p. 7-16.

13- ALVES, Nilda; GARCIA, Regina Leite. Tecer conhecimento em rede. ALVES, Nilda; GARCIA, Regina Leite (Orgs.). *O sentido da escola.* Rio de Janeiro: DP&A, 1999. p. 111-120.

14- ALVES, Nilda.; GARCIA, Regina Leite. Rediscutindo o papel dos diferentes profissionais da escola na contemporaneidade. In: FERREIRA, Naura Syria (Org.). *Supervisão educacional para uma escola de qualidade.* São Paulo: Cortez, 1999. p. 125-141.

15- ALVES, Nilda. A formação da professora e o uso de multimeios como direito. In: FILÉ, Valter (Org.). *Batuques, fragmentações e fluxos: zapeando pela linguagem audiovisual no cotidiano escolar.* Rio de Janeiro: DP&A, 2000. p. 25-40.

16- ALVES, Nilda. A invenção do espaço a cada dia. In:_____. *A invenção da escola a cada dia.* Rio de Janeiro: DP&A, 2000. p. 7-20.

17- ALVES, Nilda. Pensar a formação de professores ou sobre mundos em redes. In: SOUZA, Donaldo Bello de; FERREIRA, Rodolfo (Orgs.). *Bacharel ou professor?: o processo de reestruturação dos cursos de formação de professores no Rio de Janeiro.* Rio de Janeiro: Quartet, 2000. p. 69-82.

18- ALVES, Nilda. Como nosso corpo passa ser o de professora? In: GARCIA, Regina Leite (Org.). *O corpo que fala dentro e fora da escola.* Rio de Janeiro: DP&A, 2001. p. 119-131.

19- OLIVEIRA, Inês Barbosa de; ALVES, Nilda. Contar o passado, analisar o presente e sonhar o futuro. In: OLIVEIRA, Inês Barbosa de; ALVES, Nilda (Orgs.). *Pesquisa no/do cotidiano das escolas: sobre redes de saberes.* Rio de Janeiro: DP&A, 2001. p. 7-12.

20- ALVES, Nilda. Decifrando o pergaminho – o cotidiano das escolas nas lógicas das redes cotidianas. In: OLIVEIRA, Inês Barbosa de; ALVES, Nilda (Orgs.). *Pesquisa no/do cotidiano das escolas: sobre redes de saberes.* Rio de Janeiro: DP&A, 2001. p. 13-38.

21- ALVES, Nilda. Imagens das escolas. In: ALVES, Nilda; SGARBI, Paulo (Orgs.). *Espaços e imagens na escola.* Rio de Janeiro: DP&A, 2001. p. 7-17.

22- ALVES, Nilda. Sobre políticas de formação de professores. In: SIMPÓSIO INTERNACIONAL CRISE DA RAZÃO E DA POLÍTICA NA FORMAÇÃO DOCENTE, 2001, Rio de Janeiro. *Anais...* Rio de Janeiro: Ágora da Ilha, 2001. p. 95-108.

23- ALVES, Nilda. A experiência da diversidade no cotidiano e suas consequências na formação de professoras. In: VICTORIO FILHO, Aldo; MONTEIRO, Solange Castellano Fernandes (Orgs.). *Cultura e conhecimento de professores.* Rio de Janeiro: DP&A, 2002. p. 13-29.

24- ALVES, Nilda; GARCIA, Regina Leite. A necessidade da orientação coletiva nos estudos sobre cotidiano – duas experiências. In: BIANCHETTI, Lucídio; MACHADO, Ana Maria (Orgs.). *A bússola do escrever: desafios e estratégias na orientação de teses e dissertações.* São Paulo: Cortez, 2002. p. 255-296.

25- ALVES, Nilda; GARCIA, Regina Leite. Conversa sobre pesquisa. In: ESTEBAN, Maria Tereza; ZACCUR, Edwiges (Orgs.). *Professora Pesquisadora.* Rio de Janeiro: DP&A, 2002. p. 105-125.

26- ALVES, Nilda. Prefácio. In: LAYRARGUES, Philippe Pomier; CASTRO, Ronaldo Souza de; LOUREIRO, Carlos Frederico B. *Educação Ambiental: repensando o espaço da cidadania.* São Paulo: Cortez, 2002. v. 1, p. 9-14.

27- ALVES, Nilda. Romper o cristal e envolvermo-nos nos acontecimentos que se dão: os contatos cotidianos com a tecnologia. In: FILÉ, Valter; LEITE, Márcia (Orgs.). *Subjetividade, tecnologias e escolas.* Rio de Janeiro: DP&A, 2002. p. 15-26.

28- ALVES, Nilda; OLIVEIRA, Inês Barbosa de. Uma história da contribuição dos estudos do cotidiano escolar ao campo de currículo. In: MACEDO, Elizabeth; LOPES, Alice Casimiro (Orgs.). *Currículo: debates contemporâneos.* São Paulo: Cortez, 2002. p. 78-102.

29- ALVES, Nilda. Valores-conhecimentos que organizam nossa identidade e nos levam à ação (currículos, cotidianos e identidades) In: MOREIRA, António Flávio Barbosa (Org.). *Currículo e produção de identidades.* Porto: Porto, 2002. p. 113-128.

30- ALVES, Nilda. Diário de classe, espaço de diversidade. In: MIGNOT, Ana Chrystina; CUNHA, Maria Teresa Santos (Orgs.). *Prática da memória docente.* São Paulo: Cortez, 2003. p. 63-77.

31- ALVES, Nilda. Interrogando uma ideia a partir de diálogos com Coutinho. In: CONDURU, Roberto; SIQUEIRA, Vera Beatriz (Orgs.). *Políticas públicas de cultura do estado do Rio de Janeiro*. Rio de Janeiro: Rede Sirius/FAPERJ, 2003. p. 135-144.

32- ALVES, Nilda. No cotidiano da escola se escreve uma história diferente da que conhecemos até agora. Entrevista concedida a Marisa Vorraber Costa. In: COSTA, Marisa Vorraber (Org.). *A escola tem futuro?* Rio de Janeiro: DP&A, 2003. p. 81-102.

33- ALVES, Nilda. Nossas lembranças da escola tecidas em imagens. In: CIAVATTA, Maria; ALVES, Nilda (Orgs.). *A leitura de imagens na pesquisa social: história, comunicação e educação*. São Paulo: Cortez, 2004. p. 127-136.

34- ALVES, Nilda. O uso da tecnologia pelas professoras e a criação de conhecimento. In: OLIVEIRA, Inês Barbosa de (Org.). *Alternativas emancipatórias do currículo*. São Paulo: Cortez, 2004. p. 172-191.

35- ALVES, Nilda; GARCIA, Regina Leite. A necessidade da orientação coletiva nos estudos sobre cotidiano-duas experiências. In: BIANCHETTI, Lucídio; MACHADO, Ana Maria (Orgs.). *A bússola do escrever: desafios e estratégias na orientação de teses e dissertações*. 2. ed. São Paulo: Cortez, 2006. p. 255-296.

36- ALVES, Nilda. Artefatos tecnológicos relacionados à imagem e ao som na expressão da cultura de afro-brasileiros e seu 'uso' em processos curriculares de formação de professoras na educação superior – o caso do curso de pedagogia da Uerj/Campus Maracanã. In: OLIVEIRA, Inês Barbosa de; AMORIM, Antonio Carlos Rodrigues de (Orgs.). *Sentidos de currículo: entre linhas teóricas, metodológicas e experiências investigativas*. Campinas: Faculdade de Educação/Unicamp, 2006. p. 28-32.

37- ALVES, Nilda. Currículo e mídia: uma discussão a partir do cotidiano. In: MOREIRA, António Flávio Barbosa, ALVES, Maria Palmira Carlos (Orgs.). *Currículo, cotidiano e tecnologias*. Araraquara: Junqueira & Marin, 2006. p. 149-165.

38- ALVES, Nilda. Educação e mídia: as tantas faces da professora "usuária" dos artefatos tecnológicos. In: ZACCUR, Edwiges; GARCIA, Regina Leite (Orgs.). *Cotidiano e diferentes saberes*. Rio de Janeiro: DP&A, 2006. p. 223-231.

39- ALVES, Nilda. Escola e cultura contemporânea – novas práticas, novas subjetividades, novos saberes em torno de artefatos culturais. In: SOMMER, Luís Henrique; BUJES, Maria Isabel Edelweiss. *Educação e cultura contemporânea: articulações, provocações e transgressões em novas paisagens*. Canoas: ULBRA, 2006. p. 163-175.

40- ALVES, Nilda; GARCIA, Regina Leite. Escola nossa de cada dia reinventada. In: SAMPAIO, Carmen Sanches; GARCIA, Regina Leite (Orgs.). *Conversas sobre o lugar da escola*. Rio de Janeiro: HP Comunicação; Profedições, 2006. p. 15-19.

41- ALVES, Nilda; PASSOS, Mailsa; SGARBI, Paulo. Introdução: sobre muros e redes. In: PASSOS, Mailsa; ALVES, Nilda; SGARBI, Paulo (Orgs.). *Muros e redes: conversas sobre escola e cultura*. Porto: Profedições, 2006. v. 1, p. 7-18.

42- ALVES, Nilda. Uma entrevista imaginária: conversas com cientistas. In: *Muros e redes: conversas sobre escola e cultura*. Porto: Profedições, 2006. v. 1, p. 19-46.

43- ALVES, Nilda. As redes de conhecimentos e as relações professoras-alunos/alunas: sobre a ideia de "docentecoletivo" ou os "docentesdiscentes" In: PACHECO, José Augusto; MORGADO, José Carlos; MOREIRA, António Flávio (Orgs.). *Globalização e (des)igualdades: desafios contemporâneos*. Porto: Porto, 2007. p. 189-200.

44- ALVES, Nilda; SGARBI, Paulo; PASSOS, Mailsa; CAPUTO, Stela. Cultura material, cotidianos e práticas culturais afro-brasileiras em diversos espaços educativos, dentro e fora da escola: discutindo as cotas e trazendo perguntas. In: AMORIM, Antonio Carlos; PESSANHA, Eurize (Orgs.). *As potencialidades da centralidade da(s) cultura(s) para as investigações no campo do currículo*. Campinas: Faculdade de Educação/Unicamp, 2006. p. 14-20.

45- ALVES, Nilda. Faz bem trabalhar a memória: criação de currículos nos cotidianos, em imagens e narrativas. In: _____ (Org.). *Redes educativas e currículos locais*. Rio de Janeiro: Laboratório Educação e Imagem, 2007. p. 10-27.

46- ALVES, Nilda. Fixação da sede, criação do portal e novos GTs. In: PIMENTEL, Marília Araújo Lima (Org.). *Memórias da ANPEd: 30 anos*. Rio de Janeiro: ANPEd, 2007. 1 CD-ROM. p. 1-10.

47- ALVES, Nilda; SGARBI, Paulo; PASSOS, Mailsa; CAPUTO, Stela. Nós e nossas histórias em imagens e sons-uma história em imagens. In: AMORIM, Antonio Carlos (Org.). *Passagens entre moderno para o pós-moderno: ênfases e aspectos metodológicos das pesquisas sobre currículo*. Campinas: Faculdade de Educação/Unicamp, 2007. p. 21-28.

48- ALVES, Nilda. Em torno da memória e das culturas de escolas como "espaçostempos" de formação docente. In: EGGERT, Edla; TRAVERSINI, Clarice; PERES, Eliane; BONIN, Iara (Orgs.). *Trajetórias e processos de ensinar e aprender: didática e formação de professores*. Porto Alegre: EDIPUCRS, 2008. v. 1, p. 569-584.

49- ALVES, Nilda. Faz bem trabalhar a memória- criação de currículos nos cotidianos, em imagens e narrativas. In: _____ (Org.). *Redes educativas e currículos locais*. Rio de Janeiro: Laboratório Educação e Imagem/UERJ, 2008. p. 98-106.

50- ALVES, Nilda. Fotografias posadas como lembrança: cadernos e companhia. In: MIGNOT, Ana Chrystina (Org.). *Não me esqueça em um canto qualquer*. Rio de Janeiro: Laboratório Educação e Imagem/UERJ, 2008. p. 1-13.

51- ALVES, Nilda. Héritages culturels et parcours de formation: le cas des professeurs afro-brésiliens. In: SOUZA, Elizeu Clementino de; DELORY-MOMBERGER, Christine (Orgs.). *Parcours de vie, apprentissage biographique et formation*. Paris: Tétraèdre, 2008. p. 75-86.

52- ALVES, Nilda. Lembranças em imagens. In: PASSEGGI, Maria da Conceição; BARBOSA, Tatyana Mabel Nobre (Orgs.). *Narrativas de formação e saberes biográficos*. Natal: Ed. da UFRN, 2008. p. 175-195.

53- ALVES, Nilda. Nós somos o que contamos: a narrativa de si como prática de formação. In: SOUZA, Elizeu Clementino de (Org.). *Histórias de vida e formação de professores*. Rio de Janeiro: Quartet, 2008. p. 131-145.

54- ALVES, Nilda. O tempo em escolas rurais no Distrito Federal no pós-guerra. In: FERNANDES, Rogério; MIGNOT, Ana Chrystina (Orgs.). *O Tempo na escola*. Porto: Profedições, 2008. p. 191-217.

55- ALVES, Nilda; GARCIA, Regina Leite. Para começo de conversa. In: ALVES, Nilda; GARCIA, Regina Leite (Orgs.). *O sentido da escola*. 5. ed. Rio de Janeiro: DP et Alii, 2008. p. 7-14.

56- ALVES, Nilda. Sobre movimentos das pesquisas *nos/dos/com* os cotidianos. In: ALVES, Nilda; OLIVEIRA, Inês Barbosa de (Orgs.). *Pesquisa nos/dos/com os cotidianos das escolas: sobre redes de saberes*. 3. ed. Petrópolis: DP et Alii, 2008. v. 1, p. 39-48.

57- ALVES, Nilda. Tecer conhecimento em rede. In: ALVES, Nilda; OLIVEIRA, Inês Barbosa de (Orgs.). *Pesquisa nos/dos/com os cotidianos das escolas: sobre redes de saberes*. 3. ed. Petrópolis: DP et Alii, 2008. p. 91-100.

58- ALVES, Nilda; GARCIA, Regina Leite. Atravessando fronteiras e descobrindo (mais uma vez) a complexidade do mundo. In: ALVES, Nilda; OLIVEIRA, Inês Barbosa de (Orgs.). *Pesquisa nos/dos/com os cotidianos das escolas: sobre redes de saberes*. 3. ed. Petrópolis: DP et Alii, 2008. v. 1, p. 65-90.

59- ALVES, Nilda; OLIVEIRA, Inês Barbosa de. Contar o passado, analisar o presente e sonhar o futuro. In: ALVES, Nilda; OLIVEIRA, Inês Barbosa de (Orgs.). *Pesquisa nos/dos/com os cotidianos das escolas: sobre redes de saberes*. 3. ed. Petrópolis: DP et Alii, 2008. v. 1, p. 9-14.

60- ALVES, Nilda; GARCIA, Regina Leite. Conversa sobre pesquisa. In: ESTEBAN, Maria Tereza; ZACCUR, Edwiges (Orgs.). *Professora Pesquisadora*. 2. ed. Petrópolis: DP et Alii, 2008. p. 97-117.

61 -ALVES, Nilda. Decifrando o pergaminho – o cotidiano das escolas nas lógicas das redes cotidianas. In: OLIVEIRA, Inês Barbosa de; ALVES, Nilda (Orgs.). *Pesquisa no/do cotidiano das escolas: sobre redes de saberes*. 3. ed. Rio de Janeiro: DP et Alli, 2008. p. 15-38.

62- ALVES, Nilda. Sobre movimentos das pesquisas *nos/dos/com* os cotidianos. In: ALVES, Nilda; OLIVEIRA, Inês Barbosa de (Orgs.). *Pesquisa nos/dos/com os cotidianos das escolas: sobre redes de saberes*. 3. ed. Petrópolis: DP et Alii, 2008. p. 39-48.

63- ALVES, Nilda. Memórias imagéticas da Universidade do Estado do Rio de Janeiro – algumas questões curriculares sobre um acervo fotográfico da UERJ. In: _____ (Org.). *Uma memória imagética da UERJ: os primeiros anos*. Rio de Janeiro: Laboratório de Educação e Imagem, 2009. v. 1, p. 1-17.

64- ALVES, Nilda; CHAGAS, Claudia; CALDAS, Alessandra; CORDEIRO, Roberta. O uso de fotografia em pesquisa. In: ALVES, Nilda (Org.). *Uma memória imagética da UERJ: os primeiros anos*. Rio de Janeiro: Laboratório de Educação e Imagem, 2009. v. 1, p. 26-39.

65- ALVES, Nilda; CARVALHO, Carlos Roberto; PASSOS, Mailsa; BERINO, Aristóteles; SGARBI, Paulo. Sobre conversas. In: MACEDO, Elizabeth; MACEDO,

Roberto Sidnei; AMORIM, Antonio Carlos (Orgs.). *Discurso, texto, narrativa nas pesquisas em Currículo*. Campinas: Ed. da Unicamp, 2009. p. 100-110.

66- ALVES, Nilda; MACHADO, Isabel Cristina Silva. A história de duas professoras negras contadas através do acervo fotográfico da UERJ. In: ALVES, Nilda (Org.). *O olhar - o sentido da modernidade. Que sentidos na contemporaneidade.* Rio de Janeiro: Laboratório Educação e Imagem/UERJ, 2010. p. 1-10.

67- ALVES, Nilda. Dois fotógrafos e imagens de crianças e seus professores – as possibilidades de contribuição de fotografias e narrativas na compreensão de 'espaçostempos' de processos curriculares. In: OLIVEIRA, Inês Barbosa de (Org.). *Narrativas: outros conhecimentos, outras formas de expressão.* Petrópolis: DP et Alii, 2010. p. 185-206.

68- ALVES, Nilda; SOARES, Maria da Conceição Silva. Linguagens audiovisuais e formação de professores. In: ALVES, Nilda (Org.). *Bolsistas de IC registram e pensam as reuniões da ANPEd.* Rio de Janeiro: Laboratório Educação e Imagem, 2010. p. 1-7.

69- ALVES, Nilda; VARGAS, Maja. Memórias de professoras sobre a televisão e o vídeo: narrativas, imagens e sons. In: BERINO, Aristóteles de Paula; SOARES; Conceição. *Educação e imagens: instituições escolares, mídias e contemporaneidade.* Rio de Janeiro: DP et Alii/FAPERJ, 2010. p. 84-90.

70- ALVES, Nilda; BARCELOS, Thaís; ROSA, Rebeca Brandão. Narrativas imagéticas do movimento estudantil da UERJ: um "espaçotempo" de formação. In: ALVES, Nilda (Org.). *O olhar - o sentido da modernidade. Que sentidos na contemporaneidade.* Rio de Janeiro: Laboratório Educação e Imagem/UERJ, 2010. p. 13-26.

71- ALVES, Nilda; ANDRADE, Nivea Maria da Silva. Possibilidades de escrita da história imagética de uma universidade. In: ALVES, Nilda (Org.). *O olhar - o sentido da modernidade. Que sentidos na contemporaneidade.* Rio de Janeiro: Laboratório Educação e Imagem/UERJ, 2010. p. 23-46.

72- ALVES, Nilda. Redes Educativas "dentrofora" das escolas, exemplificadas pela formação de professores. In: SANTOS, Lucíola; DALBEN, Ângela; LEAL, Júlio Diniz Leiva (Orgs.). *Convergências e tensões no campo da formação e do trabalho docente: currículo, ensino de Educação Física, ensino de Geografia, ensino de História, escola, família e comunidade.* Belo Horizonte: Autêntica, 2010. p. 1-49.

73- ALVES, Nilda. Sobre as razões das pesquisas *nos/dos/com* os cotidianos. In: GARCIA, Regina Leite (Org.). *Diálogos cotidianos.* Petrópolis: DP et Alii; FAPERJ, 2010. p. 67-82.

74- ALVES, Nilda; OLIVEIRA, Inês Barbosa de; FERRAÇO, Carlos Eduardo. Sur les réseaux et les valeurs, par le moyen de narrations – une histoire de récents contacts entre groupes de recherche au Brésil et en France. In: CHALMEL, Loic; TSHIRARD, Annie (Orgs.). *Actes du symposium international Europe, Amériques: l'Éducation entre héritage et modernité.* Waldresbach: Musée Oberlin, 2010. p. 1-19.

75- ALVES, Nilda. Crises e escolas; didáticas, práticas de ensino e currículos. In: LIBÂNEO, José Carlos; SUANNO, Marilza Vanessa Rosa (Orgs.). *Didática e escola em uma sociedade complexa*. Goiânia: CEPED, 2011. p. 33-57.

76- ALVES, Nilda; SOARES, Maria da Conceição Silva. Cultura, cinema e redes de conhecimentos e significações. In: PASSOS, Mailsa Carla Pinto; RIBES, Rita (Orgs.). *Educação Experiência Estética*. Rio de Janeiro: NAU, 2011. p. 89-104.

77- ALVES, Nilda. Every Life in Schools. In: PINAR, William F. (Org.). *Curriculum studies in Brazil: Intellectual Histories, Present Circumstances*. New York: Palgrave Macmillan, 2011. p. 43-54.

78- ALVES, Nilda. Lembranças da minha escola primária. In: FISCHER, Beatriz T. Dault (Org.). *Tempos de escola: memória*. São Leopoldo: Oikos, 2011. p. 133-142.

79- ALVES, Nilda. O "uso" de artefatos tecnológicos em redes educativas e nos contextos de formação. In: LEITE, Carlinda; PACHECO, José Augusto; MOURAZ, Ana; MOREIRA, António Flavio Barbosa (Orgs.). *Políticas, fundamentos e práticas do currículo*. Porto: Porto, 2011. p. 219-228.

80- ALVES, Nilda. Sobre novos e velhos artefatos curriculares: suas relações com docentes, discentes e muitos outros. In: FERRAÇO, Carlos Eduardo (Org.). *Currículo e Educação básica: por entre redes de conhecimentos, imagens, narrativas, experiências e devires*. Rio de Janeiro: Rovelle, 2011. p. 71-84.

81- ALVES, Nilda; LIBÂNEO, José Carlos. Conversas sobre didática e currículos: a que vem este livro. In: LIBÂNEO, José Carlos; ALVES, Nilda (Orgs.). *Temas de Pedagogia: diálogos entre didática e currículo*. São Paulo: Cortez, 2012. p. 21-34.

82- ALVES, Nilda; SOARES, Maria da Conceição Silva. Currículos, cotidianos e redes educativas. In: SANTOS, Edméa (Org.). *Currículos: teorias e práticas*. Rio de Janeiro: LTC, 2012. p. 39-62.

83- ALVES, Nilda. Currículos e pesquisas com os cotidianos. In: CARVALHO, Janete Magalhães; FERRAÇO, Carlos (Orgs.). *Currículos, pesquisas, conhecimentos e produção de subjetividades*. Petrópolis: DP et Alli, 2012. p. 35-46.

84- ALVES, Nilda. Currículos em 'espaçostempos' não escolares-isso existe? Redes educativas como o outro em currículo. In: SANTOS, L. L. C. *et al.* (Orgs.). *Desafios contemporâneos no campo do currículo*. Belo Horizonte: Faculdade de Educação/UFMG, 2012. p. 223-236.

85- ALVES, Nilda; OLIVEIRA, Inês Barbosa de. Ensinar e aprender/'aprenderensinar': o lugar da teoria e da prática em currículo. In: LIBÂNEO, José Carlos; ALVES, Nilda (Orgs.). *Temas de Pedagogia: diálogos entre didática e currículo*. São Paulo: Cortez, 2012. p. 61-73.

86- ALVES, Nilda; GARCIA, Regina Leite. Sobre formação de professores e professoras: questões curriculares. In: LIBÂNEO, José Carlos; ALVES, Nilda (Orgs.). *Temas de Pedagogia: diálogos entre didática e currículo*. São Paulo: Cortez, 2012. p. 489-510.

87- ALVES, Nilda; SOARES, Maria da Conceição Silva. Um acervo fotográfico da UERJ – história de como se faz uma universidade em processos curriculares amplos. In: ALVES, Nilda (Org.). *Histórias de praticantes de uma universidade pública: o acervo fotográfico J. Vitalino*. Rio de Janeiro: Laboratório de Educação e Imagem/UERJ, 2012. p. 5-20.

88- ALVES, Nilda; SOARES, Maria da Conceição Silva. Um acervo fotográfico da UERJ: História de como se faz uma universidade em processos curriculares amplos. In: GAWRYSZEWSKI, Alberto (Org.). *Olhares sobre narrativas visuais*. Niterói: Editora da UFF, 2012. p. 203-220.

89- ALVES, Nilda; SOARES, Maria da Conceição Silva, ANDRADE, Nivea Maria da Silva. Um acervo fotográfico e suas possibilidades de pesquisa em currículos. In: ALVES, Nilda (Org.). *Histórias de praticantes de uma universidade pública: o acervo fotográfico J. Vitalino*. Rio de Janeiro: Laboratório de Educação e Imagem/UERJ, 2012. p. 26-37.

90- ALVES, Nilda; ANDRADE, Nivea Maria da Silva. Histórias possíveis entre imagens: conhecimentos e significações na produção de vídeos em escolas. In: MARTINS, Raimundo; TOURINHO, Irene (Orgs.). *Processos & práticas de pesquisa em cultura visual e Educação*. Santa Maria: Ed. da UFSM, 2010. p. 135-151.

91- ALVES, Nilda. Os 'espaçostempos' da televisão em nossos cotidianos. In: MARTINS, Magda Frediani; MENDONÇA, Rosa Helena (Orgs.). *TV, educação e formação de professores*: salto para o futuro – 20 anos. Rio de Janeiro; Brasília: Salto para o Futuro/TV Escola/SEB-MEC, 2013. p. 9-19.

92- ALVES, Nilda. Quem tem medo de Virgínia Woolf? Sobre o domínio de linguagens e artefatos na contemporaneidade. In: COLLARES, Cecília Azevedo Lima; MOYSÉS, Maria Aparecida Affonso; RIBEIRO, Mônica Cintrão França (Orgs.). *Novas capturas, antigos diagnósticos na era dos transtornos*. Campinas: Mercado das Letras, 2013. p. 247-258.

Este livro foi composto com tipografia Minion e impresso
em papel Off Set 75 g/m² na Formato Artes Gráficas.